普通高等教育"十一五"国家级规划教材
21 世纪交通版高等学校教材

Aesthetics of Bridge Architecture

桥梁建筑美学

（第二版）

盛洪飞　编　著
和丕壮　徐风云　主　审

人民交通出版社

内 容 提 要

本书在阐述美学原理、美的本质特性和审美意识的基础上，系统地论述了桥梁建筑造型美的形式法则和桥梁建筑审美特点；桥梁结构体系各自特点及典型桥例；桥梁方案构思与比选原则；桥梁建筑环境与环境设计开发；桥梁附属结构美学设计与局部处理技巧等，最后还介绍了桥梁的色彩与照明设计。其中对桥梁建筑的技术美、结构美和环境美的特征性进行重点分析评述。书中还提出了一些新的设计理念，包括技术与艺术的关系评价、桥梁的生态环境设计、功能环境设计理念、桥梁方案"适度"评价标准等内容。

本书可作为桥梁工程专业及与桥梁工程有密切关系的相关专业本科教材，也可作为从事桥梁工程设计、施工、管理人员参考用书，对有可能参与桥梁方案构思设计的建筑、艺术、规划等方面的设计人员也是一本较适用的参考书。

图书在版编目(CIP)数据

桥梁建筑美学(第二版)/盛洪飞编著. —2 版. —北京：人民交通出版社，2009. 1
ISBN 978 - 7 - 114 - 07485 - 1

Ⅰ. 桥… Ⅱ. 盛… Ⅲ. 桥梁—建筑美学 Ⅳ. U44 - 05

中国版本图书馆 CIP 数据核字（2008）第 179470 号

普通高等教育"十一五"国家级规划教材
21 世纪交通版高等学校教材

书　　名：桥梁建筑美学（第二版）
著 作 者：盛洪飞
责任编辑：曲　乐　周高瞻
出版发行：人民交通出版社股份有限公司
地　　址：（100011）北京市朝阳区安定门外外馆斜街 3 号
网　　址：http://www.ccpress.com.cn
销售电话：（010）59757973
总 经 销：人民交通出版社股份有限公司发行部
经　　销：各地新华书店
印　　刷：北京市密东印刷有限公司
开　　本：787×1092　1/16
印　　张：12.75
字　　数：314 千
版　　次：1999 年 6 月第 1 版　2009 年 1 月第 2 版
印　　次：2023 年 7 月第 2 版　第 6 次印刷
书　　号：ISBN 978-7-114-07485-1
定　　价：24.00 元
（有印刷、装订质量问题的图书由本社负责调换）

21世纪交通版
高等学校教材(公路与交通工程)编审委员会

总　序

当今世界，科学技术突飞猛进，全球经济一体化趋势进一步加强，科技对于经济增长的作用日益显著，教育在国家经济与社会发展中所处的地位日益重要。进入新世纪，面对国际国内经济与社会发展所出现的新特点，我国的高等教育迎来了良好的发展机遇，同时也面临着巨大的挑战，高等教育的发展处在一个前所未有的重要时期。其一，加入 WTO，中国经济已融入到世界经济发展的进程之中，国家间的竞争更趋激烈，竞争的焦点已更多地体现在高素质人才的竞争上，因此，高等教育所面临的是全球化条件下的综合竞争。其二，我国正处在由计划经济向社会主义市场经济过渡的重要历史时期，这一时期，我国经济结构调整将进一步深化，对外开放将进一步扩大，改革与实践必将提出许多过去不曾遇到的新问题，高等教育面临加速改革以适应国民经济进一步发展的需要。面对这样的形势与要求，党中央国务院提出扩大高等教育规模，着力提高高等教育的水平与质量。这是为中华民族自立于世界民族之林而采取的极其重大的战略步骤，同时，也是为国家未来的发展提供基础性的保证。

为适应高等教育改革与发展的需要，早在 1998 年 7 月，教育部就对高等学校本科专业目录进行了第四次全面修订。在新的专业目录中，土木工程专业扩大了涵盖面，原先的公路与城市道路工程，桥梁工程，隧道与地下工程等专业均纳入土木工程专业。本科专业目录的调整是为满足培养“宽口径”复合型人才的要求，对原有相关专业本科教学产生了积极的影响。这一调整是着眼于培养 21 世纪社会主义现代化建设人才的需要而进行的，面对新的变化，要求我们对人才的培养规格、培养模式、课程体系和内容都应作出适时调整，以适应要求。

根据形势的变化与高等教育所提出的新的要求，同时，也考虑到近些年来公路交通大发展所引发的需求，人民交通出版社通过对“八五”、“九五”期间的路桥及交通工程专业高校教材体系的分析，提出了组织编写一套 21 世纪的具有鲜明交通特色的高等学校教材的设想。这一设想，得到了原路桥教学指导委员会几乎所有成员学校的广泛响应与支持。2000 年 6 月，由人民交通出版社发起组织全国面向交通办学的 12 所高校的专家学者组成 21 世纪交通版高等学校教材（公路类）编审委员会，并召开第一次会议，会议决定着手组织编写土木工程专业具有交通特色的**道路专业方向、桥梁专业方向以及交通工程专业**教材。会议经过充分研讨，确定了包括**基本知识技能培养层次、知识技能拓宽与提高层次**以及**教学辅助层次**在内的约 130 种教材，范围涵盖**本科与研究生用**教材。会后，人民交通出版社开始了细致的教材编写组织工作，经过自由申报及专家推荐的方式，近 20 所高校的百余名教授承担约 130 种教材的主编工作。2001 年 6 月，教材编委会召开第二次会议，全面审定了各门教材主编院校提交的教学大纲，之后，编写工作全面展开。

21 世纪交通版高等学校教材编写工作是在本科专业目录调整及交通大发展的背景下展开的。教材编写的基本思路是：(1)顺应高等教育改革的形势，专业基础课教学内容实现与土木工程专业打通，同时保留原专业的主干课程，既顺应向土木工程专业过渡的需要，又保持服务公路交通的特色，适应宽口径复合型人才培养的需要。(2)注重学生基本素质、基本能力的培养，为学生知识、能力、素质的综合协调发展创造条件。基于这样的考虑，将教材区分为二个主层次与一个辅助层次，即基本知识技能培养层次与知识技能拓宽与提高层次，辅助层次为教学参考用书。工作的着力点放在基本知识技能培养层次教材的编写上。(3)目前，中国的经济发展存在地区间的不平衡，各高校之间的发展也不平衡，因此，教材的编写要充分考虑各校人才培养规格及教学需求多样性的要求，尽可能为各校教学的开展提供一个多层次、系统而全面的教材供给平台。(4)教材的编写在总结“八五”、“九五”工作经验的基础上，注意体现原创性内容，把握好技术发展与教学需要的关系，努力体现教育面向现代化、面向世界、面向未来的要求，着力提高学生的创新思维能力，使所编教材达到先进性与实用性兼备。(5)配合现代化教学手段的发展，积极配套相应的教学辅件，便利教学。

教材建设是教学改革的重要环节之一，全面做好教材建设工作，是提高教学质量的重要保证。本套教材是由人民交通出版社组织，由原全国高等学校路桥与交通工程教学指导委员会成员学校相互协作编写的一套具有交通出版社品牌的教材，教材力求反映交通科技发展的先进水平，力求符合高等教育的基本规律。各门教材的主编均通过自由申报与专家推荐相结合的方式确定，他们都是各校相关学科的骨干，在长期的教学与科研实践中积累了丰富的经验。由他们担纲主编，能够充分体现教材的先进性与实用性。本套教材预计在二年内完全出齐，随后，将根据情况的变化而适时更新。相信这批教材的出版，对于土木工程框架下道路工程、桥梁工程专业方向与交通工程专业教材的建设将起到有力的促进作用，同时，也使各校在教材选用方面具有更大的空间。需要指出的是，该批教材中研究生教材占有较大比例，研究生教材多具有较高的理论水平，因此，该套教材不仅对在校学生，同时对于在职学习人员及工程技术人员也具有很好的参考价值。

21世纪初叶，是我国社会经济发展的重要时期，同时也是我国公路交通从紧张和制约状况实现全面改善的关键时期，公路基础设施的建设仍是今后一项重要而艰巨的任务，希望通过各相关院校及所有参编人员的共同努力，尽快使全套21世纪交通版高等学校教材(公路类)尽早面世，为我国交通事业的发展做出贡献。

21世纪交通版
高等学校教材(公路类)编审委员会
人民交通出版社
2001年12月

序

纵观千年以上的建桥历史，世界上不少著名桥梁，不仅以其坚固耐用流传于世，还以其高超的建筑艺术依然光彩夺目。21世纪以来，科学技术迅猛进步，工业水平不断提高，社会生产力高速发展，人们对工程建筑艺术提出了更高的要求。现代高速公路、高速铁路上迂回交叉的立交桥与高架桥，现代城市中的高架交通网络，几十公里长的海湾、海峡大桥等，不但是规模宏伟的工程实体，而且如条条“人间彩虹”，成为空间艺术结构存在于社会之中。世界各国不少大城市，常以工程雄伟的大桥作为城市的标志与骄傲。

因而，当前研究与重视桥梁建筑艺术，是十分必要的。作者以他多年收集的资料，长期的分析研究心得，以理论结合实践为原则，以美学的基本理论为引导，从各个侧面论述桥梁美学的理论和处理手法与技巧；列举了大量国内外著名桥梁，评述其建筑艺术特点而写成本书，颇有特色。这既是广大桥梁建设工作者的极有价值的参考书，也是研讨桥梁建筑美学的一本好教材。

至20世纪末，我国已建成许多现代化桥梁，在世界跨径排名纪录上已进入了重要名次，有的更是名列前茅。回顾过去，展望未来，我国广大桥梁工程技术与科学工作者将担负建设更多能流传于世的桥梁艺术精品的光荣而艰巨的任务。为此，我以本书推荐给广大的读者。

中国工程院院士　同济大学教授　范立础

一九九九年五月十六日

第二版前言

《桥梁建筑美学》第二版有幸列为普通高等教育"十一五"国家级规划教材,借此再版机会,除对原书不当之处进行修改外,在内容上也做了很多增补。

本书第二版仍为基于对没有经过系统的美学基本原理和建筑美学学习,也没有经过艺术技巧和美学设计训练的读者服务。对书中涉及的美学原理和一些深层次的理论不作系统介绍,只是对实际应用需要的一些美学概念,用了最少篇幅作了简述。所以,对读者所需要的美学理论内容应自学解决。建议在学习中,多思考、多联想,因为有些美学理念的东西很难作出确切的描述和评价,说到它的"根"上。美学就是这样,见仁见智,允许各有其理。

人们经常犯的错误是对事情的处理上"适度"把握不好,总是会偏向某一面。桥梁建筑的美学造型,过去是满足照搬硬套,而现在又有追求奇特怪异的倾向。这给我们提出一个难题,怎样把握桥梁建筑造型"适度"的标准,对"适度"标准制约的要素是什么,恐怕在很长时间内是一个很有讨论价值的问题。

茅以升老人曾说过"桥梁是一种自古有之最普通而又最特殊的建筑",老人言简意赅表明了三点:桥梁是建筑,是最普通的建筑,是最特殊的建筑。所以,本书清晰地以此作为贯穿全书各章节内容的主线,并在普遍的形式美的法则指导下,对桥梁建筑与其他(房屋)建筑在技术美、结构美、环境美等不同视觉评价角度彰显的共性和特殊性,进行一定的对比分析,从中真正了解桥梁建筑美学的真谛,将科学技术和美学相融一体,从而达到增强应用美学知识和提高相关设计能力的目的。

本书共有八章。第一章对美、美学、美学研究作了简要概述;对美的本质特征引用不同哲学家所推出的不甚相同、颇有歧义的概念,从中领会马克思美学思想的基本观点,指导我们的审美实践。人的审美实践是美学研究的核心,书中不可能系统介绍,所以选择几个"审美学"中相互关联,并能在一定程度上反映审美规律的概念含义作了介绍,用最短的文字来表达审美实践的概要框架。

第二章首先是通过桥梁的发展历程来总结出推进桥梁建筑发展的四大动力:社会的进步和经济的发展;新的建筑材料的出现;施工技术和手段的创新;计算理论的发展和计算手段的进步。桥梁建筑技术与艺术的关系,应是本章的一个主要探讨研究的题目。本章重点介绍桥梁建筑技术美的功能效应、表现形式及其受多重客观条件的严格制约影响的特征。希望大家根据自己的学习理解,能参与到对桥梁建筑技术与艺术的关系应如何表达、如何不断提升这种技术美,研究量化分类评价桥梁技术美中艺术性的可实现性讨论中。我国桥梁建筑的文化艺术特有文采表现于桥文化中,它是中国文化苑中的一朵艳丽的奇葩,其文化艺术的表现形式和题材璀璨无比,学习中可以再从多方面加以丰富扩展。

第三章首先简要介绍桥梁建筑结构形式的构成原理,重点突出在构思桥梁结构形体时应遵从的形式美的基本法则,并结合桥梁建筑审美特点,来达到对桥梁建筑形式美法则的应用。在一些桥位特殊建筑环境的制约下,对法则的应用要灵活掌握,将其自身结构美的和谐、适度、恰当、细部和秩序的理念,作为桥梁建筑形式美的一个法则。

第四章主要介绍桥梁结构体系及一些有代表性的各种类型桥例的应用条件;现今达到的建设水平和一些结构细节、尺寸拟订的合理范围等内容,作为方案构思基础。中国工程院外籍院士、美国工程院院士邓文中先生在文章中谈到桥梁创新时说:创新可以简单地定义为"有意义的改进"。改进具有很大的宽泛性,但任何改进都应是整体应用价值进步的标志。

第五章主要介绍桥梁在竞标前,根据方案构思如何确定设计的准则倾向。方案构思是对设计者一种综合构思能力的考验,方案的可行性要落实到它的功能可持续性、安全可靠性、审美艺术性、适当的经济性。为此,该章还有专节介绍桥梁结构美的特征性和桥梁的概念构思。该章核心的思考问题是方案构思创新,针对不同功能和环境条件的桥梁(如特大桥和中小桥,城市桥和高速路上的桥,人行桥等)应如何确定其方案构思设计倾向,最终的总体价值评价是怎样的原则。

第六章首先经分析指明:一般建筑是在人工环境中与各种建筑"交流对话",只能参与"城市景观舞台"演出;而桥梁建筑周边环境空间类型繁多,桥梁建筑与周边环境的关系是直接与环境"交流对话",来确定与环境的"亲和关系"。其次,本章还对"生态环境保护"与"以人为本的功能环境"设计理念作了介绍。

桥梁结构美并不排斥附属结构美学设计和局部"装饰"处理。第七章主要介绍现有一些方式和方法,并应结合桥梁特点做具体的构想与创新设计。桥头建筑规划与设计一直受到人们的重视,本章专用一节进行介绍。

第八章主要介绍桥梁色彩与照明设计。桥梁色彩设计主要解决两个"协调":一是"形"与"色"的组合要协调;二是"桥色"与"环境"的景观要协调。桥梁照明一般按常规照明要求设计;对大型或超大跨度桥梁照明,要突出结构体系形态特征;对立体交叉照明,要以线性组合形象特征为主设计;对特殊灯饰夜景设计应由专业设计师来完成。

本书修改撰写过程中,得到哈尔滨工业大学建筑学院吕勤智教授的协助;担任本书主审的和丕壮教授与徐风云高级工程师,对编写大纲和初稿提出一些诚恳建议,在此表示诚挚感谢。博士王晓宁副教授参与第五章、第六章编写工作;博士研究生黄新艺、马俊、李岩、孙航及硕士研究生李江龙、毕洪涛、赵永刚等协助查阅桥例资料、修改图表等工作。

笔者因教学工作需要,接触和学习有关桥梁建筑美学知识已有20余年,并参与几项工程实践,但毕竟只是桥梁工程专业教师,不是专职从事美学研究工作,所以书中肯定会有很多不当之处。好在美学的问题不同于自然科学那样,1+1必须等于2,是唯一解,它总是毫不吝啬地给予人一个较宽泛的思考分析"空间",这也是我敢于承担本书著述的胆识所在。希望本书能尽"抛砖"之举,遂"引玉"之愿,为读者关心和讨论。笔者诚恳地期待批评指正。

本书除引用参考文献的部分资料外,还在网上查阅了一些桥例资料,在此一并向原作者表示感谢。

盛洪飞

2008年5月

第一版前言

桥梁是一个为全社会服务的公益性建筑,它与人类社会的发展繁荣和人们生产生活息息相关。它是人类克服艰险、战胜自然、发展进步的丰碑。从远古先人简单构筑以达通途的木桥、石桥,发展到今天的凌空跨越、雄伟壮观的现代化桥梁,其发展的每一个里程,无不昭示着人类的创造力,浓缩着人类不懈探索的成功,蕴含着人类科技文化奇丽发展的精髓。所以,每一座桥梁建筑都是那样的引人自豪,令人倍感亲切。

同其他建筑一样,在人类生产和生活的实践中,依靠着自身的智慧和创造力,不断将美好的愿望和需要、审美的追求和创造,渗透到桥梁的建筑中,按照美的规律来建造桥梁。

我国的桥梁建筑在世界建桥史上写下辉煌的篇章,对世界桥梁事业的发展做出了卓越的贡献。据史书记载,我国远在战国时代就已经产生结构较为复杂的梁柱式桥梁(史称"秦梁汉柱",与当时古老建筑的"秦砖汉瓦"相媲美),是当时世界领先水平的古老建筑艺术。

我国的石桥建筑,在结构形式、建桥技术、造型特点、艺术蕴涵等方面都可说独树一帜。其中,赵州桥是我国古代石桥建筑技术和艺术上的典范,是世界桥梁科学宝库里熠熠生辉的瑰宝,也是世界建筑史上三大杰作之一,被誉为"国际土木工程里程碑"。

中国古代的建桥技术和建筑艺术,体现了现今结构功能和造型艺术的统一,是一些美的规律和法则的浓缩,同时深刻蕴含着当时社会文化艺术的风采。著名英国科学家李约瑟评价中国的桥梁建筑时说"没有一座中国桥是欠美的,并且有很多特殊的美"。

改革开放以来,在经济发展的带动下,交通运输拉动经济的力度已成为人们的共识,这就为桥梁建筑发展提供了一个广阔的天地。中国的桥梁科技工作者发愤图强,锐意进取,使我国的桥梁建设进入了一个飞速发展的时期,取得举世瞩目的成就,建成了世界最大跨径的石拱桥、钢筋混凝土拱桥、连续刚构桥、世界里程碑式的斜拉桥(上海杨浦大桥)、跨度居世界第四位的悬索桥(江阴长江大桥)等。随着高等级公路建设、城市交通的发展,气势宏伟、风姿绚丽的现代化立体交叉桥也在中国各大城市如雨后春笋般建起。仅用20年时间,我国就步入了世界桥梁建筑水平的前列。

我们相信,进入21世纪以后,随着我国高等级公路网和铁路网的建设、城市立体交通系统的实施,桥梁建筑事业的发展会更加突飞猛进。与此同时,由于社会的发展和科学技术的进步,人们对桥梁建筑美的要求将会成为一种更为普遍的崇尚。

桥梁建筑规划设计涉及的内容很广泛,它要求设计者必须将功能、技术、经济、美观融为一体。

桥梁建筑美学实际上是一个古老而又处于新兴状态的科学分支。桥梁建筑美学的构思是一种意识性很强的创造活动。桥梁不分大小,都应重视其造型设计问题,尤其是一些城市和风景区的桥梁,这往往是方案实施的决定因素。因循守旧、固守传统,只会是千篇一律的重复,不会使设计的桥梁产生美学价值的突破。

当然,桥梁建筑美不是过分的雕琢或增加一些附加装饰就能实现的,桥梁的生动形象在于其结构的科学规律与美学的形式法则的完美融合。而要想对美的形式和桥梁结构内在规律有较好的把握,并在桥梁设计中较好地体现,设计者应具备良好的美学修养。

因此,正在成长的新一代桥梁设计者,不仅要具备深厚扎实的结构设计计算方面的基本理论知识,而且要不断培养自己的美学修养和充实自己的美学意识。本书抛砖引玉,旨在希望读者从书中获取一点益处和帮助,这也是编写本书的初衷。

本书是笔者在长期教学和工作实践中的一些体会和总结,是在校内试用教材的基础上加以充实和完善而成。本书基于没有经过正规的建筑美学学习的读者,从基本的构图理论讲起,结合桥梁造型介绍了美学普遍法则和桥梁造型特点,并结合桥例从整体造型到细部处理、从主体结构到局部附属进行分析,以唤起读者的兴趣,达到学以致用的目的。书中所提出的观点和看法,仅是一种个人探索性的意见,所引用的桥例也并非尽善尽美,尤其对一些桥例的评价,难免有偏颇失当之处,请读者见谅。

在此,对成书过程中给予帮助和支持的同志和校友表示感谢。尤其对令人敬重的范立础教授在百忙中为本书写序谨致衷心谢意。

由于笔者水平所限,尤其建筑美学专业知识粗浅,书中不当之处在所难免,敬请读者批评指正。

盛洪飞

1999 年 5 月

目　录

第一章 美学概论

第一节 美的概念内涵与美学

一、美的概念内涵

“美”这是最常见的一个字,俗语说“爱美之心人皆有之”,说明人生自从有思维之后,就会用这个字表达自己思维感受的概念。例如用来表达饭菜可口的生理愉快——美食;用来赞扬人的文明道德行为——道德美或精神美,也有直称美德;用于肯定艺术欣赏愉悦——美感;从自然景观感受到的轻松欢娱——美景等,其涵义所指各不相同。有的指生理感官上的舒适,有的是对伦理道德的评价,更多的是从审美享受中获得的精神愉悦。由此可知,“美”的涵义根据其使用的范围和对象,会有不同的概念解释,但人们对其所表达的概念涵义却约定俗成,普遍理解,这是不容置疑的。

首先,我们从字源学或词义学的角度,揭示“美”的概念本义及其早期转化。最早甲骨文“美”字的象形如图 1-1a)所示,金鼎文“美”字象形如图 1-1b)所示。

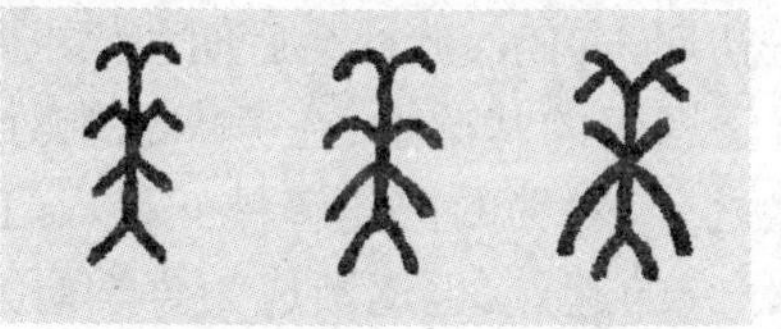

a)

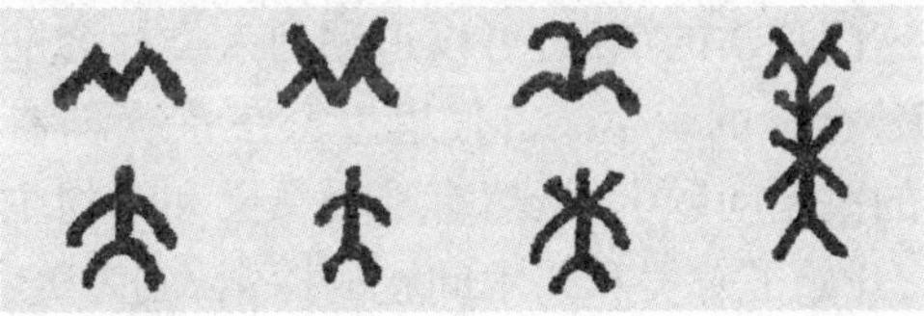

b)

图 1-1 “美”字象形示意

a)甲骨文“美”字的象形;b)金鼎文“美”字的象形

“美”字总体象形,上部可解释为“羊”,下部为一双手摊开双腿叉立的人,构成“羊人曰美”的字义。据考证,在远古狩猎时代,氏族酋长、部落长是头戴羊角冠冕,双手摊开,正面直立,主持最庄严、最崇高的宗教祭祀活动,即原始图腾舞开始之前的场景,从中显示出对酋长、巫师“大人”的崇拜和敬意,称其为“美人”,而得出“羊人曰美”的原始涵义。

从氏族社会进入奴隶制,形成国家社稷一统要求的图腾崇拜仪式,用羊作为氏族图腾崇拜的标志,“美”字的概念转变为“羊大则美”的涵义。汉代许慎在《说文解字》中解释:“美,甘也。从羊,从大。羊在六畜主给膳也。”由“羊人曰美”转义以食用为本的“羊大为美”,从巫术礼仪的图腾崇拜“人”而演变为以食为生的生理满足的“羊”,反映了审美观念的发展演变。

综上所述可知,美的事物会因时间和空间条件的不同而被赋予不同的涵义。随着人类社会的发展进步,逐渐形成以生产力为轴心的社会历史及其派生出来的思想变化,并由此决定了人类不同历史时期的美的观念。除了美的概念内涵具有历史的相对性外,还具有极其复杂的多样性、自相矛盾的变异性、个体感受的自由性及愈益与人类日常生活紧密结合的无限发展的延伸性。黑格尔指出:“无论就美的客观存在,还是就主观欣赏性来说,美的概念都有这种自由和无限”[①]，揭示出美具有广阔的领域。也就是说，美的理念，渗透在人对历史和现实的认识和实践的全部关系中。

人类对美的感受能力、创造能力、欣赏能力从何而来的问题，就成为了人类古往今来对美的探索研究的一个重要命题，其最初的探讨是建立在当时的哲学、伦理学、心理学、逻辑学等理论基础上。古希腊哲学家柏拉图（Piato，公元前427—公元前347）提出一种“神赐”说，这种神说虽是荒唐，但统治哲学很长时间。后来英国哲学家夏夫兹（1671—1713）与其门徒提出“美感天赋”说及后来德国哲学家康德（1724—1804）“主观心灵”论，认为美感完全基于主体的内心活动，而不是主体反映客体对象的美，形成了唯心主义美学理论。

马克思的哲学思想是基于历史唯物主义辩证地考虑美感的产生和发展，以及审美意识和审美创造的主客体的依存关系，提出：人的审美活动和美感能力并非神所赋予或与生俱来，而是在建立人类社会实践历史进程中，对现实对象感性形式的一种能动反映，“意识在任何时候都只能被意识到了的存在”[②]。美的基础是精神和物质的统一，成为马克思主义美学的基本观点。

根据上述见解，我们按照马克思主义的美学理论，美的概念可理解为：美的内涵是指人类社会实践产生的无限多样的事物，其所具有的某种能引起人们美感的本质属性的抽象概括，是人们对客观事物存在的形态或形成的观念中，可以激起人心灵愉悦的观赏形象与求真向善美好品格风范展示的认同。所以，美体现着人的主观意识同客观世界的一种情感关系。

二、美学及美学研究的发展

美学这门科学的渊源，可以追溯到人类社会发展初期，古代氏族社会后期和奴隶时代就开始了对“美”概念的萌生。古代思想家在系统总结哲学思想的基础上，在考虑思维对存在、精神对物质的关系问题上，虽然有唯心主义和唯物主义之分，对美的内涵解释五花八门，但在哲学基础上，开始了对美和艺术问题的探索，成为美学研究的起点，也逐渐成为哲学研究中一个重要的范畴。美学作为一门独立的科学是在18世纪哲学和自然科学全面发展时期，德国哲学家、美学家鲍姆嘉登（1714—1762）首次用“美学”（Aesthetic）这一术语为这门学科命名，并写出《美学》一书。书中定义“美学是以美的方式去思维艺术，是美的艺术的理论”，认为“美学对象就是感性认识的完善”，是“研究低级认识方式的科学”。黑格尔于1817—1829年在海德堡大学和柏林大学讲“美学”课，他逝世后由学生根据他的亲笔提纲和学生笔记，编辑成《美学讲演录》并正式出版。黑格尔认为，美学的研究对象是美的艺术，自然生活中没有美，只有艺术才美。将“美学”提升为“美的艺术哲学”，视为“艺术美学”。

由马克思、恩格斯开创的，以辩证唯物主义和历史唯物主义的原理、方法，研究美、美感、艺术创造和欣赏活动一般规律的美学理论，首次阐明了美学、艺术与社会活动的辩证关系，强调人类社会实践在美学中的重大意义，认为人类的审美活动和审美意识（观点、感情、趣味、道德、理想等），都是人类在改造自然界，实现人类目的的社会劳动实践中得以产生和发展。人通过实践认识美，而且按照美的规律创造和发展美。

马克思在对美的上述阐明的同时，又指出美与经济的互动关系。美既在一定经济基础上产生，随着经济基础的变革而变化，同时又对其他相关社会意识形态产生影响。归根结底，美学

---

① 黑格尔：《美学》第148页，商务印书馆，1979年第4版。

②《马克思、恩格斯选集》第1卷30页。

受到一定历史条件下的经济状况的约束。

经过以上分析，我们可以总结出在近230多年实践的基础上，得到现在对美学定义的认识是：美学是研究人类世界观主要组成部分——审美观的系统化和理论化的学说，是以哲学原理为依据，以哲学方法为手段，以研究对艺术审美关系的一般规律为基础，进一步研究与人在现实生活和生产相关的各专门领域审美关系和审美实践发展规律的一门科学（如生活美学、劳动美学、工艺美学、技术美学、商品美学、运动美学、管理美学、环境美学等，当然还有道路美学、桥梁美学）。

也就是说，现代美学发展趋向，一方面是把美学的哲学基础及所形成的美学基本理论进行更高水平的综合与科学概括，总结出超过前人的美学成果；另一方面是向更为具体的领域，对其美学属性进行更为具体深入细密的研究，使该领域（或专业部门）获取自身的美学特征属性不断发展提高的表现形式。

归纳以上内容，对现代美学研究的理解为：随着时代的发展和科学技术的进步，在各国家民族日益交往合作的社会背景下，研究在现代社会实践下人的审美关系变革和发展的特征与规律；美德本质、形态与范畴；适应现代科学技术发展和文化艺术新理念形成的新美学理论的探索和构建；审美理想、情趣、观点、标准等新的审美知觉的形成与统一；审美教育的新内涵和原则；社会科学以人为本实现人类终极目标的伦理道德规范的建立等问题。研究美学的目的，就是要用美学的尺度来衡量现代社会人类与自然、人与社会、人与人之间关系的和谐和共存性，以达到最大限度地发挥美学在整个人类社会各个领域的影响和作用，实现人的终极目的。

第二节　美的本质与特征

美的概念是人们对某一事物（或现象）产生愉悦或表示欣赏之后，对其所作出的抽象概括。这是由于客观事物（或现象）中具有可激发人美感的本质属性。所以，谈美就无法离开那些可以从中概括出“美”这一本质涵义的事物（或现象）。

人类在对美的本质和美的定义的探求过程中，形成了不同的学说，虽然其表明的观点都有是非正误的差异，但并不完全截然对立，它们相互吸收、批判、继承、纠正，逐渐形成现今对美的本质的认识理论。

（一）柏拉图的“美是理念”论

柏拉图（公元前427—公元前347）是古希腊的唯心主义哲学家、美学家。柏拉图把美的本质规定为“理念”，认为世界的本原是“理念的世界”，而现实的具体物质世界不过是“理念世界”的影子。真正的美是属于“美本身”，它先于具体的美的事物而存在，它主宰现实世界各种美的事物，并规定它仍成其为美。柏拉图还认为至美（“美本身”）和至善（“善本身”）紧密相连，能称其为美的必须首先是善。恶的东西都是丑的，美和丑绝对互相排斥。

柏拉图的美学思想是有价值的。他探讨了美与丑的对立，美和善的关系，个别和一般的关系，相对和绝对的关系，审美过程感性与理性的关系，虽然结论是唯心的，但思维方法有一定的辩证因素，对后世影响极大。

（二）亚里士多德的“美在形式”论

亚里士多德（公元前384—公元前322）是古希腊哲学家，唯物主义美学的代表，在美学史上被誉为“欧洲美学思想的奠基人”。他科学地总结了古希腊人艺术实践和审美经验的历史成果，否定柏拉图“理念”论，明确指出美存在于客观世界的感性事物本身，应从美的事物的物质属性与外在形式特征的角度揭示美的本质。他认为美不是抽象的，而是具体的、可感的，美须与美的本质契合为一。

“美在形式”论的主要论点认为美在事物本身，美的事物的物质属性与形式特征是美的现象存在的根本条件；提出“美的主要形式就是秩序、匀称和明确”①、“一个有生命的东西或是任何由各部分组成的整体，如果要显得美，就不仅要在各部分安排上见出秩序，而且还要有一定的体积大小，因为美就在体积大小和秩序”②。亚里士多德特别强调，美的本质只能存在于客观物质本身，美的存在不以人的思想为转移，这就是最早的唯物主义美学观点。

当然，在当时的历史条件下，这种观点存在很大缺陷，形式美只是美的现象存在的外在条件之一，不能构成美的全部内容。但当时对引导艺术实践中要努力发掘具体事物的外在形式，有重要的指导意义，对后来欧洲文学艺术的繁荣发展产生了深远的思想影响。

（三）“美的客观”论

这是关于美的本质根据的一种学说，与“美在主观说”相对应，认为美是不以人的主观意识、情趣、爱好、意志为转移的事物的客观属性。“美的客观”论萌芽于人类古代社会，亚里士多德是其早期的代表。文艺复兴后，随着近代自然科学的兴起，“美的客观”论有了较大发展。法国著名唯物主义哲学家、文学家、美学家狄德罗（1713—1784），在美的本质问题上，提出了著名的“美在关系”说。他认为美是事物中客观存在的一种“性质”，存在的事物中没有这种性质便不美，这种性质的多少，决定了事物美的多少（程度）。这种性质就是事物中千差万别的“关系”，它不受人的主观意识决定，这种关系作用于人的器官，“唤醒”人产生对“愉快关系的知觉”而导致美感（他称之为“与我有关系的美”）。

（四）康德的“美在主观”论

这也是关于美的本质根源的一种学说。它以主观唯心主义哲学为基础，从人的内心世界寻找美的根源。康德认为美不是客观世界对象本身的属性，而是人类意识和心灵活动的产物，物质世界中的美都是人的情感观念赋予物体的，是主观联想活动的结果。他强调美是纯形式的观念，认为美的纯形式是主观的产物。

康德以后产生了“美在主观”论的不同派别。如叔本华提出的“唯意志”论，认为主观意志通过单纯空间性现象的适当客观化就是美；还有柯罗齐的“直觉表面说”，他把形式解释为人的心灵活动，心灵活动把形式赋予“物质”产生直觉，直觉即表现，成功的表现就是美。“美在主观”说把古代注重客观的美学理论转变成注重主观，扩大了探索美本质的途径，但又片面地夸大主观意识作用，割裂主观和客观的联系，是一种唯心主义美学观点。

关于美的本质和美的根源的学说还有多种。如“美的愉快说”，认为美的事物引起人生理和心理上的快感是美的真正本质；“典型说”认为审美对象的艺术美应该正确反映出事物的典型性，典型的程度越高就越美；“摹仿说”强调艺术美的现实基础，反映事物所包含的生活内容。

马克思主义美学理论，在肯定美的客观性的同时，提出审美主体的能动性，认为人类改造自然实现生存目标的社会实践是认识美、创造美和发展美的根源，全面地提出美的本质特征性。

---

① 亚里士多德. 形而上学. 北京：商务印书馆，第 265 ~ 266 页。

② 亚里士多德. 诗学. 北京：人民文学出版社，1962 年第 25 页。

那么美的本质特性是什么呢?

1. 美的自然性

美是具体的。美的事物以具体的形象吸引着人们的注意。美的事物千姿百态、形象迥异。由于美有着具体形式的客观形象,它才是可以感知的。

也就是说,客观现实的美学特征,总要通过一定感性物质形象反映出来。这种形象是美的客观属性的物质载体,没有它,美就没有形象性、具体性、直观性,就不能作用于人的感官而成为审美对象。美的自然性不是指事物对人的物质实用性,而是指构成美的事物外在形象的自然属性,如形、色、线、光、音、质等,以及它们之间的组织关系,体现一种天然的完美和谐,在丰富多变中呈现有机统一。

2. 美的社会性

美的社会性是美与人类社会不可分割的属性。美来源于人类的社会实践,美只对人类社会有意义,人类社会出现之前无所谓美。在社会实践中,任何人都怀有对生存理念、伦理道德、生活目标等的美好愿望。

美的社会性主要表现在两个方面,一是人的内在美的表现,一般称之为"精神美",这也是人类社会美的主要内容。精神美不是抽象的不可感知,任何美都有它的感性形式,人主要通过行动、语言、表情等反映出内在品质;二是人类社会生活的本质要求,是将从人类社会实践中产生的美再回归于社会实践中,从而获取人类创造生活、追求美好生活的动力。

美的社会性最初体现在物品满足人类社会需要,其后在应用和观察产品中获得美感,再后逐渐将审美需要从实用需要中独立出来,形成了产品美学。人类按照美的规律,在生产实践中不断加以改进提高,成为美的产品。所以,人类创造美的同时,并能动地创造和发展自身感知这种特性的审美能力。

对物质产品的审美设计表面上看是设计师个人的创造,而实质是社会诸因素综合影响的结果。产品设计是基于社会的主流特征要求,产品生产是满足社会整体的需要,所以产品美是典型的美的社会文化"标尺"。而反映在一个较短时间内的产品的改造和创新,是美的社会性的"动态特性"。

3. 美的绝对性和相对性

美的绝对性是指美的内涵和标准所具有的普遍性和永恒性。

美的相对性是指美在不同主客观条件中不断变化和发展的相对标准。

由于美、美的规律具有客观性和普遍性,因而不同阶级对于美的自然性和社会性的感受和认识并不一定都处于对立状态。这种人类对美的感受的共性即为美的绝对性。同时,由于美是变化、发展、多样的,审美主体——人,由于时代、社会因素和个人因素的不同,会有不同的审美标准和感受。即使同一个人,对同一对象也会因时、因地有不同的审美感受,甚至是截然相反的美或丑的感受。这反映的就是美的相对性。美的相对性还表现在受周围环境和事物之间关系的影响。美不是孤立绝缘的,也不是凝固不变的,它与周围事物和环境发生着各种各样的关系,并在各种复杂的关系中存在着、发展着、变化着。一个对象,在此时此地是美的,可是到了彼时彼地却不一定是美的,这也是美的相对性表现。对于桥梁结构来说,其造型与周围自然环境和社会环境的和谐统一、融为一体是其造型美的一个突出表现,这在以后将作专门介绍。

马克思主义美学,是融辩证唯物主义和历史唯物主义美学于一体的美学观点。它认为美是随社会历史发展而不断变化,同时又是有所继承和发展的,既有相对性,又有绝对性,美的相对性中也包含着美的绝对性的内容(因素),两者是辩证的统一。

4. 美与真善的统一

真、善、美三个字的内涵是分属哲学、伦理学、美学中最基本的概念,三者关系的研究,对揭示美的本质特征具有重要意义。美学思想发展史表明,在探索美的本质的同时,也界定了丑的本质。最初的真、善、美是统一于上帝和神,后又有统一于抽象人生、主观精神、客观理念等说法。后来认识到凡是美的都是和谐的,凡是和谐的都是真的,凡是既美又真的也就是善的,三者形成了辩证一致的关系。在艺术中,真、善、美融为一体,不仅要有艺术形象与物体相一致性(真),还要颂扬积极的伦理道德(善),达到惩恶扬善的目的(美)。

马克思主义美学一直认为,真善依存于美的理念中,统一于指导人类社会实践的各个领域中,是人类长期实践中处理人与自然、人与社会、人与人关系的三个最基本的精神和行为的标志,是美的本质在现时代的重要特征与标准。

5. 美的愉悦性

美的事物引发人们生理和心理上的愉悦感也是美的本质特征之一。

美必然联系着愉悦感的论断,抓住了审美活动中最普遍的事实,为揭示美的特征及审美活动的规律提供了有价值的思考。

当我们欣赏一幅美的画,欣赏一片美的自然风景,欣赏一座造型美的建筑或桥梁,我们所得到的不仅是物质上的满足,而且在很大程度上还有精神上的满足和享受,这是对事物美的本质的领悟和欣赏,所以能够引起巨大的精神上的愉悦感受。这种愉悦感受也称之为美感。

在美感活动中,人的情感和审美需要是处于和谐的统一之中,正是这种和谐统一,美感才会激荡着我们,感染着我们,给我们赏心悦目、舒畅自由的愉悦。愉悦性是人感受到美的一种外在表现形式。

第三节 审 美 意 识

现代美学原理立足于人的主体地位,以审美体系为基础进行研究。具体说,“要研究审美的内在机制:人的审美意识的形成、结构、组织、运动、形态、功能等,作为一个运动变化的整体在理论中再现出来……把美学研究落实到人的审美和创造上面,又进一步深入到支配审美创造的审美意识(系统)的运动规律或原理的探索,从而实现美学的科学化。”(李健夫,《现代美学原理》,中国社会科学出版社,2002)。这种研究是一门以人为本源进行科学探索的真正“人学”,必然要涉及与人相关的各种学科,如人的生理和心理学、生活与生命学、哲学与人类学、文艺学与创造学、社会学与史学等的交叉和融合。审美意识的一些系统概念含义的理解是研究美学原理的基础。我们不是要完整系统地介绍审美学,那需要很多篇幅。所以,本书只介绍几个审美必须了解的基本概念,从中可以简要掌握审美规律和相关法则。

一、美感

人们通过感官(眼、耳、鼻、舌等),对审美对象产生某种印象和感觉,并传给大脑,这是美感产生的起点。

美感是由客观对象的审美属性引起的,是人们接触到美的事物在感情上产生愉悦的心理状态,是包括感受、知觉、想象、情感、思维等心理功能在审美对象的刺激下,人脑交织活动形成的心理状态,从而对事物作出某种美学上的判断。

人们感受美的能力是人类在长期改造自然的同时,改造自身的社会历史和劳动实践中形成的。从宏观角度看，它主要是指人类在社会实践中逐步形成、完善并世代相传的审美心理、生理结构功能；从微观角度看，它主要是指个人在审美实践和审美教育中所取得的感受美的能力。

对事物形象的直觉性是美感的重要特征。实际上，美感的直觉性不是纯粹的，它包含着理性内容，这些理性内容是由于人们在长期生活实践中形成感受美的心理积淀，并以此作为感知、想象、情感在起作用。

情感体验是美感最基本的特征。情感体验贯穿于美感心理活动的全过程，是美感发生的内在动力。情感体验与人处于一定环境中的心境和情绪有关。

主观能动性也是美感的特征之一。美感不是对客观世界的消极反映，而是一种积极、能动的主观反应而形成美感想象的创造性，这种美感想象不断有新的意蕴，不断有新的发现，永远无止境地发展。

愉悦性是美感的又一特征。审美过程是通过人的生理机能使审美主体的各种精神因素产生相应反应，使人的情感和审美需要处于和谐的统一之中，从而在心理上形成某种愉悦感受。

从古希腊到近代，对美感的研究一直是美学的主要课题，归纳起来主要有两种：一种认为美感是纯主观的产物；一种认为美感是审美对象的反映。

马克思主义美学认为，美感是客观事物美的本质引起审美主体愉悦的心理状态，审美感觉及审美能力是人类社会实践的产物。

二、审美客体

审美客体即审美对象，与审美主体相对，和审美主体同处于审美关系之中，是被审美主体欣赏的客观物质对象。

审美客体必须具有生动形象性，具有美的属性，体现在形象与形式上，能为人的审美感官所感知，而不是概念或思想之类的抽象物。一般它都要占有一定的时间和空间，具有形状、颜色、光彩、音响、质地等自然属性，并作为物的刺激信息，直接作用于人的视觉、听觉等感官，引起人的心理审美活动。

审美客体有多种形态。例如有空间的对象，有时间的对象，或空间与时间的综合对象；有动态的，也有静态的；有人类创造的艺术美、社会美，也有山川河流等自然形态的美；有专供欣赏而创作的各类艺术品，也有既实用又美观的物质产品等。桥梁作为一个审美客体，就是一种既实用又美观的建筑产品。

三、审美主体

审美主体是指能够在一定社会实践活动中创造美和欣赏美的人，与审美客体相对。

人的审美欣赏活动，是人类从精神上把握现实的一种特殊方式，本质上是感官与理性统一的复杂心理活动。欣赏者根据自己的生活经验、文化素养、审美观点，在对审美客体所认知理解的基础上获得感知，通过想象、联想、情感、思维等心理活动，对审美客体进行再创造，构成心中的审美意象，唤起美感。这种“再创造”是审美主体发挥审美作用所不可缺少的。任何审美客体，如果失去欣赏者，也就失去了自身美的意义。欣赏者是审美客体实现和确证自身价值的前提条件，欣赏者即是审美主体。

欣赏者的审美情趣和能力千差万别，对于同一客体可能作出不同甚至截然相反的审美评价。但是，某些闻名的自然山水所具备的美，却能雅俗共赏，获得欣赏者大体相似的审美评价。

某些优秀的艺术作品也是如此。

随着人类社会的不断发展，欣赏者的审美能力和情趣也处于不断变化发展中。一方面，众多审美客体使欣赏者的审美能力得以提高，丰富了欣赏者的审美情趣；另一方面，欣赏者不断提高的审美能力和对美的"再创造"，又促进了审美客体的丰富和发展。

正如马克思所说"人的感觉、感觉的人类性—都只是由于相对应的对象的存在，由于存在着人化了的自然界，才产生出来的。五官感觉的形成是以往全部世界史的产物。"(《1844年经济学—哲学手稿》第79页)

在劳动中人类创造了美，在创造美的过程中又提高了自己的审美能力和审美需要。人类凭借着这种提高了的审美能力，又创造出更新更美的事物。从创造美的对象提高主体审美能力，再去创造新的美，审美客体与审美主体两者所具有的相互依存和相互推动的辩证关系，是一个循环过程，从而使美在这种循环中不断发展和升华。

四、审美观

审美观是指人们在社会实践活动中形成对美、审美和美的创造、发展等问题所持有的包括标准、情趣和理想等的基本观点，是世界观、人生观的重要组成部分之一。

审美观既有时代、民族、阶级差别，也有个性差异。集体、个人的审美观都受时代、民族、阶级的社会生活中各种因素的影响和制约，受社会文化条件、政治哲学和道德观念、宗教信仰、自然科学观点乃至年龄、职业、心理素质等各种因素的影响和制约。每个人的审美观都是社会实践、审美实践的产物，既有一般社会性，又有个别特殊性。各时代、民族、阶级的人，由于社会实践、审美实践有共同性、延续性，他们的审美观常常互相影响，表现出一些共同的特征。每个时代的人们的审美观又总在某一特定的历史环境中形成和发展，所以，审美观又具有历史阶段性和时代的特征。

审美观的核心是审美标准和审美理想，根据与社会历史的发展方向是否符合及其对社会所起的作用，审美观大致可划分为进步的或腐朽的、健康的或颓废的审美标准和审美理想。

审美的标准在不同时代、社会、民族、国家具有一定的普遍性和共同性，也有较大的相对性。它在不同的生活经历、知识修养、审美情趣、审美能力的人们那里表现为一定的差异性，在人民内部，不涉及原则问题时，各人有爱美的自由，但在涉及敌对阶级利害关系的领域则常常表现出对抗性，具有鲜明的是非界限。

审美理想是人们向往、追求美的最高境界，它产生于人类社会实践中。人们的全部社会活动，从一定意义上说，就是不断地认识现实、产生理想并实现理想的过程。人的审美理想就产生在这个过程中。但审美理想不同于一般理论形态表现的生活理想，前者一般表现为形象的、生动具体的美好生活图景；后者一般表现为较为抽象的概念，例如自由、幸福、共产主义等。

五、审美价值

审美价值是指审美对象客观具有的能在一定程度上满足人们审美要求，给人们审美启迪及情感享受的价值。

虽然人们必须具有一定的审美能力才能认识事物的审美价值，但在审美活动中，审美对象所固有的审美价值客观上决定人们审美感受的方向、内容和程度。

美、崇高等是肯定性价值，丑是否定性价值。生活中的丑按正确审美评价被反映在艺术中，则转化为艺术美，转化为肯定性的审美价值。社会美的审美价值与社会功利的价值既有关系又有区别。前者是满足人们审美要求的价值，后者是满足人们实际利益要求的价值。

由于审美判断标准的相对性，不同的人具有不同的审美个性和审美风格，会产生不同的审美意想，所以人们大多是从主观体验来确认对象的审美价值。美的价值是随着社会进步、经济发展而获得不同的价值。试想，当人们最基本的温饱问题没有解决的情况下，不会有多余的精力或拿出多余的经济收入来欣赏或珍藏有审美价值的物品，从这一点来说，确切说明审美价值是不可能的。

六、审美教育

审美教育简称美育，它是人类文明发展的必然结果，也是人类自身发展的需要。它是指通过一定方式、设施，培养人们正确、健康的审美观、审美情趣，提高人的欣赏和创造美的能力的教育。它能使人变得高尚、积极，在思想感情上得到健康成长。美育对培养社会主义新人，对社会主义物质文明和精神文明建设都有重要意义。

大量事实证明，许多有重大发现的科学家在探索真理的过程中都怀有某种审美情感，而这大都与他们青少年时代所受过的艺术熏陶(美学教育)有关。

美育是一种情感教育，美的内涵就如甘甜的雨露滋润着人的心田，使人的精神得到愉悦，情感得到净化，心理紧张得到放松，思想负担得到转移，从而促使情绪得以调节和稳定，保持或恢复心理平衡。

美育是按着以美启真、启善的美学原则，创造一个民主、自由、和谐、安全的精神环境，提高审美主体的美学修养，培养正确的审美观，强化人们的艺术素质和审美能力。

通过结合专业的桥梁美育教育，可以使学生在掌握桥梁建筑美学特征及法则要求的基础上，将美学与专业技术相融合，拓宽学生视野，增强学生应用美学知识能力，提升在桥梁建筑设计构思中的科学性和创造性。

第二章　桥梁建筑技术与桥文化

第一节　桥梁建筑发展史

桥梁是人类为扩大自己生存活动范围,克服自然障碍而最早建造的工程建筑之一。桥梁的历史与人类的历史一样古老。当原始人类尚不能用手造桥时,往往利用天然形成的桥:如倒下的树木横在沟涧上(图2-1);地壳表面冲蚀而形成的石梁或石穹(图2-2);攀爬越障的藤蔓编缠而成的悬吊网带桥;推测猿人像如今猴子一样相互牵拉上下肢所形成的猿(猴)桥等(图2-3)。

图2-1　天然木桥

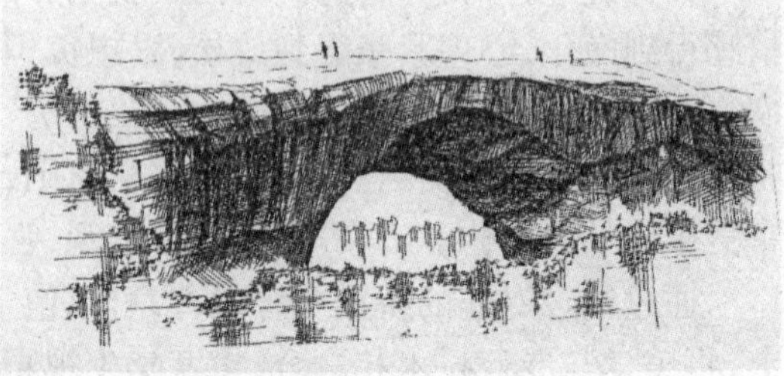

图2-2　冲蚀形成的石穹桥

人类聚居而产生最早人造桥。中国在1954年发掘出的西安半坡村公元前4000年左右的新石器时代氏族村落遗址,在居住区周边挖有深、宽达5~6m的围沟,说明在人类创造的最古老,并与人类生息相关最为密切的建筑是房屋和桥梁——人类避风保暖之所和避险保安之桥(图2-4)。西安半坡村遗址桥甚至推测是可撤式的木桥。

图2-3　猴连接形成猴桥

图2-4　西安半坡村遗址推测图示

人类开始搭建桥梁首先是木桥还是石桥很难说清。按逻辑推理,似应木桥在先。由于木、藤、竹等材料易腐,古代桥梁保留至今多为石桥。据考证,世界上现存最古老的石桥在今希腊的伯罗奔尼撒半岛(Peloponnesos),它建于公元前1500年左右,是跨越山谷用天然石块干砌的单孔石拱桥。

世界公认古罗马人与中国人是最伟大的建桥人。世界著名的法国南部尼姆城的加尔德石拱桥(图2-5),它建于罗马帝国时代(公元前63年至公元前13年),桥长270m,最大跨度24.4m,是一座输水桥;桥分3层,下层7孔,中间层10孔,最上层35个小环孔,下层于1743年加宽可以通马车。该桥结构雄伟,比例协调,色彩鲜明(选用黄石砌筑),反映了罗马时期高超的建桥技术。

图2-5　法国加尔德石拱桥

古罗马拱桥的特点是采用半圆拱,桥墩较厚,完全可以承受单孔的推力,有的在桥墩上设置较小的附加拱。

我国有记载最早的桥梁始见于《史记·周本记》,所记载桥梁在公元前1122年商末周初时期。实际在记载之前,最初建桥人会在很长时间模仿天然桥,逐渐做一些改进,使建桥技术慢慢提高。可以肯定,远在有历史记载之前,基本的建桥技术已经发展到一定程度。我国有各类石桥约四百万座,其中以拱桥居多。从原始天然冲蚀而成的石拱,到人类刻意砌筑拱圈,建成拱桥,是人类筑桥科学技术的一大进步。

公元7世纪初建于隋朝的赵州桥,是世界现存最古老、跨度最大的敞肩扁弧拱桥(现一般也有称为空腹割圆拱桥)(图2-6)。赵州桥跨径32.27m,主拱上采用空腹小孔代替实腹部分,减轻拱上恒载,又增加了排洪面积,是拱桥发展史上的一个重要创造。赵州桥以其跨度之大、

图2-6　中国赵州桥

构思之巧、设计之精享誉世界，被评为国际土木工程里程碑建筑。欧洲直至 14 世纪，也就是将近 1000 年之后才建有敞肩割圆拱桥。

中国水乡许多薄拱肋半圆拱，拱脚略低于路面，拱背上直接修筑台阶供人行走（图 2-7），与把路堤与拱顶填平的罗马桥相比，显得更加灵活合理。公元 13 世纪威尼斯人马可·波罗来中国，做了很多这方面的调查和描述，并证明中国很早已掌握先进的拱桥建筑技术。

图 2-7　中国水乡特有的薄拱肋半圆拱桥

福建泉州洛阳桥（又名万安桥）是我国最长的石梁桥，建于宋嘉祐四年（1053—1059）（图 2-8）。该桥长 540m，单孔由 7 根长 11.8m 的石梁组成，首创采用筏形基础殖蛎固基技术，处于世界领先，是国家重点文物保护建筑。

中国古代梁桥中，构造雄伟、石梁最为巨大的，当推福建漳州江东桥（又名虎渡桥）（图 2-9）。该桥在宋绍熙年间（公元 1190 年）起造为浮桥，公元 1214 年易为板梁，公元 1237 年易梁以石，历四年建成。全桥总长 336m 左右，宽 5.6m，三块巨梁组成，共 19 孔，最大孔径 21.3m 左右。最大石梁长 23.7m，宽 1.7m，高 1.9m，重近 200t。这样巨大的石梁，当时无机械设备，其开凿运输已不易，而架桥之难几乎无法想象。数百年来，中外桥梁专家无不惊奇感叹，至今不知其神妙之技。

图 2-8　福建泉州洛阳桥

图 2-9　福建漳州江东桥

现在悬索桥是特大跨度主选的桥型，实际它的结构原理是依据原始人猿攀爬藤萝编缠的吊带而发展起来的。世界公认悬索桥最早出现在中国，公元前3世纪左右，四川已有了竹索桥；公元前2世纪在陕西已有铁索桥记载；公元3世纪在长江上确实存在锁江桥，还有很多铁索横江的记载。由此可知，我国索桥历史悠久，体系多种，早于欧洲达1700年之久。

图2-10　英国柯尔勃铁拱桥

桥梁发展直接受到科学技术和经济发展的促进，是交通运输需求的必然产物。18世纪中叶的欧洲工业革命使工业技术发生飞快进步，工业动力蒸汽机的发明产生了新的运输工具——火车和轮船。尔后1886年德国人卡尔·奔驰发明第一辆内燃机汽车，使道路交通又逐渐步入汽车时代。而促进桥梁发展的直接原因是建筑材料的变革，产生了人工材料，标志人们只能用石、木等天然材料建桥的时代结束，桥梁建设进入了近代发展阶段。

铁的冶炼有了铸铁，18世纪开始用于拱桥建筑，其中保存至今优美的铸铁拱桥是英国的柯尔勃铁桥(图2-10)。该桥1758年构思，1779年建成，采用工厂生产铸造构件，到现场组拼仅用3个月。该桥轻巧别致的结构组合，精细的构件连接，快速的组拼，是当时工业革命快速发展的写照。桥梁工程史上一个未建的伟大设计是托马斯·特尔贝德于1800年提出替换古伦敦桥的方案(图2-11)，是一座单跨183m的铸铁拱桥。如果建成，它会是一座铸铁桥里程碑式的建筑。方案未被采用的原因是跨度太大，20年后被一座5孔钢筋混凝土拱桥代替。

图2-11　英国183m古伦敦铸铁拱桥构思图

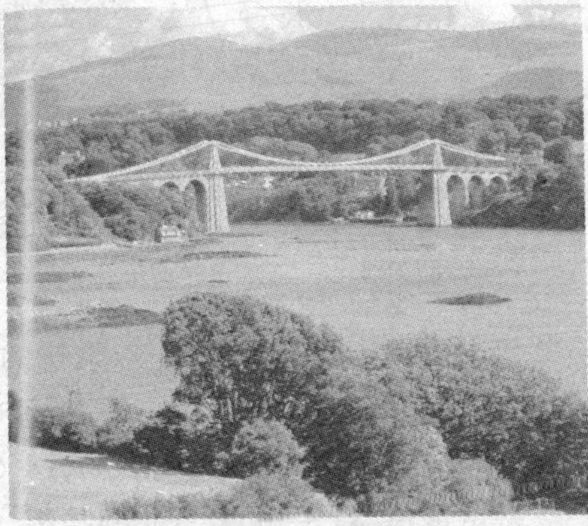

图2-12　威尔士梅涅海峡大桥

威尔士梅涅海峡大桥是一座采用熟铁悬链的悬索桥，1820年开始修建，中间几次大风造成破坏，直到1826年初步建成。1839年一场大风，使部分吊杆和桥面毁坏，又进行了重建。该桥总长521m，主跨176m，塔高46.6m，桥面距水面高30m(图2-12)，边跨采用7个雄伟的石拱，结构整体显得刚劲和谐。

钢材料的出现解决了建桥材料的强度问题，从而也解决了跨度和经济问题，极大地促进了桥梁建设的发展，进入了钢桥时代。

英国(1882—1889年)建造的爱丁堡福兹湾大桥，是一座超长、超跨大桥。北岸有3座石拱和5跨梁结构，南岸有 4 跨石拱和 10 跨梁结构，任意一跨在当时其他地方都是一座大桥。主桥是三跨伸臂结构，向外悬出的悬臂端根部固结在桥墩上，伸臂长 206m，挂孔 107m，主跨 519m，悬臂根部高度 100.6m，主要受压构件采用钢管截面，用钢总量达 58 000t。福兹桥雄伟壮观的结构成为世界上最坚固、最结实、最安全的特大铁路桥梁，创造多项世界纪录（图 2-13）。

图 2-13　英国福兹桥

1900—1917 年，加拿大修建魁北克桥，美国最负盛名的桥梁设计师西奥多·库珀首先提出一个主跨 488m、两个边跨为 183m 的钢悬臂方案，后主跨加大至 548.8m，成为当时世界最大跨径桥梁。该桥施工中两次遭难，1907 年 8 月，当悬臂部分到达 230m 时，主梁在桥墩附近的钢板有轻微的溃屈现象，现场工程师通知远在纽约的库珀，但库珀停止工作等待调查的通知还没传达至工地，8 月 29 日下午 5 点 15 分，整个结构全部倒塌，桥上 85 人，生还者 11 人。原因是结构计算问题，库珀事业结束了，几年后病逝。第二次修建所用钢材是第一次的 2.5 倍，并用厚重的直弦杆取代了原来的曲杆设计，但悬臂长度与桥根部塔高的比例还是比福兹桥大很多。5 200t 重的吊孔预先组装好，1916 年 12 月 12 日，在距离水面 46m 高的两个悬臂之间开始用千斤顶吊装吊孔，但刚提到 43.6m，一个吊梁支点脱落，悬孔跌落水中，又死了 11 人。图 2-14为两次事故图，图 2-15 为最后施工完成后的世界最大跨度悬臂梁桥全貌，但是从审美观点上远逊于福兹桥。

图 2-14　加拿大魁北克桥二次事故

图 2-15　新建的魁北克桥

钢材应用到悬索桥中，使悬索桥的跨度发展很快。1811 年修建的梅里麦克桥中跨 74m，1826 年修建的梅涅海峡大桥中跨 176m，1834 年修建的瑞士弗立堡桥中跨 273m，1849 年修建的俄亥俄河上惠灵大桥中跨 308m，1866 年美国辛辛那提大桥中跨 322m（图 2-16）。

辛辛那提桥是一座悬索和斜拉组合桥，应用钢缆和辐射状拉索网，加劲桁梁，配以花岗岩砌筑，经过建筑造型处理的桥塔，被认为是座庄重协调有新意的桥梁。

辛辛那提桥的建成促进布鲁克林桥的建设。由于纽约的经济作用和政治影响,急需修建一座连接布鲁克林和曼哈顿岛的大桥。约翰·罗伯林实际在修建辛辛那提桥的同时,认为可以修建 1 500 英尺(1 英尺 =0.304 8m)或更大跨度的悬索桥,设计中跨 486m,边跨 283m,为当时世界最大跨度。加劲梁分为上下两层,用于公路和铁路,上层中间留出人行通道。然而不幸的是,1869 年的夏天,当他现场考察时意外事件夺走了他的生命。作为辛辛那提和匹兹堡 Allegheny 河大桥的首席助理,他的儿子华盛顿·罗伯林(1837—1926)接替了布鲁克林大桥的修建工作,他克服了很多从没遇到的困难,于 1883 年 3 月成功通车(图 2-17)。而布鲁克林大桥由于约翰·罗伯林出色的设计保持最大跨度近百年,一直作为这位桥梁大师高超技术的证明。

图 2-16　美国辛辛那提桥

20 世纪 20 年代以后,由于美国经济空前发展的需要,尤其铁路的衰落和公路交通的兴起,在美国建设了一些大跨度悬索桥,包括一些采用钢塔的大跨悬索桥,悬索桥朝着纤细轻柔、优美壮丽的方向发展。

乔治华盛顿大桥的设计在具体结构形式上重新定义了悬索桥的发展水平,如主边跨比,布鲁克林桥为 283/486 =0.582 3,而华盛顿桥为 186/1067 =0.174 3,加劲桁梁高跨比为 1:90,也比布鲁克林桥要小得多。设计采用变形理论,进行了充分的稳定分析,实践证明大桥的稳定性很好。大桥 1927 年开工,1931 年竣工。该桥由于塔的独特外形,整体纤细轻柔的结构造型,超千米的跨度,成为一座很有影响的桥梁(图 2-18)。

图 2-17　美国纽约布鲁克林大桥

图 2-18　美国乔治华盛顿大桥

旧金山金门大桥,位于西海岸旧金山和马林半岛之间的金门湾,人们说美丽雄伟的桥址需要修建美丽雄伟的大桥,金门大桥达到了这个目标。1 280m 的主跨,227.4m 的塔高,精致的大桥细节设计,使金门大桥已超越了桥梁的功能,成为桥梁史上一个里程碑,城市和国家的一个标志性建筑(图 2-19)。

大跨或超大跨度桥梁的发展是从实践事故中吸取经验教训,在不断研究设计理论和计算手段的基

图 2-19　雄伟壮观的金门大桥

础上不断进步的。

1940年7月建成的华盛顿州普吉特湾塔科马大桥，通车后不到4个月，于11月7日，在时速仅为19m/s的风力作用下，产生扭转振动，在自激力作用下振幅逐渐增加而破坏（图2-20）。该桥主跨848m，两条车行道加上人行道桥宽只有11.9m，宽跨比1∶77。加劲梁采用钢板梁，梁高只有2.4m，高跨比达到1∶350，加劲梁竖向、横向及抗扭的刚度都不够，塔科马桥从风动力学来说是不稳定的。随后的风洞试验表明，狭窄的实心板梁具有遇风扭振的特性，而开放的桁架梁，可使风透过，将气流分散成小的漩涡，部分作用相互抵消，梁的风激振动响应很小。结论的意义是深远的，当时对已建桥梁进行动力计算校核，有的桥还进行加固处理。对悬索桥的动力稳定性研究，为后来计算水平的提高和超大跨度桥梁设计提供了保证基础。图2-21为1950年新建的塔科马大桥。

图2-20　塔科马大桥风动作用的破坏过程

图2-21　新建的塔科马桥

随着炼钢技术的发展，钢结构也应用到拱桥上。在19世纪下半叶至20世纪初，欧洲修建了很多跨度超百米的钢拱桥，拱桥成为仅次于悬索桥和斜拉桥的大跨度桥梁的主要形式。20世纪30年代美国纽约跨越齐尔文科河的贝永（Bayonne）桥（1928—1931），是跨度503.6m的钢拱桥，与澳大利亚跨度503m的悉尼港拱桥（1924—1932）同时突破500m，创造了钢拱桥的奇迹，两桥创纪录之争是一个传世佳话。

悉尼港大桥是公铁两用桥，4线火车再加6线汽车，是世界承载最重的桥。桥宽达52.4m，也是当时最宽的桥，但只差0.6m不是最长的桥（图2-22）。自1932年3月通车以来，这一点一直受到批评，但悉尼桥的影响却远高于贝永桥（图2-23）。

图2-22　澳大利亚悉尼港大桥

图2-23　美国贝永桥

1978年在美国西弗吉尼亚州建成的跨越新河谷（New River Gorge）的公路钢桁架拱桥，跨度518.2m，是世界最大跨度的钢拱桥，亦是最大跨度的拱式结构桥（图2-24）。该桥没有了一般拱桥厚重呆滞的形态，显得纤细而精美，立柱的箱形变截面框架结构具有支承的强烈锥度，其间距达42.5m。从图中刚刚能看见的桥面上玩具大小的汽车，可知该桥有多么的宏大。

图2-24　美国新河谷钢拱桥

中国2003年建成的上海卢浦大桥是一座中承式提篮拱桥，主跨550m，矢高100m，是现今世界上最大跨度的钢拱桥（图2-25）。其主梁首次采用正交异性桥面板全焊钢箱梁，主梁高3.0m，宽度40m，中间6车道，两侧设观光通道。桥型雄伟美观，线形简洁强劲，是我国现代桥梁建筑科技水平的典型代表作。

图2-25　中国上海卢浦大桥

目前世界上最大跨径的钢筋混凝土拱桥是中国1997年建成的万州长江大桥（原万县长江大桥），桥长820m，跨度420m，矢跨比1/5（图2-26），采用钢管混凝土劲性骨架外包C60混凝土，形成单箱三室箱形截面拱圈。

目前世界最大跨径的石拱桥是中国2000年建成的山西省晋城丹河大桥（图2-27），位于晋焦高速公路。它主跨146m，主孔净矢高32.44m，矢跨比1/4.5，桥高81.6m，是一座全空腹式变截面石板拱桥。主拱圈拱顶厚度 $H_d = 2.5m$，拱脚 $H_j = 3.5m$，采用40号小石子混凝土，100号大料石砌筑。桥梁造型壮美，气势宏伟，是一座典型的传统与现代完美结合的拱桥。

图2-26　中国万州长江大桥

图2-27　中国晋城丹河大桥

斜拉桥的发展是近50年的事情。在18世纪开始，欧洲的英国、法国和德国等国修建了几座木制人行斜拉桥，由于材料、计算水平等原因，不久都垮了。1824年在德国纽伦堡（Nienburg）萨尔河上修建用铁链条和铸铁杆作拉索的斜拉桥，跨径78m（图2-28）。第二年，由于一次火炬游行导致该桥垮塌，造成50人死亡。此后，人们认为斜拉桥结构受力不清楚，从此销声匿迹。

二次世界大战后，前联邦德国和西欧一些国家为了修复战争破坏的桥梁，需要谋求跨度大、结构简单、建设快、经济性好的桥梁结构，就又考虑到斜拉桥，从此展现出它的优势，进入现代斜拉桥发展时期。

第一座现代斜拉桥是由德国人迪辛格（Dischinger）设计的瑞典斯德罗姆海湾桥，1955年建成，桥跨74.7m+182.6m+74.7m（图2-29）。随后，斜拉桥跨径和塔高一路飙升：1956年德国杜塞尔多夫桥主跨260m；1959年德国科隆塞弗林桥302m；1975年法国圣·纳泽尔桥404m；1983年西班牙卢纳桥440m；1986年加拿大安那西斯桥465m；1993年中国上海杨浦大桥602m；1994年法国罗曼底大桥856m；1999年日本多多罗大桥890m；2004年中国苏通大桥1 088m。

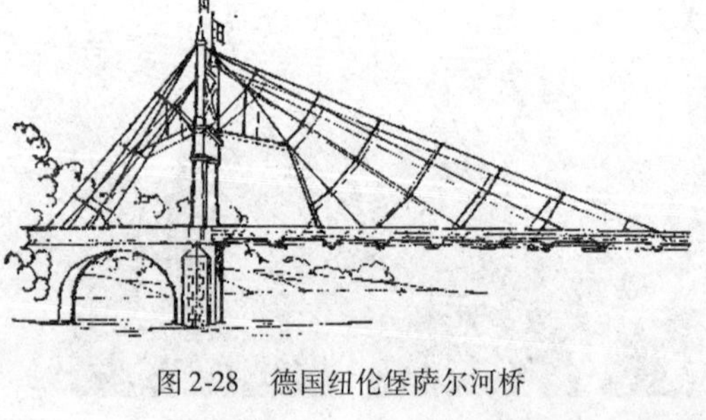

图2-28　德国纽伦堡萨尔河桥

图2-29　瑞典斯德罗姆海湾桥

19世纪早期，水泥广泛应用于圬工结构的勾缝、砌面及大型混凝土基础修筑。钢筋混凝土尤其是预应力混凝土的产生，成为桥梁建筑的主要材料，修建了大量的钢筋混凝土和预应力混凝土各类桥梁，主要以拱桥和梁式桥为主，也应用于悬索桥和斜拉桥的加劲梁上。钢筋混凝土首先用到拱桥上，其中1925—1930年由弗莱西奈设计的三孔跨径180m的法国布列塔尼博浪加斯脱桥建成，使其名声大振，也使钢筋混凝土得以广泛应用。该桥两层行车，上层是铁路，下层是公路，桥面系用钢桁梁，拱肋是采用钢筋混凝土空心箱形截面（图2-30）。这种拱桥形式，后来发展成加劲板拱，用稀疏形式的立柱支承桥面系，使拱桥脱离了以往笨重的形态，变得轻盈宏大。

博浪加斯脱桥的最大意义在于修建过程中弗莱西奈对混凝土徐变的研究，从中他意识到施加预应力的可能性。之后，他发明了预应力技术，修建了大量预应力混凝土桥梁，人们称20世纪是预应力时代，可以预言，21世纪仍然是预应力时代。

1959—1964年5年的时间，澳大利亚在悉尼帕拉马塔河上建成格拉特思维尔桥，是预应力混凝土拱桥建设的一个里程碑。该桥跨度305m，拱肋采用分段预制拼装，拱上预应力主梁是简支预制，由每30m一对立柱上设盖梁支承。由于桥两边地势较低，又要求较高的通航净空，桥面系设计成坦拱形，与大桥主拱构成一个平衡优美的整体(图2-31)。

图2-30　法国布列塔尼博浪加斯脱桥

图2-31　澳大利亚格拉特思维尔桥

拱桥的这种发展趋势产生了预应力加劲桁架拱，最有代表性的是澳大利亚一座跨越狭小海湾的里普桥(图2-32)。其主拱跨度为183m，两边孔是与主孔连续的悬半拱。受拉斜撑截面很小，桥面板与拱顶连成一体，施加预应力，形成薄板结构。整座桥精巧清亮，长期以来一直受到人们的赞赏。

图2-32　澳大利亚里普桥

前南斯拉夫沿亚得里亚海滨建造的克尔克桥(图2-33)，建于1976—1980年，主跨390m，大距离的钢架立柱支承轻薄的桥面系，整座桥形成很好的透视效果。

图2-33　前南斯拉夫克尔克桥

梁式桥中预应力混凝土结构占的比重最大，其结构主要采用薄壁箱梁，跨度小时采用等截面。单箱单室大悬臂，加配横向预应力。大跨度时主要采用变截面，其根部截面较高，跨中截面高度很小。

德国长长的科歇尔高架桥，单室箱梁跨度 138m，桥面宽 31m，箱底宽仅为 8.6m，箱侧借助斜撑工作。桥墩高度 178m，桥墩顶 8.6m×5.0m，向下抛物线扩展，墩底为 15.0m×9.5m。轻巧的主梁配以纤细的支墩，显示出设计者的胆识和技巧（图 2-34）。

图 2-34　德国科歇尔高架桥

中国桥梁建设是在 20 世纪中期开始快速发展，1954—1957 年建成的武汉长江大桥（图 2-35），结束了长江上无桥的历史。1967 年又建起世界瞩目的南京长江大桥（图 2-36），从此揭开了中国辉煌灿烂的桥梁建筑史的新篇章。尤其是改革开放的 30 年，我国经济的飞速发展带动了交通事业的快速建设。我国现有 32 万座桥梁，其中 80% 是 20 世纪 80 年代以后建成的，并建设了一大批世界级的各类大跨桥梁，这种桥梁建设速度是任何国家所不及的。

图 2-35　中国武汉长江大桥

近 20 年世界桥梁建设的发展格局发生了很大的变化，已不再是一两个国家垄断的天下，呈现了以日、中、美、英、德、法及丹麦、荷兰、加拿大等国共同发展的新局面。尤其中国，由过去默默无闻的一个相对比较落后的国家，一跃而成为世界级水平的桥梁大国、强国。崛起的中国桥梁建设的辉煌成就，再现了东方文明古国的雄姿（具体内容见后面介绍）。

图 2-36　中国南京长江大桥

第二节　桥梁建筑技术与艺术

桥梁的发展历史证明，桥梁建筑的产生和发展是由其功能作用而起始的。随着社会的发展，人类文明的进步，对桥梁的功能和作用的要求越来越高，必然使桥梁建筑的技术问题也随之发展提高。由于桥梁使用的社会性，是人人得益的公共建筑，人自然会对桥梁产生美轮美奂的情感，这就要求桥梁建设者尽量把一些可行的、能激起人美感的东西糅合到桥梁的技术中，增强桥梁的观赏性。桥梁的艺术性虽然随着桥梁的发展而不断增加其分量，但最主要还是以技术为保证的结构的功能性。桥梁要以自己独特的方式将美的要求融入结构中，美好的桥梁是技术与艺术的结合物。

中华民族在世界建桥史上第一个丰碑就是秦汉时期的梁桥，史称“秦梁汉柱”，可与房屋建筑的“秦砖汉瓦”相媲美。我国秦朝时修建了很多如都江堰那样的水利工程，其中桥梁也是工程的一部分。据史上记载，梁柱式桥是那时的基本结构形式，秦始皇统一六国后所架设的中渭桥“南北三百八十步，六十八间，七百五十柱”，说明该桥是一座多跨木桥，长度超越200m，68孔，支柱达750之多，如此规模宏伟的桥梁，在公元前几世纪已出现在我国，可见当时我国的建桥技术水平之高超。

秦汉时期的梁桥建筑技术，在桥梁建筑史上一直发挥重要作用。后来由于木桥易腐，发展为木梁石墩和石梁石墩的梁式桥（见前福建泉州洛阳桥、福建漳州江东桥），很多桥梁保存至今。

众所周知，赵州桥的技术成就，首先创建了世界第一座敞肩扁弧拱桥，使其形态稳重轻巧。也因砌筑技术的严密，使用近1400年之久上下桥体仍无大伤残。史上记载经历12次大地震，历千百年无损移，1965年邢台大地震，桥梁依然完好，证明桥的抗震性极好，这是多么令人惊叹的技术！

茅以升曾在文章中赞誉“因为赵州桥，才有赵州桥的技术。……古桥不仅是一种古建筑……而是古为今用”。赵州桥是实践中科学经验应用的结晶，是李春等人在桥梁理论、结构形式和建桥技术的超时代的创新。世界拱桥的发展是在赵州桥敞肩拱的结构基础上的演进，“使它在世界上成为敞肩拱的始祖”（茅以升）。

赵州桥的艺术除其造型技巧和结构合理外，更有精致雕琢的石工艺术。拱圈中部外侧龙门石雕刻有吸水兽头，以监视通过桥下的水怪，栏板望柱都刻有龙兽浮雕，神态生动，艺术上的成就极为高超（图2-6）。美国建筑专家伊丽莎白·莫斯克在其作品《桥梁建筑艺术》一书中写道“（赵州桥）结构如此合乎逻辑和美丽，使大部分西方古桥在对照之下都显得笨重和不明确”。赵州桥是桥梁建筑技术与艺术的典范，于1991年被授予“国际土木工程里程碑”荣誉称号，成为与伦敦塔桥、巴黎埃菲尔铁塔并列的世界建筑史上的三大杰作之一。

法国巴黎塞纳河上的亚历山大三世桥建于1886年—1900年，是为纪念亚历山大三世与俄国签订法俄联盟协定，迎接沙皇二世来访修建。至今为止，还是最为精美、雕琢豪华、充溢着艺术特色的一座桥梁（图2-37）。在拱桥顶部有法国著名雕刻家乔治·雷希蓬的两件作品：上游为塞纳河仙女图像环绕的巴黎市标，下游侧为塞纳河仙女和纳娃雕像。桥上两排共14座花朵形灯具和4座由带翅小爱神托着的豪华灯柱光彩夺目。在桥的两侧，各矗立着两座方形桥头堡，分别镌刻有象征塞纳河和涅瓦河的寓意性装饰物，顶部耸立着4尊造型各异、展翼欲翔镀金青铜骑士群像。在塞纳河上的36座桥中，亚历山大三世桥以其灿烂、华贵、精美的雕刻艺术而令人叹为观止，是世界艺术含量最高的一座桥梁。

古老桥梁的建造是由高水平的工匠（后来发展为工程师）来构思结构设计并带领或指导施工，而在满足功能要求下进行艺术的创造构想，并付诸实施的仍然是这些人，这时的艺术表现只是表面的雕刻或有寓意的附加建筑和雕塑，如赵州桥、卢沟桥等。

在中世纪的西方，伴随着宗教的广为传布，建了很多宗教建筑。当时修建桥梁被视为一种慈善行为，所以一些宗教色彩也反映到桥梁上。图2-38为法国14世纪早期修建的瓦伦地桥，是中世纪桥梁中最漂亮、保存最完好的桥梁。整座桥共16孔，每孔16.5m，桥上标志性建筑是三个高耸的军事眺望塔楼。图2-39所示是布拉格的卡尔斯桥，该桥从1357年开始修建，桥宽10m，共16个拱，跨度16.62~23.38m，全长515.76m。由于修建难度太大，资料显示这座桥修建超过一个半世纪。桥头修有文艺复兴建筑风格的桥塔，并从1683年开始一直到1859年，在每个墩上陆续修筑30个雕像（每侧15个），其中1695年雕刻圣母圣子像，1709年雕刻耶稣像。

图 2-37　法国巴黎亚历山大三世桥

图 2-38　法国瓦伦地桥

16～18 世纪，由于哥白尼的日心天体学说之后，自然科学的飞速发展和英国工业革命促使生产急剧进步。自然科学发展使人们认知世界的能力加强，使研究学科更加宽泛，研究要求细化精深，人才教育要对应分工，哲学各种流派之纷争加剧。工业革命是推动社会生产的动力，使得物质生产质量提高、功能细化和效率提升，也要求进行专门技术的培养教育。再之，由于艺术专业分类精深随之升华拓展，艺术人才只能对少数有特长者进行专门的教育，逐渐形成技术与艺术教育的分工。

桥梁建筑与房屋建筑的不同在于，桥梁造型是以结构为主。由于交通运输工具的发展，功能要求的提高，新的建筑材料的产生，建设环境的变化，要求桥梁向大跨新型发展，使结构设计的负担加重，结构的复杂性加强，可用于表现艺术的平台变得狭小。

英国福兹桥建成后，当年英国朝野褒贬不一，有建筑师认为“在铁型的东西中没有建筑艺术”，“丑陋的顶点样品——福兹桥”。结构工程师则反驳其不懂结构，不懂桥梁“他对胆敢批评的桥梁构造是否具有朦胧的理解”。

而与福兹桥相比的是 1894 年建成的英国伦敦塔桥（图 2-40）。该桥位于泰晤士河口，中孔是双页式开启桥，边孔为桁式吊桥，上面是桥梁开启时行人通过的人行桥，其最主要特点是桥塔与开启结构全部置于两座英式风格建筑中。这是一座工程师和建筑师合作的作品,方案得到皇室支持。这座桥建成后,世界上再没有模仿建第二座。当时桥梁工程师认为它没有表现出桥梁的结构美,把建桥的力量用于两个笨拙的桥塔,有人认为这是一座“伪装的桥梁”。

图 2-39　布拉格卡尔斯桥

图 2-40　英国伦敦塔桥

尽管两座桥技术和艺术上各有不同的优缺点,但都被公认为是国家历史里程碑式建筑。福兹桥以其结构坚实厚重、朴素无华、宏伟气势、安全可靠获得声誉。其后建的加拿大魁北克桥,尽管跨度超过福兹桥,但两次修建事故的影响和其结构柔弱的表象,没有显示出结构的形态美,人们很少对其赞赏和推崇。

虽然技术和艺术的争论在福兹桥和伦敦塔桥上有偏颇的认识和说法,也曾让人产生距离,但偏颇由实践逐渐调节改进,采用结构与建筑艺术结合的优秀桥例时时可以见到。

伦敦泰晤士河上建于 1871 年—1873 年的阿尔贝特桥是一座铸铁拉索桥,其桥塔的造型风格借用了建筑造型(图 2-41)。

随着建筑材料钢与预应力混凝土构件的出现,加强了适应建桥环境变化及对大跨桥梁需求的能力,促使桥梁结构体系发生很大的变革,悬索桥桁架结构的桥梁建得越来越多,结构的负担重了,结构设计的力学要求和结构质量越来越高,工程师结构设计的作用更为重要,使得艺术更多地要依靠结构来表现,但其作用

图 2-41　英国伦敦阿尔贝特桥

与影响却仍被人们认可。

金门大桥具体的艺术处理，主要以悬索桥标志性结构索塔的设计为主，按力学规律分段变化尺寸，结构表面、横梁位置与尺寸比例、颜色饰面都做了精细的艺术设计（图2-42）。金门大桥桥塔高耸挺拔的形象极具个性，一直是金门大桥的关注点。

1936年修建的斯埃拉圭皇马河桥，墩柱与桥门是连续一体，通航孔塔墩的艺术处理宛如饰柱一般，桥面挑梁排列韵律十足，细部精致处理形成的整体建筑造型风格十分突出（图2-43）。

图2-42　金门大桥桥塔造型

图2-43　斯埃拉圭皇马河桥

中国在20世纪50年代开始提出“适用、经济、在可能条件下注意美观”的设计原则，并纳入到后来的桥梁设计规范中。由于当时是计划经济管理体制，桥梁建设是国家投资，指令性确定设计单位，加之设计单位纯专业化，受经济条件的影响，除国家重点建筑项目（如武汉长江大桥、南京长江大桥）进行多方案美学造型比较外，对桥梁建筑美学只能是一般的处理，很难作出特殊的设计考虑，使得我国的桥梁少有技术艺术的结合。

我国有一段时期，由于钢材的短缺而使桥型结构比较单一，所谓“逢桥必拱”。实际上双曲拱是很漂亮的桥型，是一种少筋混凝土结构，它继承了拱桥的一切优点，很有艺术的味道（图2-44）。但千孔一面，没有了新鲜感，观赏性大打折扣。20世纪80年代以后，才逐渐注意了技术与艺术结合的问题，建设了一批具有世界水平的优美的桥梁。

对桥梁技术与艺术结合应用的实践，使人们认识到物质产品美的创造和审美规律研究的必要性。这一研究波的形成，不能脱离开工业革命后生产力飞速发展和商品经济竞争机制形成的促进。在20世纪初提出了物质产品中的美学和产品艺术设计问题，当时主要应用于工业生产中，称为“工业美学”、“生产美学”、“劳动美学”等。后来扩大适用于建筑、运输、商业、农业、服务、外贸等行业。20世纪50年代，前捷克设计师佩特尔·图奇内提出“技术美学”这一名称，得到国际各组织的认可，1957年在瑞士成立了国际技术美学协会，使技术美学研究成为一门极具发展前途的现代美学的分支。

我国美术界对技术美学的研究始于20世纪80年代初，正是迎合了我国改革开放后经济建设大潮和市场经济的兴起，尤其国际贸易商品经济的发展要求，使产品美学设计和技术美学研究很快进入一个快速追赶与发展的时期。现今，中国技术美学研究和设计水平已达世界水平。

桥梁作为一个产品，必然遵循技术美学的规律要求。但它的生产不是定型工厂生产，其生产环境和技术手段的变异，使技术美学的评价没有同一性，具有个性特点。马克思主义美学理论认为，一切物质产品都是人类技术活动的成果，物质产品美的创造规律和根源集中表现为产品的功能、制造技术和制造技巧，乃其与形态美的统一。

图2-44　双曲拱桥示例

桥梁技术美，首要的是要有完美的使用功能。显示出不稳定倾向的建筑，都会给心理上造成不安全感，自然谈不上美。俗语“危楼不可居，危栏不可依”，对于桥梁而言，要加上“危桥不可履”。

技术美学要研究如何使产品技术设计有较高的艺术性，使产品在给人们提供实用价值的同时，还能更好地满足人们审美要求。同时还要研究产品生产过程中的美学问题，包括生产中的环境、机具设备要求、生产中的秩序和安全保证，以及更长的应用生命期间，其功能衰减诊断及提升的维修决策等管理与服务质量的实现。所以技术美学是现代化产品生产中应十分重视的问题，尤其是对桥梁建筑产品，其建筑技术一些特征性直接约束了一些美学要素的自由发挥。相关问题下面专成一节进行讨论。

第三节　桥梁技术美学要点简介

现今，人们生存在一个物质产品世界中，其产品系列及属类可以说是不计其数，形成具有时代性的绚丽多彩的产品世界。众所周知，任何产品都是由各种材料，以一定的制作（生产）手段形成一定结构形式（形态）而构成（组成），并具有相应功能的实物。材料、制作（生产）手段、结构形式（形态）、实用功能是任何产品都存在的基本属性。同时，不同系列属类的产品，其所用材料、制作（生产）手段、结构形式（形态）、功能要求也是不同的，甚至相差悬殊，因而构成了不同产品都具有各自基本属性的特征性。

技术美学是把美学根植于物质产品领域，是把审美学运用到具体产品技术中的一种实用美学。要看到，在科学性指导下的产品功能美和技术美的相统一，在不同产品中有不同的要求。有的产品是以实用为主，美观要求占的比重很小；有的产品虽也有固定的、不可或缺的实用性，但其美观性要求所占比重则较大。以台灯为例来说明，台灯灯泡主要是照明用，人无法对它外形细加鉴赏；对灯座和灯罩，其形态则是人们审美的主要视点，美观性要求很高，造型也要斑斓多彩以便让人选择。

不可否认，以产品作为逻辑起点出发，把美学普遍原理和法则寓附于或渗透于产品中，是研究技术美学的基础。但依据各类产品基本属性的各自的特征性，有针对性地研究具体产品审美要求得到的新理念、新发现，才是促使产品提高、发展、创新的直接动力因素。

技术是人们从事物质生产的手段，技术的发展要受到很多因素的制约，不可能自由发挥。其中包括：人为因素、社会因素、功能因素、生产环境因素、经济因素、使用权属因素等，所受约束因素越多，产品特征性就更加明显和强烈，技术美的研究也就越复杂。

英国当代著名哲学家罗杰·斯克鲁顿具有很深的建筑理论修养，他的新著《建筑美学》一书从哲学的高度来探讨建筑美学理论。他在书中特别提出有关建筑的特征性和审美的关系，他写道“只有建筑……它通过一定的特征区别于其他艺术。这些特征并不妨碍我们决定对建筑的态度。……这些明显的特征中，首先是实用功能。……建筑更为明显的特征就是它的地区性。……建筑的公共性质为它提供了一个更加重要的明显特征。……在我们生活的各个方面都为建筑确立了一个特殊地位和意义特征，就是建筑和装饰艺术的连续性，……我们已用比较坚定的态度描述了建筑的这些特征，为的是要人们记住一个难点，……美学观点可能只是在表面上与建筑的艺术有关；情况可能是这样：审美要求在建筑师的实践中，只是一个次要的刺激因素，而绝不是其根本目的。……一座建筑物主要是根据它的实用而为人们所了解，那么要是可能的话，在建造者的事业中根本不需要受美学的限制的。”

以上内容所揭示出的理念，很明晰地根据建筑的特征性，指出建筑技术与艺术的主次关系，以及美学在建筑中的作用。

桥梁建筑作为一种物质产品，必然也要遵循技术美学的规律要求。但它所具有的自身产品特征性，若与建筑产品相比，恐怕还要强烈一些。简单说来，诸如桥梁产品的单件性、产品的宏大性、产品的固定性、产品应用的社会性、产品功能质量保证的独立性［设计质量、建筑施工质量、使用阶段管理与功能保证质量三阶段的分工负责制（图2-45）］等；

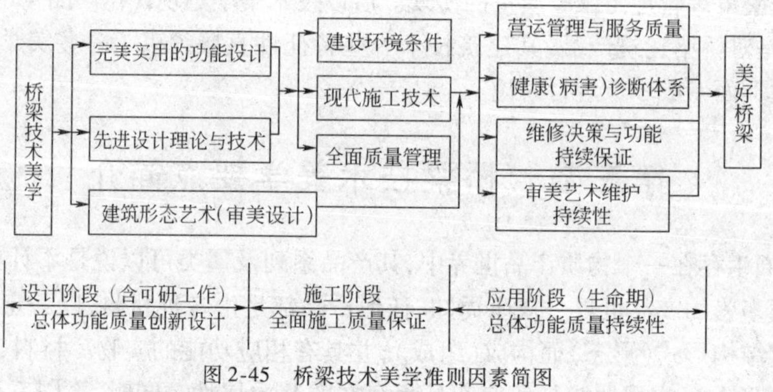

图2-45　桥梁技术美学准则因素简图

更主要的还有施工过程中的艰巨性；同时更缺失“建筑和装饰艺术的连续性”（具体内容因篇幅所限不做具体解释，请读者自己分析领会）。上述的特征性，突出了桥梁技术美学研究的必要性和艰巨性，这种复杂性和艰巨性与简单的生产产品相比，有着天壤之别。

上面一些桥梁建筑技术的特征性，对于桥梁建筑技术与艺术的主次关系和美学在建筑中的作用，智者见智，应该很清楚。

著名科学家钱学森先生一直关心我国技术美学的研究工作，他明确指出技术美学主要是“研究技术与艺术的和谐、统一”，“从现在的物质生产实践中总结出美学规律来”。这是对技术美学研究所能独立出来，并能包罗一切物质生产美学的美的本质特征最准确的一个法则理念，是我们研究技术美学的指导思想。

近期出版的《中国技术美学之诞生》一书中强调“技术是人们从事物质生产的手段，……人们在创造性的生产劳动中所生产的那种具有实用和审美功能相统一的产品所具有的美便是技术美”。现在也有人更进一步提出产品技术美的新理念，“通过技术的艺术化，得到艺术化的技术……最后得到艺术化的产品”，同时又延伸至桥梁技术美“通过对桥梁建设技术的艺术化追求而创造出艺术化的桥梁建筑技术”。

众所周知，不同类属的产品其实用功能作用的价值、审美的艺术性要求、制作技术系统组合的复杂程度三大要素，在产品中所占的比重（或主次）是等不同的。用一极端例子来说明，如工艺美术产品，实质是一种艺术品，可以说基本上不考虑其实用性，作为艺术化产品是无可厚非的。一般的日用生活产品，三要素皆有，但对同属类的不同产品，由于其特征性不同而使各要素比重也不同。如电冰箱，一开始使用稀少时是把电冰箱除使用功能外，还是一个摆饰物品，提升它的审美价值；但现在家家都有，只能将其放在厨房间，它的审美价值比重下降。结合前面提到的桥梁建筑自身的特征性，到任何时代其技术美的创新实践，恐怕很难达到“艺术化”的目标。产品技术“艺术化”不能等同“技术与艺术的和谐统一”的理念，用一个简单的美学术语来统帅所有物质产品技术美学的概念本质，是否适宜很值得研究。

桥梁技术美学研究的最大难题，就在于如何将一个不是实体的美，和谐融于一个桥梁建筑实体中。也就是说，其技术美构成组合的各形式要素如何植根于各技术环节，以此逐步提升桥梁建筑审美性（艺术性）而达到和谐统一，实现具有丰富博大的审美性的目标。首要的是要形成一个以技术创新为主线的思维模式，技术创新的成果必然体现审美性的提升，形成一个“技、美”双赢的统一体。

现产品的功能性和科学性的研究评价方法，主要是系统论，具体还包括信息论和控制论。这些方法对于人们认识世界并科学地掌握世界、改造世界有着重大作用，但在美学研究中是否适用，现今还没有得到共识和应用的案例。

中国现代建筑学家梁思成说过：“建筑是有双重性或者两面性的：它既是一种技术科学，同时往往也是一种艺术。”“建筑的艺术性在很大程度上要受到技术性因素的制约”。他特别对技术与艺术的研究特点强调指明：“科学技术思维往往侧重于逻辑思维（具体分析事物的构成、作用、试验、本质、发展规律等），艺术思维往往侧重于形象思维和灵感（运用丰富的情感经验，从现象探求本质结合）”。（《梁思成文集》第 252 页）

以现代建筑美学研究来说，至今还没有人将逻辑思维方法应用于艺术思维中，还没有一个大家公认可应用的量化分类方法。以近年北京建成的国家大剧院“蛋壳”和 2008 年奥运会国家体育场馆“鸟巢”、“水立方”三个超大型建筑为例，其三种“奇异”形态造型风格，在方案评价时意见纷争、尖锐激烈，甚至把“蛋壳”更以“丧葬”符号“坟包”来寓贬，可见其争议之激烈。但是却没有一个大家用一个得以共识的评价方法得出量化数据来论证，最后只是依据几个时尚抽象概念的焦点问题（如“形态”、“创新”、“未来派的设计”等）的争议和辩解得以中标。当时三个概括的贬义形象，现已成为媒体含有褒义的名称了。哗然争议之波在已成事实之后暂时得以平息，一些缺欠在理念上得到一些宽容，但不会根本上得以释然，因为还有实践考验的实用性、管理养护维修规模、成本的回报等需要实践验证的问题，这是人们对建成后的主要关注点。

在桥梁技术美学中，审美性如何用共识的评价参数（或指标）来反映其本质特征性，如何依据各影响因素的变化建立起参数（或指标）量化确定的数学模型，对审美系统的引导、控制和调整如何决策，如何与实用技术体系形成一个统一的总系统等，将是我们今后技术美学研究的一个核心课题。但首先要解决的问题，应该是这种科学的逻辑思维方法应用到艺术评价上的可行性研究。

由陈宝衡主编的《科技美学原理》一书对这个问题的认识是：“艺术诸因素量化的关键在于情感的数学处理，而情感的数学处理又须归纳为情感形式的数学处理。……需要指出的是，艺术永远不可能为科技所代替。……人类的情感领域永远有许多我们无法定量处理的东西，而且人的情感是发展的、变化的，科技永远走在人的情感后面，走在艺术后面”。可以这样考虑，在现时或一定的年代内（可能很长），我们探索的主要方向会一直是研究打破科技与艺术定性定量评价隔阂是否可能。

中国现代技术美学研究才只有 20 年的时间，而对桥梁技术美学的探讨更是近些年的事情。桥梁技术美的效用功能及其表现形式，是由其建设的实践活动受多重客观规律的严格制约程度而决定，对一些特大桥梁还可能构成极大的难度。桥梁技术美的创造方法，不是艺术美所实现的一些简单的手段和方法。桥梁建筑自身的表现形式有如下三个过程：表现在设计实践过程的方案中；表现在建设施工过程的成果中；表现在使用寿命期的管理、控制和功能效用的实践保证中。三个过程既有相互继承和验证的连续，又各有自己的独立地位和作用，组成桥梁从诞生到终止的一个应用的总过程（寿命期）。

桥梁设计是从社会需要出发，而又回归于社会应用的一个技术实践过程，是一个确定桥梁形式和内容的重要过程。桥梁设计要充分考虑效应功能发展的预见性要求，必须在该过程中解决技术与功能的关系、技术与环境的关系、技术与人的关系、技术与社会的关系、技术与发展的关系。与后面两个过程共同打造出桥梁技术美的功能性、社会性、形象性、感染性、创造性与形态性等特征性。

技术创新是桥梁技术发展的动力。技术实践活动是培育人的创新思维和经过长期积淀起的创新欲望的本源，从而形成创新心理。创新的行动来自创新的心理，最终达到创新目的。

建设完美桥梁，是我们永远追求的目标。

第四节　中国桥文化

桥梁是一种最具广泛社会性的建筑，是一个国家政治、经济、科学、技术等各社会要素发展水平的一个体现，也是一个国家文化象征的一种标志。

我国自古即为多桥大国，且杰作众多，这源于我国古代科学技术的进步。经考证，公元纪元前，桥梁的几种主要形式[梁桥、拱桥、索（吊）桥]在我国都已具备。我国古代能工巧匠以聪明才智、精湛技艺、大胆创新，谱写出中国桥梁史上的光辉篇章。特别值得提出的是：设计方面首创的敞肩拱与筏型基础，施工方面的打桩、建基及架桥等各种技术方法，包括起吊200t重的石梁等，都远远早于世界其他国家。

我国古代的桥梁建筑具有鲜明的民族特色和艺术风格，并形成一种特有的桥梁文化。

以功能为主的石拱桥，与民间传说和神话相联系，制作有观赏价值和文学涵义的精美石刻装饰，如镇水怪、兽、狮和反映人民渴望吉祥富裕愿望的莲花、祥云石等雕刻（图2-46）。我国的赵州桥是世界当之无愧的石桥珍品，也是中国桥文化的典型代表（参阅本章第一节相关内容）。

图2-46　石拱桥的石刻装饰

卢沟桥建于金明昌三年（公元1192年），是世界著名的古老拱桥。桥梁两侧栏柱上刻有表情各异、生动逼真的485尊石狮，桥的两端有石龟驮石碑、华表、御碑亭等建筑（图2-47），是一座蕴含着中华民族丰富文化内涵和建筑艺术的桥梁，被世界著名旅行家马可。波罗赞誉为“世界上独一无二的桥”。人们代代相承，寄情卢沟桥，奋而赋诗词，不下五十首，反映出我国桥文化至真至诚的传统特征，现选几首有关卢沟桥的诗词断句供学习体会。

卢沟桥西车马多，山头白日照清坡，毡庐亦有江南妇，愁听金人出塞歌。

【卢沟晓月图】陈高（元）

立马重合愁，况临沟水流，风沙日暮起，何处望京楼。

【卢沟桥】乔世宁（元）

西山笼雾晓苍苍，一线桑乾万里长，最是征夫望乡处，卢沟桥上月如霜。

【卢沟桥】顾起元（明）

凡畿度，马蹄平踏卧千尺。桥下水，东流急，桥上客，纷如织，把英雄老尽，由谁知得。

【满江红·过芦沟】张埜（明）

旧京行通，中夜呼渡济黄流。寥落桑榆西北，无限太行紫翠，相伴过芦沟。

【水调歌头·九日过芦沟】范成大（宋）

题诗笑向桑乾水，曾有闲人过此桥。

【卢沟桥】元璟（清）

卢沟桥还折射着中华民族近代史上奋勇抗击日本侵略的伟大历史功绩。

图 2-47　卢沟桥

我国江浙一带有很多水乡泽国，河流交叉织就成网，必然因水制宜建造桥梁，称为桥乡。有言说“中国古桥浙江最多，浙江古桥绍兴最多”。有资料显示，绍兴城内桥的数量，与世界闻名的意大利威尼斯水城相比，每平方公里桥梁密度是威尼斯城的 45 倍。绍兴桥乡水景如诗如画，风华绝代文人名家多桥话。“题扇桥”出自王羲之题扇传说；“春波桥”取自陆游几番游桥悲感情思之诗句；“都亭桥”则因始皇御临而赐名；“覆盆桥”朱买臣此遇前妻马前泼水而得名……真是“水乡座座古桥，皆韵风采诗画。中华代代鼎承，竞蕴桥文化”。

图 2-48　兴安万里桥

我国古代桥梁文化艺术还表现在楼、亭、殿与桥的一体建筑风格。楼重阁飞檐，亭台桥然立，置身于山川潆洄的林泉胜地，更突显桥景融和的一番情趣。

位于广西壮族自治区兴安万里桥，是一座亭桥，建于唐宝历年间（公元 825—827），桥建于亭下，在上观之只有亭而不见桥（图 2-48）。

五亭桥位于江苏省扬州市瘦西湖莲花埂，又名莲花桥，清乾隆丁丑年建成。桥上置五亭下置四翼，正侧共有 15 个桥洞，月满时，每洞各衔一月，金色荡漾，美景尽收（图 2-49）。莲花桥与扬州春波桥、长春桥、玉版桥合称为“四桥烟雨”。

颐和园长堤桥（图2-50）建于清乾隆年间（公元1736年—1795年），原为皇家园林桥。桥上建亭，重檐凝重华美，桥亭黄瓦黄顶，围以汉白栏杆，雕琢彩饰谨严，极具景桥之美。

图2-49　五亭桥

图2-50　颐和园长堤桥

图2-51为建于河北省井隆县苍岩山上的一座桥楼殿，据考证为隋开皇年间（公元581—600）建，是福庆寺的主殿之一。崇山峻岭，危崖绝壁，仰望青天，宛如一线，桥楼横空，殿宇辉煌，烟云缥缈，奇观惊世。

图2-51　井隆县苍岩山的桥楼殿

我国古代桥梁建设传承中华民族所具有的崇尚公益的纯朴民俗，"修桥补路"是为人造福的善举，是济世渡人的功德，折射出人们对桥梁的亲近热爱，将其感叹融入文字表达的"桥典"、"地方志"、"碑铭"中。

"桥典"是说桥的典故，即历代流传下来的有关桥梁的民间故事。这些故事多半来自于地方志上的记载，文笔简明朴实引人入胜，带有当时社会的一些风韵倾向和文化特色，反映历代社会各层人物对桥梁的关系和情感，也折射着桥在人民生活中的功用与成就。现选几篇供大家欣赏，以便了解"桥典旨趣"。因篇幅关系，文字多的没有介绍，请读者谅解。

【通运桥】位于顺天府张家湾城南，原名南门板桥，因年久桥板腐朽，人畜多有伤亡；明朝万历三十三年，太监张华报请改建石桥，并修福德庙，文昌祠以镇之，耗黄金数万。

【七擒桥】位于四川大渡河畔，相传三国时蜀相诸葛孔明曾在此七擒孟获，后人建桥，因名七擒桥，年代久远，桥已坏，但古迹仍存。

【成夫桥】位于山西稷山县城南25里修善庄，为稷山河水之冲，文世兴捐资建桥未竣而身亡；其妻贺氏继承夫志，将桥建成，因名成夫桥。

【藏龙桥】位于山西平顺县城大觉寺之西，相传昔日汉光武帝被王莽军追逐至急，避难于桥下，免遭危难，因名藏龙桥。

【琵琶桥】在陕西延安府城梵王宫右，行人至石桥洞之上，以足击桥板，则铮铮如琵琶弹奏声，民间流传为仙人遗迹。

【周郎桥】位于江宁县丹阳乡，相传三国时，东吴周瑜统军渡秣陵，破笮融，下湖熟，曾由此经过，因名。

【王婺桥】位于江宁府高淳县东60里，当江宁、广德、浙省之要道。乡民苦于涉水，邑民刘启东之妻王氏，年二十，守节无子，遂倾其家产建桥；乡民感念其德，因名王婺桥。

【望仙桥】位于镇江府丹阳县延陵镇南，桥畔有名董陂及董墓，民间传此系董永之妻仙去之处。

【伏龙桥】位于南昌府宁州泰市乡，跨秀水，相传昔日许旌阳追逐蛟龙至此，龙伏其下，因名伏龙桥。

自从建安诗人写桥入诗，倡起我国特有桥梁文学，诗人词客，都对桥梁写下了大量的绮丽动人的优美诗词篇章，尽桥之美、托桥之情、谐桥之趣、彰桥之功。茅以升老先生所主编《桥话》一书，选集了上自汉魏六朝，下达明清的诗、词、曲的铭、赞、颂桥断句，显示出我国桥梁文化中最具风采的精髓。

中国诗人博大精深的桥文化，饱含着我国悠久的文化传统和民族特色，丰富多彩的情感内涵，或诗情画意、或记事抒情、或神思遐想、或扬桥颂德、或神话传说、或人物轶事。笔者自行分类摘选各代诗词文人依桥寄情，有感而发的诗词断句见本章附件。

现在桥名绝大多数是以地区、江河与区街的确切不移的位置为桥名。我国古代桥名则不同，就犹如人名一样，总要有文学的韵味和气息，使人从中产生情感，引人入胜，让人联想翩翩。《桥话》一书，从诗词中以建桥材料、具有的桥形态、表示的桥性质的桥名；还有地方桥、人物桥、方向桥；冠以时令气候及周围环境特色的桥名；文人以对桥的印象、用桥的比喻、借桥的寄托题为桥名，共录分100多种桥梁名称，足见当时桥梁的影响及人们对桥梁的深厚感情。这种影响和感情，促进了桥文化的产生和发展，促进了桥梁建筑技术与艺术的进一步结合与进步，凝现着中华民族自强精神，是我国古代桥文化一个举世无双的特色。

我国在很早之前就采用竹、木架拱搭桥，虽然由于竹、木材料易腐蚀使桥难于保存，但一些画家却用绘画表现出木拱桥的搭建技术。流传至今的桥梁绘画作品如《清明上河图》（宋，张择端）、《金明池龙舟竞渡图》（宋，佚名）、《水殿纳凉图》（宋，李嵩）、《卢沟桥远筏图》（元，佚名）、《垂虹暮色图》（明，沈周）、《盛世兹生图》（清，徐杨）等均是以桥梁为构图中心或主题背景的绘画精品。现以《清明上河图》（图2-52）来进行分析。《清明上河图》是描绘北宋汴京（今河南开封）清明节汴河西岸繁荣热闹的动人景象。画卷视觉中心是一座造型奇美的高拱木桥，画面围绕桥展现当时田野春光、人马车桥、街市商景、财贾店铺、三教九流、杂多人群、船只来往、客货进出，呈现当时社会一派繁华的盛况，更显示出桥在经济文化生活中所起到的特殊作用，也反映出人们心中镌刻着的美好形象。据记载，图上的几座桥梁都是实际存在的，其中突出的一座拱式木桥，即历史上有名的“虹桥”。

《清明上河图》所取的透视角度，真实清楚地反映出桥的结构，解开了我国木拱桥受力之谜。木拱桥技术创始于一千年之前，是我国木结构桥梁独有创造。过去很长时间认为虹桥结构形式已经失传，后来在浙江西南、福建东北山涧仍发现不少此类木拱桥。甘肃渭源木拱桥（图2-53）是以发源于甘肃的木伸臂梁结合虹桥式木拱，建成富于曲线变化的优美桥梁，表明虹桥结构传之久远，南北媲美，成为我国桥文化的又一奇葩。

图2-52　清明上河图（尺寸单位：cm）

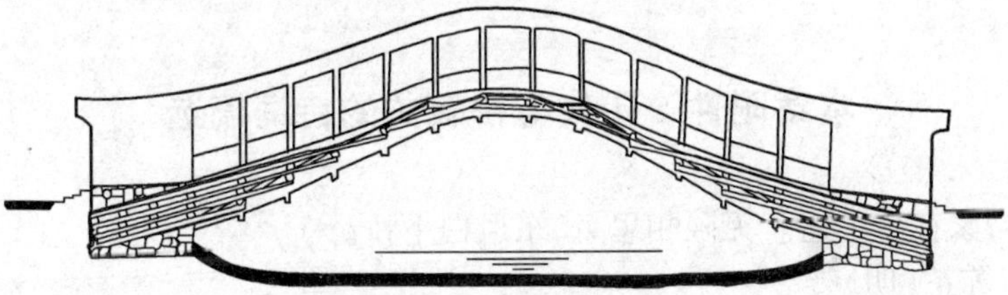

图2-53　甘肃渭源木拱桥

人们在探讨文化作用时总结出的一句话说得好：没有文化自觉，就没有文化自尊；没有文化自尊，就没有民族自尊；没有民族自尊，就没有国家自强。我国所形成的桥文化，生动地体现出桥文化自觉孕育产生和铸就的文化自尊本源，从而凝聚升华着民族和国家自强的建桥精神。

我国的桥梁建设发展经历了灿烂辉煌的古代，停滞不前的近代，奋起直追的现代，以及大气磅礴的当代。在这漫长的历史过程中，积淀了多少造桥人的自尊和自强、智慧与心血。想起詹天佑建议我国在武汉修建一座像福兹桥那样跨越长江的大桥；自主设计施工的著名钱塘江大桥建设主持人茅以升老先生，在桥梁建成使用不足三个月亲自将桥炸毁，以阻日寇南侵的悲烈壮举，并发出“不复原桥不丈夫”的誓言。他们拼搏不屈的民族精神，成为我国桥梁发展的一种强劲动力。新中国成立后，建成的武汉长江大桥首次应用深水管柱基础，南京长江大桥最深沉井基础的成功，在世界桥梁史上占据重要位置。再至万州长江大桥、虎门大桥、江阴大桥及标志着中国的斜拉桥建设进入世界领先水平的杨浦大桥的建成，20世纪的中国经过几代建桥人的自强不息、创新奋进的努力，进入到世界桥梁大国的行列，修建了一大批世界先进的桥梁。跨入新世纪，从润扬大桥、南京长江三桥到杭州湾大桥、苏通大桥、卢浦大桥、巫山长江大桥等，都代表着我国建桥人自信自强、勇于创新、敢于奋争的精神。图2-54生动地显示出我国斜拉桥和悬索桥与世界各国发展的比较。

桥梁所包含的文化意蕴是十分深刻的，它在发挥实用功能的同时，还给了我们许多哲理的启示：桥梁昭示着人类百折不挠战胜自然艰险的韧性精神；桥梁培养着人类如何认识、遵循客观世界规律，从而达到驾驭客观世界的科学理念；桥梁告诉人们动手创造是人类争取实现客观美好环境的唯一手段；桥梁验证了只要有集体协作力量和众志成城的坚强意志，才能结出创造奇迹的硕果。

科学技术文化的结合增强了人们审美观点与审美意识的提高，逐渐形成了对桥梁文化艺术鉴赏的要求。我国目前在桥梁生生不息的技术与艺术结合中,又形成了中国现代桥梁文化内涵。

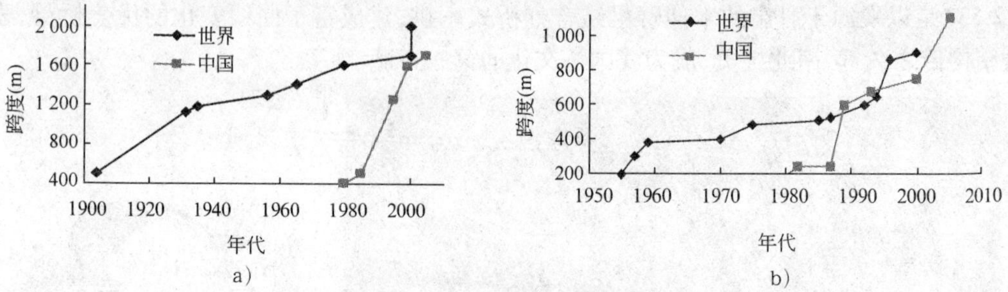

图 2-54　我国与世界的斜拉桥和悬索桥发展比较图

a)悬索桥变迁;b)斜拉桥变迁

一座成功的桥梁,也是一座艺术的桥梁,也必然是一座文化的桥梁,一座永远激励人们前进的精神桥梁。

本章附件　历代与桥有关的诗词摘选

桥与怀乡情

春归江上早,家在梦中遥。无限相思意,东风白下桥。

【江南旅怀】苏正(明)

珠箔金钩对彩桥,昔日于此见娇娆。

【怀珍珠亭】温庭筠(唐)

我欲归寻万里桥,水花风叶暮萧萧。

【送戴蒙赴成都玉局观将老马】苏轼(宋)

桥与名人结

桥边旧迹怀司马,山下新祠吊孔明。

【送向西昆使蜀】王广新(清)

树栽嗤汉帝,桥板笑秦王。

【无微先生】李商隐(唐)

汉朝卿相尽风云,司马题桥众又闻。

【升仙桥】江遵(楚)

桥与美景缘

波光柳色碧溟濛,曲渚斜桥画舸通。

【西湖泛舟呈运使学士张棪】欧阳修(宋)

雁齿小红桥,垂檐低白屋。桥前何所有,冉冉新生竹。

【题小桥前新竹招客】白居易(唐)

湖桥北颊花坞,水阁两头竹村;霖霖薄雾红暖,漠漠轻烟翠昏。

【湖桥】文同(宋)

不识南塘路,今知第五桥。名园依绿水,野竹上青霄。

【陪郑文广游何将军山林】杜甫(唐)

桥与游子梦

余既还山寻故巢，君亦归家渡渭桥。

【忆旧游寄谯郡元参军】李白(唐)

州桥蹋月想山椒，回首哀湍未觉遥。今夜重闻旧呜咽，却看山月话州桥。

【州桥】王安石(宋)

须知千里梦，长绕洛川桥。

【初至夷陵答苏子美见寄】欧阳修(宋)

桥与四季歌

春色东来渡灞桥，青门垂柳百千条。

【折柳篇】刘希夷(唐)

唯有别时今不忘，暮烟秋雨过枫桥。

【怀吴中冯秀才】杜牧(唐)

为问灞桥风雪里，何如田舍火炉头。

【南塘冬夜唱和】范成大(宋)

桥与神传说

甘婴楚刖明和璧，耻受秦鞭幻作桥。

【赋浔贞石赠云间吴比部】徐中行(明)

曾见秦皇架石桥，海神忙迫涨惊潮。

【自吟】徐钧者(楚)

将军桥畔女仙家，年与钟旭宴与花。

【赠孙十五道人】叶适 (宋)

桥与民俗谣

织女桥边乌鹊起，仙人楼上凤凰飞。

【奉和初春幸太平公主南庄应制】李邕(唐)

官桥祭酒客，山木女郎祠。

【送杨长史赴果州】王维(唐)

乌鹊成桥秋又到，梧桐滴雨夜初凉。

【秋思】陆游(唐)

桥与友情篇

卧病人事绝，问君万里行。河桥不相送，江树远含情。

【送杜甫言】宋之问

东山白首还归去，渭桥南头一遇君。

【忆旧游寄谯郡元参军】李白(唐)

酒尽枫桥欲别难，满船风雨一灯残。

【寒山寺送别】冯时可(明)

桥与民歌颂

国士桥边水，千秋恨未穷。如闻柱厉叔，死报莒敖公。

【国士桥】王士正（清）

千年石尉何西东，天下有道津梁通。

【澧州谢家通济桥】虞伯生（元）

题桥每念相如志，佩印当期季子荣。

【遗怀】杜荀鹤（梁）

桥与亭楼殿

卯时偶饮斋时卧，林下高桥桥上亭。

【桥亭卯饮】白居易（唐）

桥上游人渡镜光，五花殿里奏笙簧。

【汴京纪事】刘子翚（宋）

东宫花烛彩楼新，天山仙桥不锁春。

【宫词】费氏（宋）

桥与地名志

车辚辚，马萧萧，行人弓箭各在腰。耶娘妻子来相送，尘埃不见咸阳桥。

【兵马行】杜甫（唐）

一曲晚烟浮渭水，半桥斜日照咸阳。

【题华严寺木塔】张仫（唐）

十年来往吴淞口，错识溪南旧板桥。

【题画】唐希雅（南唐）

长安城中初结绶，石灰桥畔还卜邻。

【送光禄寺丞李德远清春祠】周必大（宋）

桥与日月星

日暮徒倚渭桥西，正见凉月与云齐。

【春到应令四首】湘东王（汉魏六朝）

曲岸迢遥接素空，新晖窈窕缀飞虹，桥通万里形偏壮，月近中霄色正浓。

【长桥霁月】董汉臣（明）

春水桃花色，星桥宝带名。

【宝带桥】王宠（明）

桥与社稷系

桥水东流终到海，百年槽丘一朝改。

【朱娘曲】叶适（宋）

豫让酬恩步已深，高名不朽到如今；年年桥上行人过，谁有当年国士心。

【豫让桥】胡曾（宋）

汉宫威仪既不入贵人样，灞桥风需又不见诗人相。

【赠都下写真叶德明】杨万里(宋)

桥与形态喻

方桥匼匝小如亭,山色倾江滃滃青。

【水阁书事寄郑明栋】郭翼(元)

群鲸贯铁索,背负横空霓;首摇翻雪江,尾插崩云谿。几牙任信缩,涨落随高低,辘轳卷巨索,青蛟挂长堤。犇舟免独触,脱筏防撞挤;一桥何足云,欢传满东西。

【两桥】苏轼(宋)

涌雾弥漫千嶂合,穿云缭绕一龙回;从今人渡金绳上,共赖君饶济世才。

【盘江桥】(安顺)张镜心(明)

第三章　桥梁建筑造型

第一节　建筑造型概念简介

桥梁建筑是一种为人类生产和生活服务的结构，其承载和跨越功能决定了它必须具有一定的结构形式，同时具有一定的体量和占有必要的空间。而对人们来说，它是处于一个半无限的空间中。桥梁的结构组成，既有支承传力结构（如墩、台基础），也有承载跨越的主体结构（上部结构），同时还有一些附属结构（栏杆、灯柱、上下步梯等）。它们都明显地呈现在人们的视野中，其各自的功能决定了各自的形式特点，组合到一起，则必须协调其各方面关系而服务于总体目的，寓杂多于一体，使其巧妙结合、协调统一。

桥梁建筑也同其他建筑一样，只有当它与周围环境融合协调，各结构部分组成一个统一的有机整体，满足功能目标才能充分显示出它的价值和表现力。

当人们接近一个卓越的桥梁时，由于其结构形体的引发而会使人产生感动和联想。我们把创造具有这种艺术感染力的建筑结构形体称为建筑造型，把谋求这种建筑造型的工作过程称为建筑造型设计。

工程设计本身是一种创造，广泛来说，它是对人类生活各方面需求进行规划和提出方案的思考。观察者的感受和反应，则取决于建筑的结构、材料、色彩等结构因素和特性，而最为重要的是取决于整体造型和构图。

古今中外的各种建筑，尽管在结构形式处理方面有极大的差别，但凡属于优秀建筑，必然遵循一个共同的准则——多样统一。因而，只有多样统一才堪称形式美的规律。而主从、对称、韵律、比例、尺度、均衡等，则是多样统一在某一方面的体现。

任何建筑造型，又都具有若干不同的组成部分，尤其桥梁建筑，各结构部分区分明显而又完全裸露在外。这些部分之间，既有区别，又有内在联系，必须把这些部分按照一定的规律有机地组合成为一个整体。各部分之间的差别可以显现出整体的多样性和变化；而通过各部分之间的联系，可以看出部件整体是否和谐和有秩序。既有变化，又有秩序，这就是一切建筑造型具备艺术表现力的原则。桥梁上下部结构及各种附属结构，其服务于桥梁结构的总体功能是一致的，但其各组成部分独具自身功能，各具特点，只有它们的和谐统一才能形成桥梁结构的整体造型美。

以人体为例，作为一个有机体，其组织是极有条理和合乎逻辑的。人的外表为适应生存的需要而呈对称形式：两只眼睛、两个耳朵、两只手臂和两条腿；其内脏为适应生理功能的需要，呈不对称形式，如左肺有两片肺叶，右肺有三片肺叶，心脏偏左，口、食道、胃、肠具有合理的承续关系等。总之，各种器官组织得十分巧妙，各自都有正确而恰当的位置，这就是多样性的和谐统一。

整个自然界（也包括人体）有机、和谐、统一、完整的本质属性，反映在人的大脑中，就会形成美的观念。这种观念无疑会支配着人的一切创造活动，包括建筑造型设计。

许多古典建筑形式的那种整齐划一，对称均衡，具有和谐的比例关系和韵律、节奏感，各组成部分衔接得巧妙、严谨，可谓添一分则多，减一分则少，几乎达到了天衣无缝的境地。

赵州桥是世界最著名的古老的扁弧拱桥，采用空腹式拱代替实腹式拱，这是一种科学的创新，同时消除了实体拱笨重呆滞的造型，融功能、技术、经济、美观为一体，成为拱桥沿用至今的典范桥型。

现代建筑尽管在形式上与古典建筑有很大不同，但在遵循多样统一形式美的普遍原则上，则是一致的。桥梁结构除了前面介绍的一般美学规律外，由于不同材料的运用，就需要根据材料本身所固有的特性而赋予它合理的结构形式，使整体和各个部分都具有一定的刚性并符合静力平衡条件，这也是一种和谐统一，而且要把外部形式联系上的和谐统一提高到内在的有机协调高度上去。

肯定了桥梁建筑结构形式美的规律是多样统一，那么，为了达到造型设计的目的，就应掌握实现多样统一的因素，并结合桥梁结构特点作进一步的探索，以建设出更多美好的桥梁。

第二节　形体构成与造型表现

在人类生存的客观世界里，形态分为物质和精神两大类。凡是人们能够直接看到和触及的实际形象称为现实形态；凡是不能直接看到和触及而必须用语言文字描述的形态称为理念形态。

形态分类如下：

- 形态
  - 理念形态 ——→ 纯粹形态（抽象形态）
  - 现实形态
    - 自然形态
    - 人为形态
      - 几何形态
      - 自由形态

建筑空间形态一般称为形体，其构图要素很复杂。我们了解形体空间构成要素本身不是目的，重要的是了解要素空间表现上的作用，以使造型构图丰富流畅。在此，我们重点介绍点、线、面、体等形体构图要素。

一、点与点的表情

1. 点的大小和形状

点是具有空间位置的视觉单位，没有上下左右的方向性和连续性。点的大小可以不同，但它不能超过一定的相对限度，否则就转化为“形”和“面”了。至于在什么情况下算是点，在什么情况下算是面，没有一个绝对的标准。同样大小的点，由于放置的面或空间尺度不同或功能不同，可有不同的表象，图 3-1 中 c）可视为面，而图 3-1a）、图 3-1d）就可视为点。

点的形状通常是圆形，但也可以是正方形、正三角形、正多边形以及其他不规律的形状。根据不同场合的要求，点的形状也可以是物的形状[图 3-1e）]。

2. 点的表情

点的表情由图 3-2 可以说明。

点在一个领域或画面上为单点[图 3-2a）]，视力必然集中于这个点上，表情是肯定的、严肃的。如果是双点[图 3-2b）]，两点之间就会产生相互牵拉的视力，被一条消极线暗示着，两点大小不同时，我们的注意力就会先投入优势一方，然后视线再逐渐移到另一方，从而产生动感。如果是三点[图 3-2c）、d）、e）、f）]，会暗示出折线或三角形的面；大、中、小三个点合并放置会产生由大、中、小或它的相反方向的动感。点群[图 3-2g）、h）]产生的暗示效应：大小相同的点群会产生面效应；大小不同的点群会产生空间和动感；按一定方向排列的点会产生时间感、连续感和节奏感。

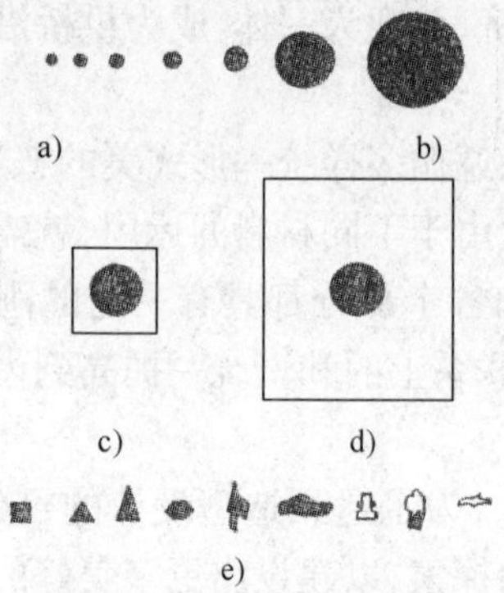

图 3-1　点的大小与形状

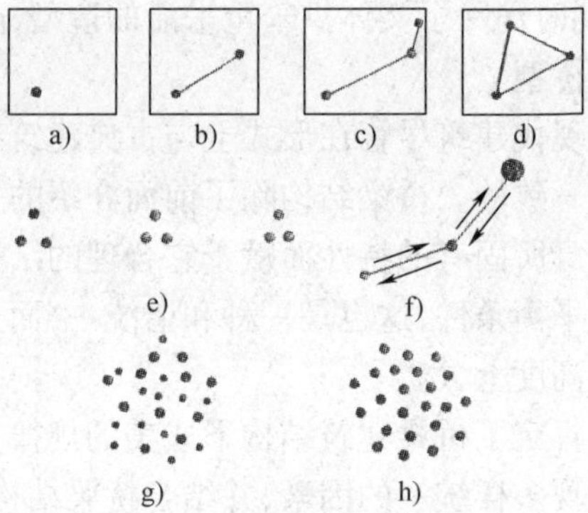

图 3-2　点的表情

图 3-3 为委内瑞拉马拉开波桥，它以桥墩造型的形状作为点，呈线性排列，令人感到按排列方向排列的点群所产生的连续感和节奏感。图 3-4 为我国福建省泉州市修建的洛阳桥闸。闸前为跨径 5m，共 32 孔的石拱桥，拱跨就如一个个点沿视线方向连续排列，给人以强烈的节律感。

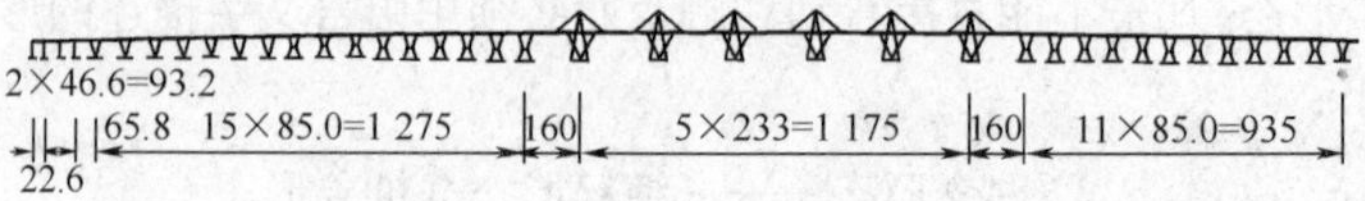

图 3-3　委内瑞拉马拉开波桥桥墩排列(尺寸单位：mm)

图 3-4　福建泉州市洛阳桥闸拱跨点的排列

二、线与线的表情

线是点移动的轨迹。线具有从始点移动到终点的长度，所以线是表示长度的形式要素。根据线是来自点的这个关系，线的粗细由点的大小决定(图 3-5)。

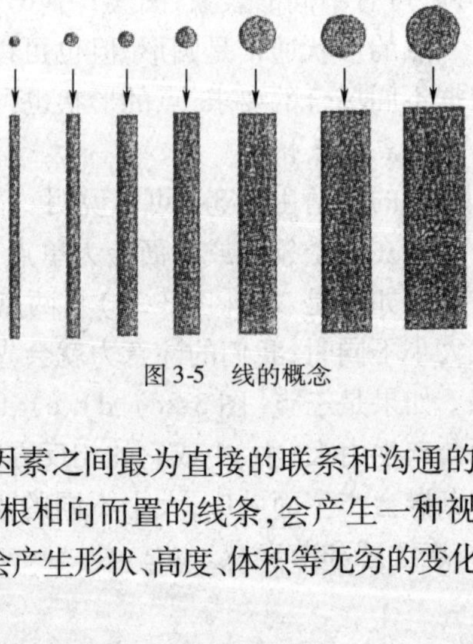

图 3-5　线的概念

线可分为直线和曲线两大类，还可再分为几何形线和自由形线。曲线系的种类比较多，也比较复杂。几何曲线可细分为圆弧线(即正圆形的一部分)、椭圆形曲线、双曲线、抛物线、变径曲线和螺旋曲线等。

线的运用，可按不同的方向、间隔、距离、交叉组织排列，加上粗细、长短、曲直变化，再与点结合起来运用，就会产生丰富的变化，给人以不同的感觉(图 3-6)。

线条能产生一种视觉上的联系，而且是视觉艺术中各因素之间最为直接的联系和沟通的方式。一根线条，与其背景画面相结合而成为其中一部分；两根相向而置的线条，会产生一种视觉上的对话或视觉上的交往；将三根或多根线条放在一起，则会产生形状、高度、体积等无穷的变化。

线条既有独立性，也能分割它所在的块面而成为一个形、体的构成因素；既能产生和谐，又能产生动态的紧张。

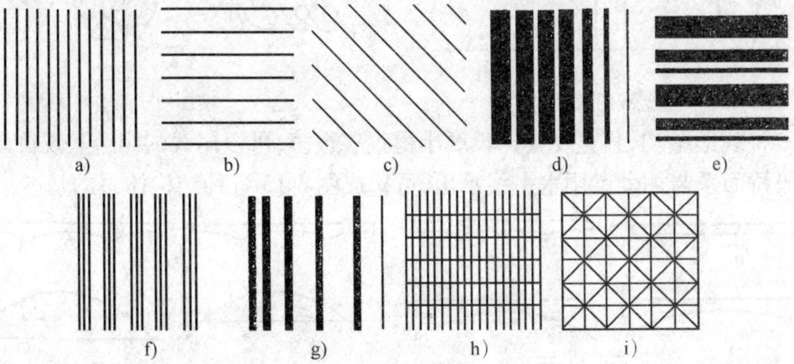

图 3-6　线的运用

a)竖向等距；b)横向等距；c)斜向等距；d)粗细渐次；e)粗细间隔；f)成组排；g)疏密渐次；h)交织；i)交织

线是具有形态的(图 3-7)。1753 年威廉・贺加斯在其所著《美之分析》一书中说“应该看到，直线只有长度上的变化，因而缺少装饰性。而曲线则既有弯曲程度上的变化，又能有长度上的变化，因而就有装饰性。直线与曲线结合，谓之复合线条，其变化比单纯的曲线多，因而一般都或多或少地具有装饰性”。

两条平行线之间，如果下面有支承点，会引发人们一种重量感，适宜的桥梁梁高与跨度的比例关系，则是这种重量感协调的结果(图 3-8)。粗细线条的结合可表示出凹凸部分的厚度或视觉中阴影轮廓。

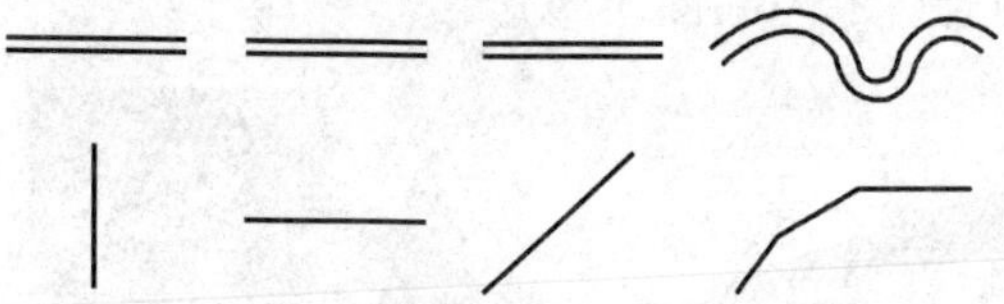

图 3-7　线的形态

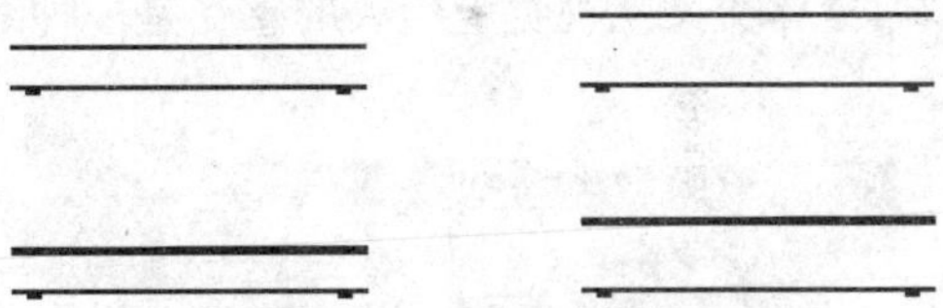

图 3-8　平行线的厚重感

直线还能表现出一种速度和力量(图 3-9)。

不同直线的斜度也会让人联想到人运动时的动感(图 3-10)。所以，往往为了寻求对人视觉上的刺激、振动和迁移，常利用斜线的动势来反映力传递的速度和力度。

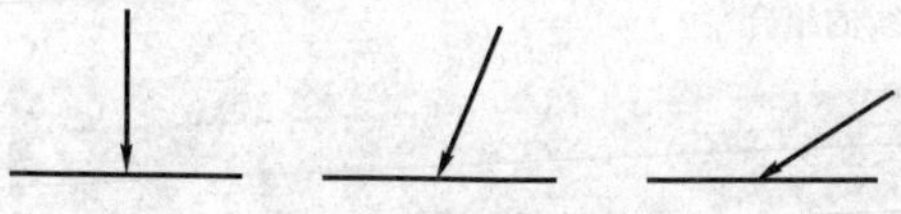

图 3-9　线的力度感

图 3-10　线的动感

图 3-11 表示两条竖线之间变化给予人们的联想效果：

(1)图 3-11a)中两直线上窄下宽，力量分散，减轻地基荷载集度，突出了稳定感。

(2)图 3-11b)中两条收缩的直线反映了力的集中和速度，也反映了地基墩台强大的接受能力，给人一种强劲的力度和速度感。

(3)图 3-11c)则处于图 3-11a)、图 3-11b)之间的一种动势。

(4)图 3-11d)则反映出直线与曲线构图方面的区别，在视觉上给人一种生动柔和之感。

曲线所表现出的活力和动势给人一种轻巧飘逸的感觉(图3-12)。

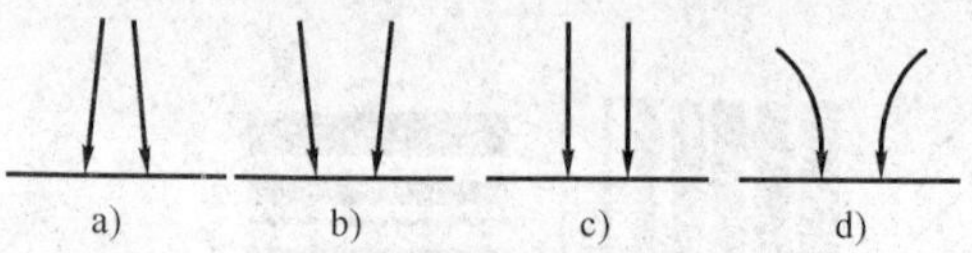

图3-11　两条竖线的联想

图3-12　曲线的飘动感

桥梁是一种线形结构,其宽度要比长度小得很多很多,可以用线的组合表现桥型受力基本轮廓造型。一般桥面系与加劲梁用水平线示出,可构成图3-13各种结构体系的基本造型图示。

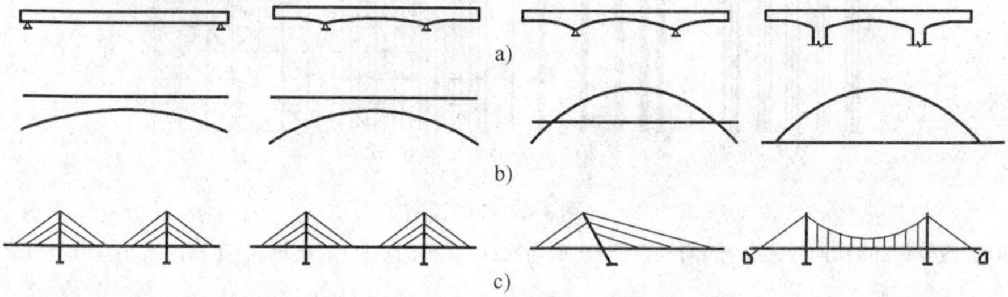

图3-13　线的组合构成各种桥的造型

图3-13a)中的两条平行线表示了梁式桥的主梁是等高度截面,下面是曲线组合,则表示是按结构内力大小而采用变高度梁,道显示出梁高度化的规律。图3-13b)中的曲线和直线结合,由于水平线(桥面系)位置的变化,完全改变了拱桥结构的视觉形象。图3-13c)中斜线与竖线(塔)的连接显现斜索张力的强劲,并随着斜索布置的不同反映出塔作用的重要性。而悬索桥主缆在中跨的重力垂度产生的凹曲线与边孔斜直线在塔的界分,显示出悬索桥在塔顶处自然形成的刚、柔平衡点及力的分配。

立体交叉从视觉上给人的感受是一种线的组合(图3-14、图3-15)。

图3-14　立体交叉立面线的组合

图3-15　俯视立体交叉平面线的组合

曲线显示出的表情从图3-16高架桥上可以真切体会到。这是奥地利Brenner高速公路沿着陡峻山坡深谷修建的曲线高架桥，宛如蛟龙蜿蜒盘旋，又如玉带飘落人间，似乎很难找到更为恰当的语言，完美的表达其蕴含的丰富表情和生动的形象。

三、面的表情特征

虽然线在特征上大多具有理性，但二维的平面形状表现，则更具情感和活力，更能使人浮想联翩。所以，平面理所当然地是一个重要的形式因素。面是线的围合。从直观效果上看，它是平面的概念；从空间意义上讲，面又可分为平面和曲面两大类(图3-17)。

图3-16　奥地利Brenner桥完美的线形

图3-17　平面与曲面

面由于各个方向的幅度、比例、曲直的不同而产生各种不同的形状，所以说，凡是面都具有特定的"形"。

面除具有点的位置、空间张力和群化的效应，线的长度、宽度、方向、力度等特征外，面还具有"量"的感觉。也就是具有实感，具有结构感。所以，面是一种在短时间内能产生强烈感染力的表现形式。

世界上的各种形态无论怎样复杂多变和千姿百态，从宏观上都可概括为两大系形，即直线系形和曲线系形。每种系形又可进一步分为几何形和自由形两类(图3-18)。

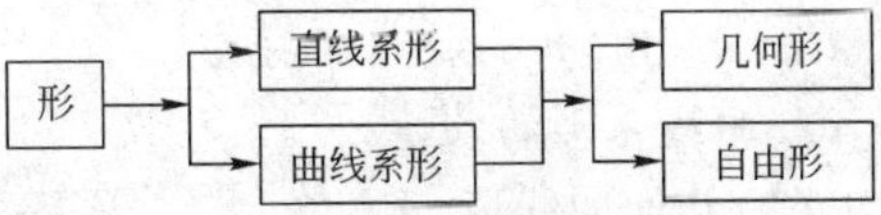

图3-18　形的分类

形的情感表现和形中所含有的线的形态和方向要素有直接关系。

1. 直线系形的表情

(1)几何直线形

几何直线形指有固定角度的(如90°、60°、45°)或者有对称轴的形，其表情是简洁、明了、确实、有力、有序，但反之则也表现出呆板、生硬、机械等表情。最基本的几何图形是圆形、正方形、正三角形(图3-19)。

各几何图形相互组合，形成情感更加丰富的混合形(图3-19)：

图3-19e)是方形，代表直线性格，有稳重、大方的表情；

图3-19d)是圆形加方形，既有方形的表情，又有圆形丰满和亲切的表情；

图3-19f)是方形减圆形，具有清秀、优雅的表情；

图3-19b)是方形加正三角形，既有方形的稳重大方之表情，又具有三角形的稳定感；

图 3-19h)是方形加倒三角形,具有大方而又轻快活泼的表情;

图 3-19a)、c)是正三角形加、减圆形,具有丰满而又稳定的表情。

图 3-19g)、i)是倒三角形加、减圆形,具有丰满与轻快的表情。

各基本形以直线或曲线作局部的置换,得到各种规则的形,增加它的感情表现及空间效果(图 3-20)。

根据桥梁支承结构(包括桥塔柱)的长宽不等组合,可以作不同的比例变化,形成不同方向面的协调图式(图 3-21)。

(2)自由直线形

自由直线形是由直线构成的任意图形,在图形中没有固定的角度关系(图 3-22),若想概括出图形统一的表情是很困难的。其构成的感情表现主要有强烈、敏锐、直接、明快、生动等。

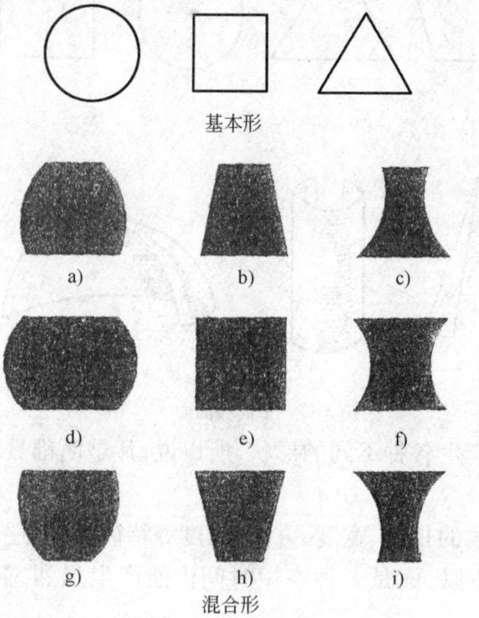

图 3-19　基本形和混合形

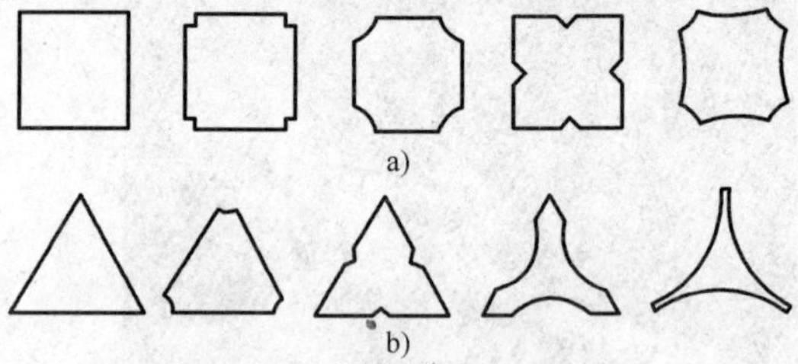

图 3-20　基本形的局部置换变化

a)方形的变化;b)三角形的变化

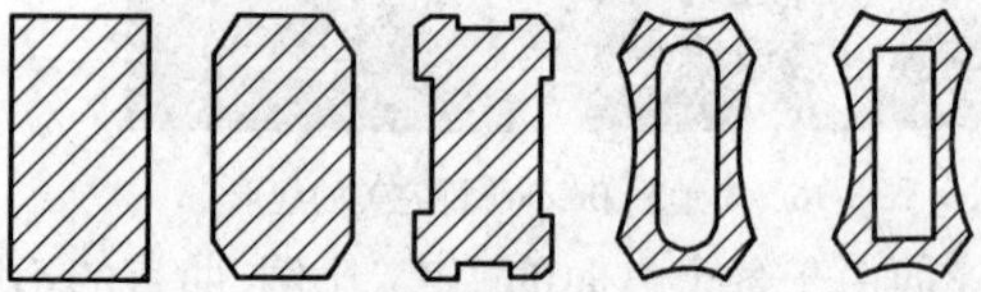
图 3-21　长方形截面的置换协调变化

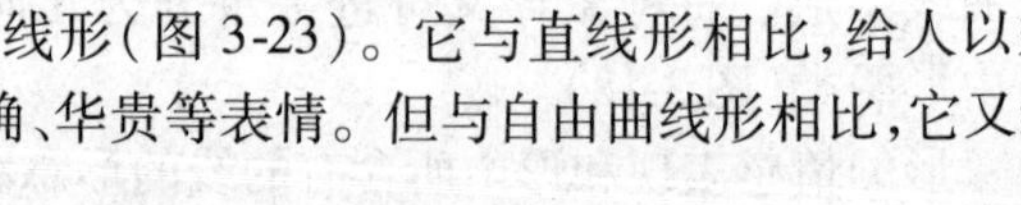
图 3-22　自由直线形

2. 曲线系形的表情

(1)几何曲线形

几何曲线形指具有固定半径或对称轴的曲线形(图 3-23)。它与直线形相比,给人以柔和、逻辑性和数理性的感觉,具有明了、自由、明确、华贵等表情。但与自由曲线形相比,它又给人以呆板、生硬之感。

(2)自由曲线形

自由曲线形是指任意的曲线形,在形内不允许出现几何关系。它是一种随创作者的情感变化而创造的形(图 3-23)。由于不受数理逻辑和固定格律的限制,所以偏于情感。如果处理得好,自由曲线形具有优雅、魅力、柔和、丰富等抒情效果。它的另一面的表情则是显得无序、散乱、隐晦等。

面的组合形式对桥梁结构来说多用几何曲线形,艺术创造多用自由曲线形。

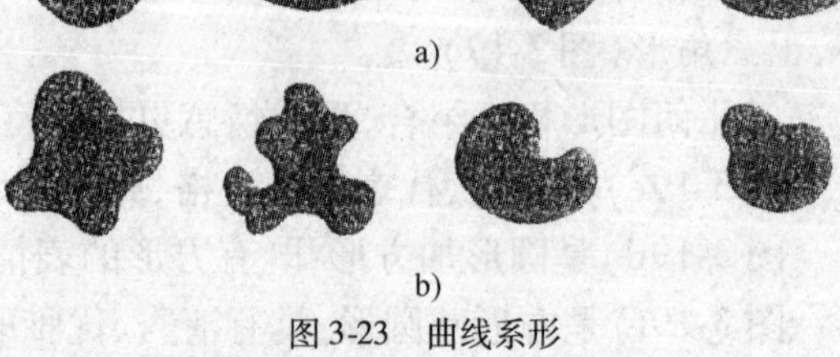

图 3-23　曲线系形

a)几何曲线形;b)自由曲线形

四、体的造型表现

具有实际意义的体是一种占有实际空间的实体，是面的移动轨迹，它是三维的形式。

平面上表现的空间深度和层次，是幻觉而不是真实。立体是指在空间实际上占据的位置，从任意角度都可以观看到，同时也可以用手去直接触摸它。所以立体不能叫做“形”，而要叫做“型”。这种型不是轮廓的概念，而是从不同角度观看时产生的不同形限。因此对立体型的欣赏要考虑时间和方向位置的因素，即在不同视点会产生不同的形限变化，从而充分显示出立体所具有的空间美。

任何立体都必须同一定的形相联系，不存在无形的立体。体的型同面的形的关系极为密切。如果把各种二维的形三维化，就会产生各种相应的立体型。所以，同二维平面一样，体也可以分为直线系立体、曲线系立体和中间系立体三大类(图3-24)。

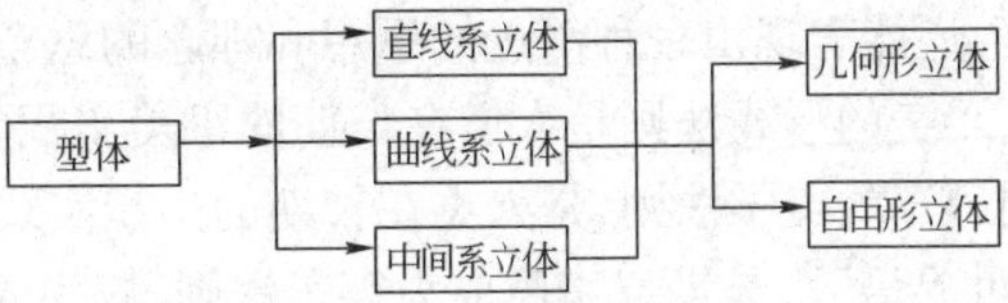

图3-24　型体分类

从线、面、体的关系看，它们既有区别又有联系。它们的联系就在于都是以线的类别为基础，所以面和体都是以线的类别分类。所不同的是它们各自的空间形式不同：线是一维的，面是二维的，体则是三维的。体除了具有线、面的表情外，还独具体量感特征。所以，对于不同种类的线和面，哪一类占主导地位，它就接近哪类线和形的表情。直线系高立体，往往用于桥梁的支承结构——桥墩上，具有刚劲、挺拔、雄伟的意蕴(图3-25)。

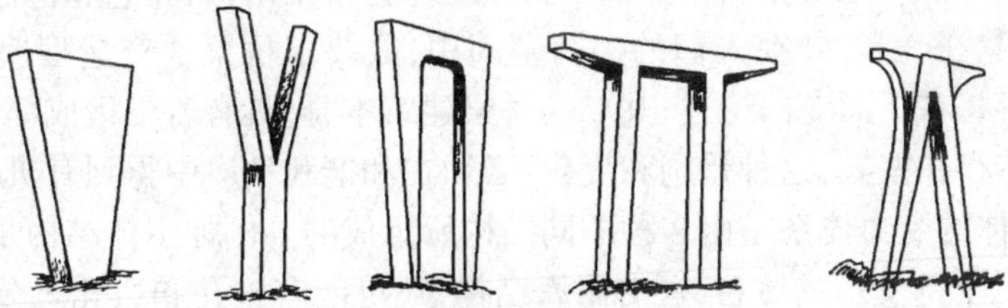

图3-25　桥墩体的造型示意图

采用组合法进行立体群的设计(如城市桥梁桥头的纪念性建筑、休憩设施、上下步梯、小品雕塑等)，要按着形式构图规律和原则，将单件立体加以有机的组合。这种有机组合主要受三方面因素的制约：其一，必须正确地反映各建筑单体之间的功能联系；其二，必须和特定的地形条件相结合；其三，各建筑单体体形之间彼此呼应，体量协调。也就是说，对群体中的主体和附属的主从、距离、高低、体量、方向、位置等关系都必须予以综合的考虑，以求进行辩证的和谐处理。

立体构成与平面构成的最大区别，在于它要求遵从空间美学(有人提出现代空间美学)。当我们欣赏一个或一组立体造型时，除了从固定视点看它三维空间效果，还要不断地移动视点，变换衬景，从各个角度和侧面，对立体进行全面观赏，甚至拍照留念。一个优秀的立体造型形式，必须做到用尽可能少的几何形体变化来达到更多的整体变化，具有经得起长时间欣赏的艺术效果。因此，在构成形式上，必须巧思多变，注意各个角度的造型美。

图3-26　哈尔滨松花江大桥桥头群体建筑

图3-26为哈尔滨松花江大桥桥头建筑，它由圆亭、长廊、桥名牌、上下步梯等组成的桥头

群体建筑。各具功能的单体的有机组合，使人们从不同角度欣赏到不同造型的群体画面。该桥头群体建筑令人赏心悦目，情趣倍增，成为哈尔滨一景点。

第三节　桥梁建筑造型美的形式法则

桥梁建筑形象所具有的美的内容，决定于它的完美的形式。形式是为内容所要求的存在方式，形式为内容服务，所以形象美只有体现于形式中才能得到公认的评价。形式美，就是指美的事物的外在形式组合规律所显现出来的审美特性，它会给人是一种能愉悦感官的美感情绪，还能表现出一种深邃的思想和理念的思考。

美的形式法则是人们在长期的审美实践研究中，对众多美的形式抽象出来普遍具有的、共同遵守的美学法则，是人类在长期的生产实践中总结出来的造型要素组合的美的规律，是一种“世界语”。长期以来已成为审美法则，成为人们进行审美创造的指导原则。

一、协调与统一

协调与统一是指组成物体的各不同个性素材的对比变化。没有变化则显得呆滞，缺少活泼生气；彼此若没有相似产生协调关系，则形态就会显得杂乱无章。统一不是同一，是多样变化中的一个相似性的和谐要求。如卢沟桥栏柱上的485个狮子的雕像，它们的大小轮廓间距是统一的，造型却姿态各异，形成变化中的协调统一。

对桥梁的协调统一，主要指两个方面。其一是作为桥梁结构物，它和桥位处的自然景观和附近的人工建筑物在一起，处在人们的生活空间中，故要求桥梁建筑造型要达到与环境的协调，这一部分内容将在下面专门论述；其二是桥梁建筑本身，具有若干组成部分，其各自的功能和造型不同，必然存在差异，这种差别和变化，必须在和谐和秩序中得到有机的统一。

桥梁结构总体的受力体系是由多种不同结构所组成的。例如主体结构是跨越和承重的上部主梁（或拱圈）、下部支承的墩台，还有附属结构，还可能有主孔和边孔之分。而且不仅上部结构形式多变，其下部结构也有多种类型可配合，这就形成了桥梁结构极富变化的特点。这种变化应服从于主体受力体系高度的和谐统一。

如作为上部结构主体受力体系，其主桥和引桥应是相一致或相近的体系，其建筑造型应协调统一。下部结构桥墩造型力求简单划一，而不能采用过多的结构形式，以免显得杂乱无章。

我国近年修建的丫髻沙大桥，主跨360m，是当时最大跨径的钢管混凝土中承式拱桥（图3-27），主桥建筑宏伟壮观，充分显示出钢管混凝土拱桥的魅力。但在引桥设计中选用三种结构：76m悬半拱、小跨径的等高连续梁和较大跨度的连续刚构桥，无论从上部高度的变化，跨径的差异和桥墩的形式，少了变化中的统一和谐性，显得有些杂乱。

图3-28为我国罗依溪大桥，主孔跨径116m，墩高84m。这座桥若分孔孤立地看，其结构造型及尺寸体量还是协调的，但组成整座桥后却显得无章法。从体系上看，主体拱式结构，但主桥和引桥都有差异，主桥带半拱坡，引桥不带半拱坡；拱上构造既有梁柱体系，又夹杂着拱式体系；在水中的主桥桥墩呈圆形，引桥桥墩则为方形；而且体量相差显著；桥墩两侧拱脚高低参差不齐，极不协调。纵观全桥造型，有多样而没有统一，有变化而没有和谐，使人产生一种配合失序，联系杂乱，支离破碎的感受。

日本中央本线新桂川桥是由三跨连续钢桁梁与简支箱形钢合成梁组成（图3-29），全桥长512.65m。桁架梁主孔130m，梁高12m，两边跨70m，6孔简支钢合成梁跨径40m，梁高2.9m。

桁架梁下弦杆主跨为直线，边跨向上收缩形成鱼肚状，岸边斜坡使桁架梁在右岸仿佛搭到地面上，桥台几乎看不见。由于梁高相差悬殊使墩高发生变化，造成小跨高墩、大跨矮墩，整座桥梁从结构、形式、体量上令人观之感到很不协调，视觉的统一性较差。

图 3-27　丫髻沙大桥

图 3-28　罗依溪大桥

图 3-30 为法国南部圣·纳泽尔（St. Nazaire）桥，其跨径组合为 158m + 404m + 158m，通航净空达 61m，简单的倒 V 形桥塔和等厚等宽的巨大的塔墩显得呆板无变化，塔墩高耸强劲的力度不仅显现不出，而且若隐若现的斜拉索反而衬托出塔墩较弱的稳定性。塔柱上红白相间的色条，作为飞机的警告标志也似可取消。

图 3-29　日本中央本线新桂川桥

图 3-30　法国圣·纳泽尔桥

二、主从与重点

在若干要素组成的整体中，每一要素在整体中都占有一定的比重和地位，倘若所有要素都竞相突出自己，或者主次不分处于同等重要地位，则会削弱整体的完整统一性。

桥梁建筑也是这样，从功能特点考虑总有主体和附属之分，而从结构受力体系来说，有主要受力构件和次要受力构件之分。主桥和引桥、主孔和边孔、主体与附属存在主从差异，正是凭借着这种差异的对立，才使桥梁建筑形成一个完整协调的有机整体。

桥梁的主从首先从布孔上考虑。跨越通航河流上的桥梁，有通航孔和非通航孔，不通航河流上的桥梁也有跨越主河槽的主孔和河滩上的边孔，通航孔和主孔不仅跨径大、高程高，而且有时为了适应大跨而采用不同的结构形式。

1992 年建成的九江长江大桥（图 3-31），是我国目前跨度最大的双层公铁两用桥。主孔为桁拱组合体系，并以高低与跨径不同的桁拱来突出主孔位置和造型，其余为连续钢桁梁，结构组合主从分明，视觉重点突出引人注意，也便于船舶通航。该桥如果取消桁拱而全部采用桁梁结构，则不会获得这种主从分明的效果。

图 3-32 是一座位于法国布列塔尼亚半岛上的拱桥（阿克其桥），两边引桥为梁式体系，但从跨度和布孔上突出了拱桥主体部分。

图 3-31　九江长江大桥

图 3-32　法国阿克其桥

斜拉桥、悬索桥基本结构图形简洁，由主塔、加劲主梁、拉索或主缆吊杆构成，主塔将竖向及斜向心理引诱线引向塔顶，形成人们瞩目的重要部位。高耸挺拔气势夺人的塔，配以轻柔的拉索、无限延伸的水平加劲梁，这些都突出了桥塔作为主体的主导地位，形成索体系桥梁突出的个性和鲜明的形象。视觉上的主从分明，力的传递路线明确，形成索结构桥型所独有的形态和美感（具体桥例请参看第四、五章内容）。

三、对称与均衡

对称与均衡也是造型美的法则之一。对称是同形同量的对称组合，对称的造型统一感好，规律性强，使人产生庄严、整齐的美感。

均衡则是在非对称的构图中，以不等的距离形成力量（体量）的平衡感，对桥梁来说其非对称的均衡感还受地形地物的影响。均衡具有变化的美，其结构特点生动活泼，有动感。对称与均衡给人的感觉就如天平称重（图 3-33）。

图 3-33　对称均衡示意

从结构到布孔按着对称原则设计建造的桥例很多。位于澳大利亚悉尼市北部的里普桥（见图 2-32），主跨为 183m 的桁式板桥，两边孔是与主孔连续的悬半拱，对称的结构、轻巧的造型、典雅的形态，可称之为精品之作。有一些桥梁受地形、河流主航道、主河槽的影响采用了不对称布置，处理得当，也同样给人一种均衡的美感。图 3-34 是在黑龙江依兰县境内修建的一座钢管混凝土中承式拱桥桥型布置图，两孔主孔与四孔边孔不对称布置，既有主次之分，又给人一种均衡协调的感受。

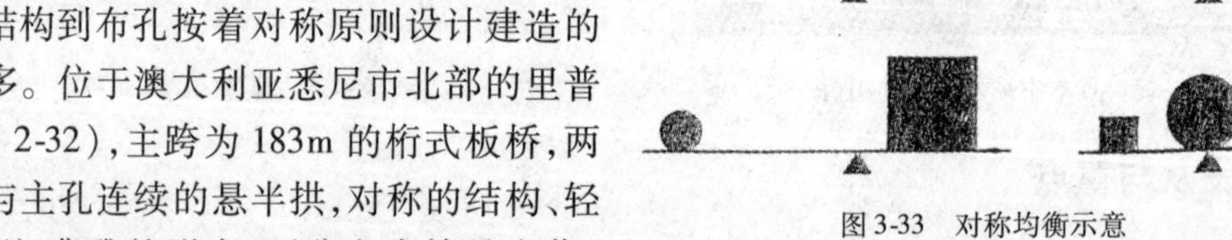

图 3-34　桥梁分孔不对称布置（尺寸单位：cm）

结构非对称造型，有时会产生令人难以预料的效果。图 3-35 是一座位于旅游区的人行桥，其和谐的钢拱形式与山顶的浏览景点遥相呼应。该桥位于公园中心地带，拱肋在纵横向的不对称造型设计别出心裁。其精心的设计和建造，使该桥建成后受到普遍关注和好评，被 JSCE 授予 Tanaka 奖。

天津跨越海河的大沽桥，是一座下承式两榀斜拱肋矢跨比不同的三跨系杆拱桥，分孔为 24m + 106m + 24m（图 3-36）。大拱肋平面向外倾斜比例 1∶3，竖直投影高度为 39m；小拱肋平面向外倾斜比例 1∶2.5，竖直投影高度为 19m。拱肋采用双索面，保证其受力的平衡稳定性，横桥向每个断面是四根吊杆形成的三跨连续梁进行荷载分配和计算，结构的不对称性通过细部处理得以完美解决，形成具有不对称形态的一座特色拱桥。

图 3-35　结构不对称拱桥造型

图 3-36　天津大沽下承式两榀拱肋不等高拱桥

由于布孔的不对称要求，为了达到造型上的均衡性，斜拉桥可利用斜塔、疏密与长度不等的拉索和大小相差悬殊的跨径来调整布孔上的不对称而达到均衡的目的，从而使桥梁从构造、功能和景观上得到协调一致的处理。

荷兰鹿特丹市修建的伊拉斯穆斯大桥，是一座异形塔不对称布索，富有表现力的斜拉桥（图 3-37）。该桥构架以一种不对称的布置形式，按整体对称均衡的建筑学观念，进行精细的结构处理，是一个典范式的设计样本。

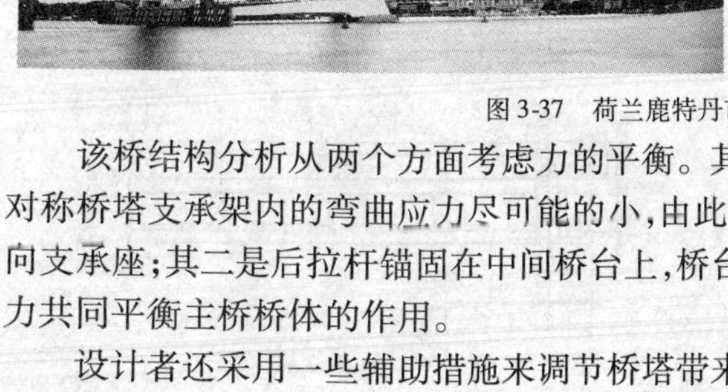

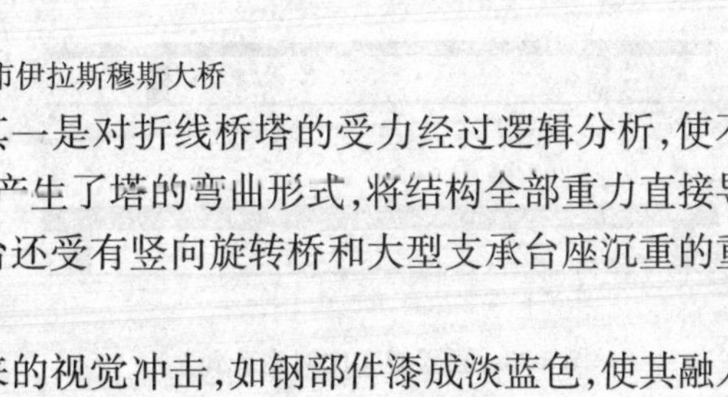

图 3-37　荷兰鹿特丹市伊拉斯穆斯大桥

该桥结构分析从两个方面考虑力的平衡。其一是对折线桥塔的受力经过逻辑分析，使不对称桥塔支承架内的弯曲应力尽可能的小，由此产生了塔的弯曲形式，将结构全部重力直接导向支承座；其二是后拉杆锚固在中间桥台上，桥台还受有竖向旋转桥和大型支承台座沉重的重力共同平衡主桥桥体的作用。

设计者还采用一些辅助措施来调节桥塔带来的视觉冲击，如钢部件漆成淡蓝色，使其融入天空和海水中；夜晚的特色照明，桥塔被表现成光棱，斜索像射线一样从塔上端射出，形成别致精美的夜景形象。在有关鹿特丹市的广告、明信片和旅游手册中，都将伊拉斯穆斯大桥作为鹿特丹市的象征标志。

四、比例与尺度

比例的问题广泛存在于桥梁建筑设计中。它包括三个方面内容：一是桥梁结构整体或局部本身的三维尺寸的关系；二是桥梁结构整体与局部之间的三维尺寸关系；三是桥梁结构实体部分与空间部分（一般称为虚实）的比例关系；另外，还有凸出部分与凹进部分、高起部分与低落部分的比例关系等。

图 3-38 表示桥梁主梁实体部分与桥下空间部分的比例关系。当桥下净空或桥面高程要求固定的情况下，由于随着跨度的增大梁高要加高，这样就使桥下空间越来越狭长，过大跨度就会使梁高加高后，桥下产生压抑感，所以，桥梁的虚实透视存在一个最佳的桥跨与净高比例。

建筑的比例关系，首先是按照自然的规律确定，一旦这些自然规律所蕴涵的美学价值被认可之后，这些表现自然规律之美的尺寸比例便被概括归纳为典范和法则。古希腊美学的主要奠基人之一——柏拉图把直线段短比长等于长比短与长之和并无限推演所得到的比例关系称为黄金分割，认为这是永恒美的比例。

$$0.618:1 = 1:1.618$$

即

$$a:b = b:(a+b)$$

数列比例 3:5、5:8、8:13、13:21、21:34 等，较为精确地接近于这种比例关系。自古以来，认为凡是符合这一比例的物体和图形都是很美的。图 3-39 是在人体及其他物体上体现的黄金分割关系。

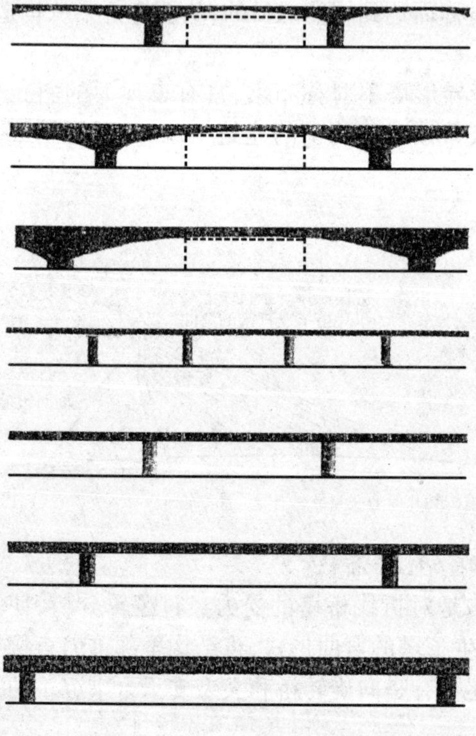

图 3-38　桥梁虚实比例关系示意

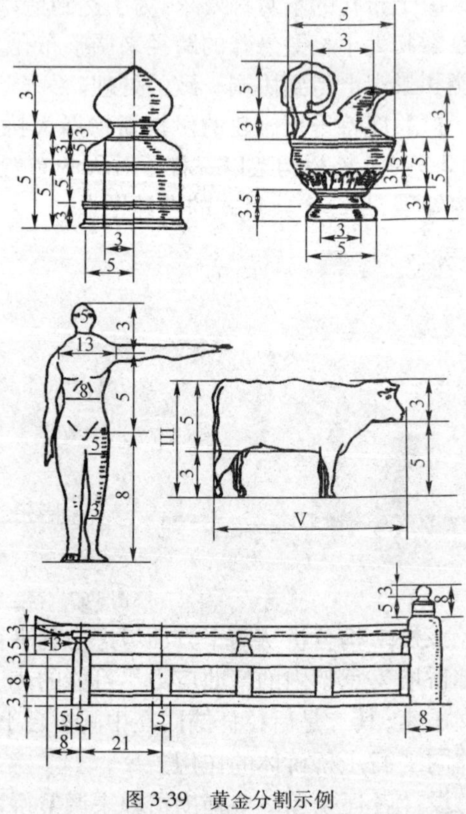

图 3-39　黄金分割示例

20 世纪 20 年代初，马哈姆别奇（J. Hambidgc）提出动态匀称比例，即由整数平方根所形成的级数$\sqrt{2}$、$\sqrt{3}$、$\sqrt{4}$、$\sqrt{5}$、$\sqrt{6}$、$\sqrt{7}$、$\sqrt{8}$、…如果正方形的一边为 1，则其对角线的长度为$\sqrt{2}$；短边为 1，长边为$\sqrt{2}$的矩形对角线是$\sqrt{3}$，长边为$\sqrt{3}$的矩形对角线是$\sqrt{4}$，因$\sqrt{4}=2$，所以是原来两个正方形，依此类推得长边为$\sqrt{6}$、$\sqrt{7}$、$\sqrt{8}$…的矩形。认为凡是采用该比例的图形是美的。这种比例法可用图 3-40 简单作图法获得。

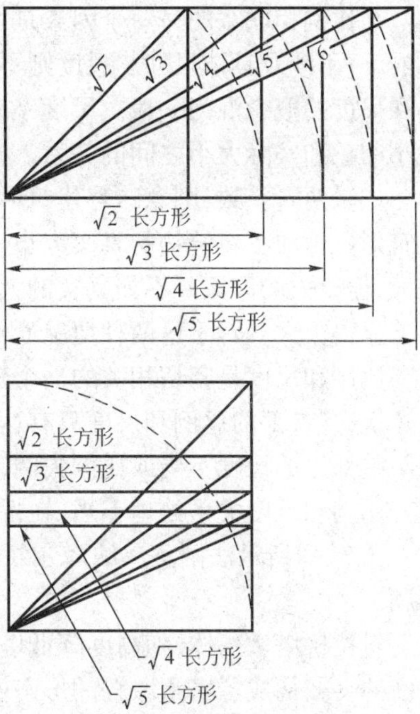

图 3-40　动态匀称比例的作图法

据说古希腊美学艺术主要遵循$\sqrt{2}$、$\sqrt{3}$、$\sqrt{4}$、$\sqrt{5}$以及黄金分割的比例关系。在现代建筑中比例不是一成不变的。桥梁建筑中各部分尺寸比，主要服从于结构刚度、变形和经济要求。如图 3-41 所示梁高与孔径的关系、边孔和中孔的关系、悬臂与锚孔的关系等。这些比例数值不是不变的，而是随着技术的发展而变化。近代桥梁以轻巧为审美标准之一，其比例虽有时偏离黄金分割甚远，但作为桥梁建筑造型来说，比例的原则必须遵循，其标准之一是人们从视觉上获得协调匀称及满意的感受。所以，达到桥梁建筑上的三维空间良好协调分割还是必要的。图 3-42 为一座不对称布孔斜拉桥拟议的黄金分割比例，图 3-43 为一座斜拉桥桥塔在竖向设计时的分割比例示意。

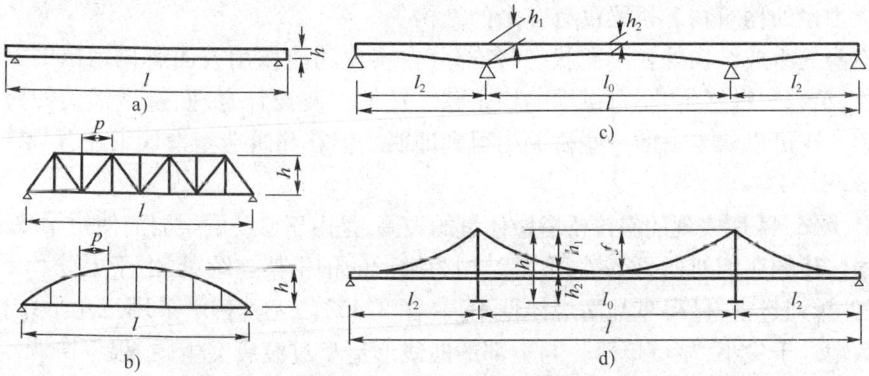

图 3-41　桥梁各部比例示意

a) $l:h$；b) $l:h$，$l:p$，$h:p$；c) $l_2:l_1:l$，$l:h_1$，$l_1:h_1$，$h_1:h_2$；d) $l_2:l_1:l$，$l:h$，$l_1:h$，$h_1:h_2$，$l_1:f$

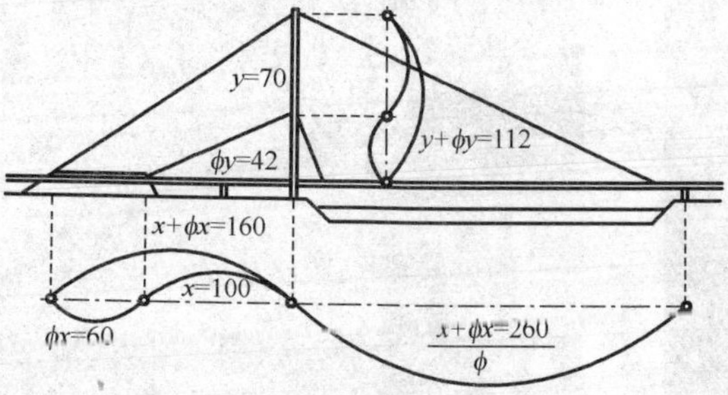

图 3-42　一座斜拉桥拟议的黄金分割

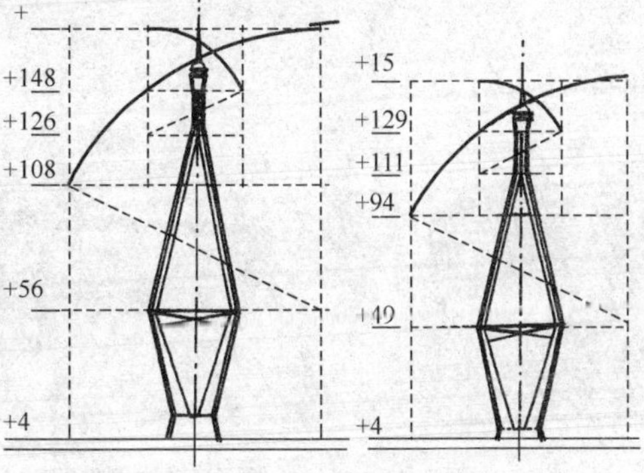

图 3-43　一座斜拉桥桥塔的黄金分割示例

与比例相联系的另一个因素是尺度。比例是表现桥梁建筑物各部分数量关系之比，是相对的，可不涉及具体尺寸。尺度则不然，它却要涉及真实尺寸的大小，但是又不能把尺寸的大小和尺度的概念混为一谈。尺度一般不是指要素真实尺寸的大小，而是指要素给人感觉上的大小印象和实际大小之间的关系。按说这两者应当是一致的，但是形象外观上却往往出现差异。如果两者一致，则意味着建筑形象正确地反映了建筑物的真实大小；如果不一致，则表明建筑形象歪曲了建筑物的真实大小。这时可能出现两种情况：一是大而不见其大，即实际尺寸很大，但给人的印象并不如真实的大；二是小而见其大，即本身尺寸并不大，但却以装腔作势的姿态显得很大。对于这两种情况通常都称为失掉了应有的尺度感。

比例和尺度是密切相关的一个建筑造型特性，是桥梁美的必不可少的重要要素。一座桥梁建筑，其各部的比例和尺度只有达到匀称和协调才能构成优美形象。这就如同人的面容，如果某些部位的尺度不当或比例失调，都会影响它的整体形象。

比例和尺度关系处理不当，在桥梁设计中屡见不鲜，国内外都不乏其例。

图 3-30 所示法国圣・纳泽尔桥，就存在塔高与墩高及墩宽与墩厚之间比例关系失调的问题。

斜拉桥塔墩一体，随高度降低塔墩截面内力增加，图 3-44 所示桥塔在加劲梁下突然收缩，尺度的突变构成了塔重墩轻的形态。

五、稳定与动势

功能要求决定了桥梁建筑造型具有稳定感和动势感。

安全稳定是对桥梁建筑最基本的使用要求。简洁的承载和传力结构，形成一个紧凑严密、蕴藏着巨大力量的构筑物。桥梁没有多余的结构。

桥梁本身的组成结构处在平衡状态，各部分在实现功能作用方面所显示出的安静、自信、坚固的形象，给人一种坚定、不可撼动的稳定感。任何一座设计合理、造型优美的桥梁都会给人以稳定感。这可以从本书的一些桥例中得到证明。但在建筑造型设计中违背规律也会出现另外的情形。

实际上，图 3-44 所表现的斜拉桥塔墩体量的失调，是由于墩身的柔弱而使桥梁缺乏稳定感。

在美国修建的弗朗西斯哥德桥，上部结构为拱形的钢桁架连续梁，由于上弦和下弦均设水平风撑，杆件排列过密，显得零乱而规律性不强（图 3-45）。尤其桥墩采用三角形结构，支承上部结构的墩帽过于尖小，显得单薄。与上部的曲线形造型过渡唐突生硬，很不协调。总体构图造型中缺憾的是稳定感不够。

图 3-44　斜拉桥桥塔与墩比例失调

图 3-45　美国弗朗西斯哥德桥

与其他建筑一样，桥梁是一个建筑在半空间固定场所不能移动的结构，但由于它所构成的使用空间是一个开敞空间，使用对象和观赏对象是高速行驶的车或移动的人。人们在近桥和过桥过程中，视觉的桥侧景观的快速相对移动，使观看到的实际桥梁建筑形象有规律地变换，给人一种动势感。

图3-46是一座大跨径中承式拱桥，格构式拱肋截面和变化的吊杆长度，在汽车行驶时有规律地变化，会感到仿佛是桥梁在运动。

当人们在斜拉桥或悬索桥上行驶过程中，会感到巨大的桥塔逐渐变大，迎面而至。大跨度桥梁尤其是索结构桥梁的高耸桥塔显示着强壮伟岸，纤细的柔力拉索又蕴涵着强劲的张力，巨大的跨度使水平的桥面系显得轻快舒展，其结构本身便显示出一种生气盎然、充满活力的气质。桥梁给予人们的这种动势"形态感情"，是其他建筑所不及的(图3-47)。

图3-46　中承式拱桥动势感

图3-47　斜拉桥的动势

桥梁是强调一维方向的空间结构，其跨越方向的延伸长度要比宽度和高度大得多，人们沿着桥梁水平方向目视多跨桥梁，自然就会感到桥梁结构上的强烈运动伸延的动势。图3-48为一座多跨拱桥，其拱肋的波浪起伏延伸就充分显示出动势的特点。曲线桥的动势则由于其纵向和水平向的起伏变化给人以深刻的感受。

六、韵律和节奏

自然界中许多事物或现象，往往由于有规律地重复出现或有秩序地变化而激发人们的美感。例如把一颗石子投入水中，就会激起一圈圈的波纹由中心向四周扩散，这就是一种富有韵律感的自然现象。人们的劳动、运动及舞蹈等活动，都要通过韵律美的感染力，使人们感到精神上的轻松、愉快。人们有意识地对韵律变化加以总结、模仿和运用，从而创造出各种具有条理性、重复性和连续性为特征的美的形式——韵律美。

韵律是一种重要的造型手法，设计者运用它可以把设计的建筑物构成一个系统的整体，通过有规律的重复和变化形成韵律、节奏，这在桥梁建筑方面运用的尤为普遍和突出。几乎所有桥梁结构都具有韵律和节奏的因素。

韵律美按其形式特点可分为如下四种类型：连续的韵律——指一部分重复连续出现构成整体，由于人的视觉角度不同，这种连续的韵律可以产生 定的动感；变韵律——连续的部分按着一定的秩序变化，例如逐渐加长或缩短、变宽或变窄、变密或变疏等；另外还有起伏的韵律和交错韵律。后两种在桥梁建筑中用的较少。

图3-49是我国建于唐代的多孔薄墩连拱的苏州宝带桥，是一个运用连续韵律的典范。中

间有三孔隆起以利船只通过，又形成强烈明显的节奏变化。

图 3-48　多跨拱桥的动势

图 3-49　苏州宝带桥的节奏和韵律

我国 1968 年修建的南京长江大桥，正桥长 1 576m，分 10 孔，一孔 128m 简支钢桁梁和 9 × 160m 连续钢桁梁组成（图 2-36）。该桥强烈的韵律形成了宏伟的气势，其连续韵律由两部分构成：一是上部结构简单桁架图形，好似无限的连绵重复韵律；一是桥墩处桁架支腿的重复出现表现出孔径间断重复，同时又表现出上部桁架梁韵律的节奏感。这种连续交替的富于条理的变化，给人以强有力的心理激励，从而引发出崇高、宏伟的联想。

连续多跨拱桥，由于其曲线的构造形成动态的趋势，虚实的交替，使其韵律感特别强烈（图 3-50）。

大跨度拱桥上，腹拱的变化是一种渐变的韵律，多孔拱桥的重复又形成连续的韵律，引导人的视线做起伏交替的变化，形成一种韵律美（图 3-51）。

图 3-50　拱桥的韵律感

图 3-51　腹拱变化的韵律

图 3-52 为北京颐和园十七孔桥。其各孔跨径和净高以中孔最大，两边渐小，形成规律性变化。中间桥面隆起，形如初月，通过渐变起伏韵律的美学表现，使桥型生动感人，富于活力，收到赏心悦目的美学效果。图 3-53 是一座跨海峡的多孔长桥，其强烈而优美的韵律，如一曲凝固的乐章，让人领略到桥梁建筑的独特魅力。

图 3-52　北京颐和园十七孔桥

图 3-53　特长桥的优美韵律

由上可知,韵律和节奏在桥梁造型艺术中起着重要作用。从栏杆设计到立柱、灯柱的布置,从结构细部到分孔规划,都蕴含着韵律和节奏的动人效果,所以,在桥梁的设计规划中,恰当运用韵律和节奏原理,对桥梁造型是至关重要的。

前述介绍的美的形式法则应用不能死板的照搬硬套。应结合桥梁实际的建设条件(尤其是桥位环境条件)、功能要求、科学技术的发展进步和人们审美观念的更新等约束因素的影响而灵活运用。如过去在文艺复兴时期确定的"比例"法则,是以严密的数学关系模式应用到建筑中。但如果把"比例"这个数学推理应用到具体的桥梁结构对象,有时会感觉需要脱离开数学规律的绝对控制。图3-54为目前世界塔墩最高的法国米约(Millau)多塔斜拉桥,该桥跨越宽阔而低洼起伏的塔恩河谷,全长2.5km,是一座8跨单索面钢斜拉桥,跨径为204m+6×342m+204m。A形钢塔高仅为87m,而最高塔墩达244.8m,为混凝土结构。从桥下跨高比和塔高与墩高之比,都远离了"比例"法则的数学比例限制。而实际上,在此处建桥,采用任何结构体系,在"比例"法则衡量下都会得到"比例失调"的审美评价。但事实是该桥的结构美的壮美气势和建造技术的惊人难度,令任何人都为之惊叹和赞美有加,共认是一座艺术与科学技术完美结合的范例。

图3-54　法国米约多塔斜拉桥

虽然对"比例"法则作为一个审美评价概念的效用仍处于一个基本地位,但它的定义则要理解扩展为"和谐、适度、恰当的细部和秩序"的理念。因此,桥梁功能和结构所形成的美学构架中,除上述法则外,还应将其自身结构美的和谐、适度、恰当作为桥梁建筑结构形式美的一个法则,逐渐形成一种新的"比例"概念。

第四节　桥梁建筑审美特点

桥梁建筑作为审美客体,它与一般的建筑结构物的主要区别在于:桥梁建筑以其全部外裸的结构特性,以及各组成部分功能明确的形象来组成一个和谐的整体,启发人们的联想,激发人们美的感受。它除了遵循一般审美的规律要求外(如多样化的统一与环境的协调等,这在后面将专门介绍),还具有自己的审美特点,现介绍如下。

一、桥梁建筑审美的直观性

人们在审视欣赏桥梁这个存在于自然环境和社会环境中的建筑物时,其外在的形象直接刺激人的视觉感官,引起神经系统的兴奋,然后经过调动、综合自己生活中积累的审美经验和联想,对审美对象——桥梁建筑产生丰富的美感。上述过程往往是在目视到桥梁建筑的瞬间形成的。

人们对桥梁建筑这一审美对象的情感体验与瞬间发生的审美直觉相伴随,是桥梁建筑审美的一个显著特征。也就是说,桥梁美是通过一定对象的感性风貌,即一定的形体、线条、色彩、质地等直接的形象感知因素或表象来体现。

不首先直接感知美的外部特征,不首先感知美的形象,我们就不能得到美的体验,不能产生美感。

当然,桥梁美涉及的内容很多,包括使用功能、结构合理、环境协调等,还有一个就是外形美观。许多优秀的桥梁建筑，在功能结构和视觉结构方面都是很出色的。所以，视觉美学的形象设计在桥梁设计中是不能不考虑的，不能只单纯考虑结构设计。

位于挪威北部的特罗姆泽海湾桥，由于设计中突出的是功能特点而没有从整体形象考虑视觉造型方面的要求，桥梁虽然承载和稳定等都满足要求，各结构部分孤立看来受力是合理的，但直观整体形象没有美感，布孔缺少章法，支承结构形象细高柔弱，缺乏稳定感（图3-55）。

我国安康汉江桥也存在上述问题（图3-56）。该桥为斜腿刚架结构，主跨斜腿支墩间的跨径为176m，主梁在上部分孔为56m + 3 ×64m + 56m，结构设计上是合理的，但刚架斜支腿与其他墩柱造型不协调。设计者仅从主孔受力方面做了煞费苦心的构思，局部的处理完全从技术上考虑（如斜腿分叉、与柱的固结支承、与主梁的连接等），对整体形象的协调性考虑不够，所以让人观之好像是拼凑缀合而成，没有浑然一体的整体形象。

图3-55　挪威特罗姆泽海湾桥

图3-56　安康汉江桥

图3-57为四座跨越高速公路的刚架立交桥造型比较，其中图3-57c）刚架桥由于在外观形象上设计者有意将斜腿根部体量加大，并在立面感受上做了故弄玄虚的突出支承的处理，其结果适得其反，让人感到突出的支点造型怪异造作，反而不如图3-57a）、b）、d）三桥，尤其图3-57d）桥，线型变化与内力分布一致，给人以简洁流畅、受力明确的感觉。该桥被评为20世纪美的桥梁。

图3-57　四座刚架立交桥造型比较

图3-58为日本因岛大桥，是本州四国联络路上最早修建的悬索桥。该桥加劲梁采用钢桁梁结构，钢桁梁弦杆交错规则清晰空透，加上桥体没有采用常用的，旨在防腐除锈的深色彩，使人观之感到结构繁简相宜桥体轻盈明快，整体景观效果非常好。

图3-58　日本因岛大桥

桥梁结构直观效果给人以美感是占多数的，可参阅后面章节桥例。

二、桥梁建筑审美的趋同性

不同历史时期、不同国家、不同地域和民族，在建筑美学方面的表现，由于其在功能、技术、材料及民族习俗、艺术风格方面的差别而形成不同特点。古希腊的神庙与中国古代庙宇之间的巨大差异；法国的凡尔赛宫与俄国的冬宫之间呈现出不同的建筑风貌，反映了各民族不同的文化特色。桥梁建筑也是这样，图3-59是美国桥梁的桥门装饰，桥门用铸铁、钢和青铜精美的雕琢组成，中间是市徽，两边是跪地祈福的人，这与我国古代一些精美的拱桥建筑装饰迥然不同。

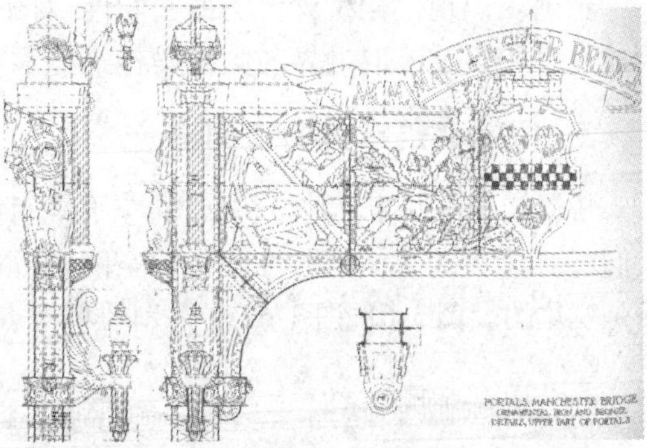

图3-59　一座美国桥梁的桥门装饰

坐落在四川南部泸县玉蟾山下九区河上的龙脑桥，建于洪武（公元1368—1398）年间，全长54m，共有14个桥墩，其中8个桥墩上分别卧着整块巨石雕刻的青狮、白象、金龙、麒麟等吉祥兽头，每个重约7t，造型深厚强劲，雕琢精细生动，世界鲜见（图3-60）。例如龙头上的眼、耳、鼻、眉、须、髯、角，龙身上的甲、翅和流云等生动逼真、栩栩如生。尤其龙口里那颗重30多斤的宝珠，运用镂空雕刻的技法，在龙口内旋转自如，艺术造诣之高，实为空前。该桥为国家级重点保护文物。

图3-60　四川泸县龙脑桥

我国的卢沟桥是一座世界著名的古老拱桥，该桥集中体现了我国古老拱桥的建筑装饰所具有的鲜明的民族形式风格和中国文化特色（图2-47）。

建筑美是人们的生活审美意识和先进的建筑科学技术的统一和协调，并随着社会生产方式的进步，科学技术的发展，政治、经济、哲学及伦理观念的演进而发生变化及不断创新，从而形成不同时期的建筑风格。

对于桥梁建筑，它与一些带有鲜明社会内容的审美对象不同。它所具有的美的自然性、功能性有自己相对独立的审美标准和评判价值，也使之在结构造型设计方面，必须服从基本结构体系特点，从而使设计者个性发挥方面的空间较之一般房屋建筑要小。

时代的发展和进步，使世界各国、各民族之间科学技术、文化意识得到更广泛的交流和相互间的渗透，使审美主体虽然所处的国家、民族、阶级阶层不同，但面对共同的社会和利益，以及改造社会和自然的某些共同的愿望，从而有可能产生某些接近或共同的心理反映、审美观点、审美标准、审美能力等，也就会对同一审美对象（如桥梁建筑）产生某些相近或相同的审美感受和评价。

随着轻质高强材料的使用、先进设备的装配化施工技术的应用，跨越能力、通行能力、承载能力的提高，造型简洁轻盈的结构设计，成为各国现代化桥梁建筑追求的目标。尤其是人类在20世纪后期以来，高新技术的交流应用，世界性的商品市场发展，知识经济的主导作用，促使桥梁建设方面美学造型的目标越来越趋向一致，形成桥梁建筑的世界性时代特征。

现代大跨度斜拉桥、悬索桥在各国竞相修建，其结构形式、塔高与跨度比例关系、索的布置，以及美学造型方面的基本法则都是相互借鉴，目标趋同，从后面书中的桥例可以得到深刻体会。这也是本书在编写中综合各国资料，提出一些共同的理论意见的原因。

正确认识现代化桥梁审美的共同性，对于推动桥梁美学的创新和发展，继承和发扬我国桥梁建设事业以及吸取世界各国桥梁建筑技术、艺术方面新的成果，具有很大的现实意义。

三、桥梁建筑审美的空间感

桥梁结构不同于其他结构，它的三维空间特点全部在人的视觉之内，没有什么隔断和封盖。人们可以上下、左右、前后，在无限的空间进行观赏；所以，视点位置、角度不同，所见到的桥梁画面是变化的。图3-61、图3-62是一斜拉桥视点和高度不同所看到的桥梁空间画面示意。

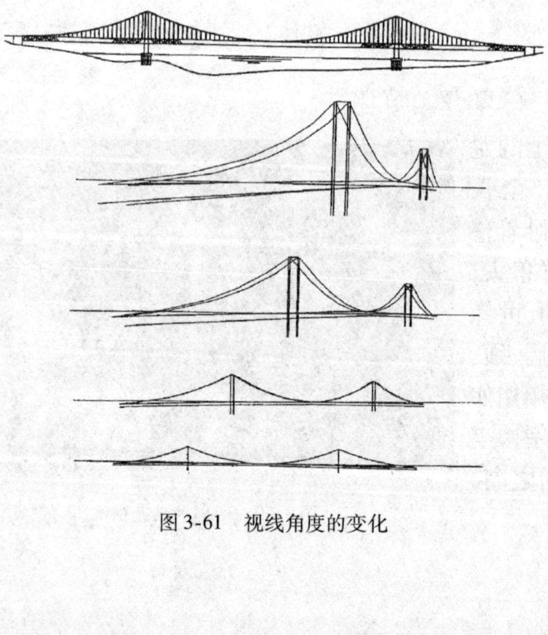

图3-61　视线角度的变化

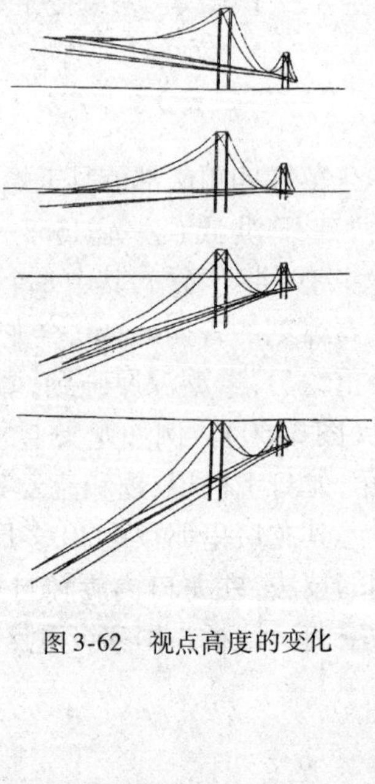

图3-62　视点高度的变化

图 3-63 是西班牙巴塞罗那修建的跨越铁路的一座有创新意义的斜靠拱桥，结构稳定性突出，尤其给行人过桥提供了充足的空间，在两个拱腿之间设置上、下人行步梯，桥上环形人行道，形成多视点的景观画面，使呆板的原铁路线的环境变得柔和美丽。图 3-63 是从几个不同视点位置所观看到的桥梁形态，反映出该桥空间造型特色。

图 3-63　不同视点的桥梁形象图

人们视觉移动过程中，必然引起桥梁各部分空间形象关系的变化。远视时是看到桥梁与环境的整体形象，走到桥下，可能由于净空低而感到压抑，或者由于跨度小桥墩数量多而感到零乱，但到了桥面上，可能由于栏杆造型很美，桥面宽阔而感到舒畅优美。所以桥梁结构造型必须考虑空间关系。空间的形象必须是虚实相宜，线条简洁流畅。

桥梁的空间感还表现在桥梁的体量感上，就是在量度方面的对比，如大小、长短、高矮、粗细、宽窄、厚薄、轻重等的对比关系，包括桥梁自身体量及各结构部分的体量关系、桥梁与周围环境组合的空间关系，尤其是桥下净空的比例关系。

体量的匀称以及体量与净空的比例关系，对桥梁美是至关重要的。德国桥梁专家费里茨·莱昂哈特讲得好："在大型桥梁中，纤细性占有举足轻重的地位，它既可减少压在河上的重量，又可增加大胆翱翔的印象，还能显示出一种使人感到优美而富有生气的魅力。"

图 3-64 为美国彩虹桥（Rainbow Bridge）。该桥位于北美洲尼亚加拉瀑布下游，美国与加拿大两国交界处旅游名胜区，主跨 286m。桥梁造型秀逸，就如彩虹跨江，与瀑布下游自然景色融为一体，给人以浓重的直观美感，如果改为任何一其他桥型都会令人感到逊色失美。

土耳其 1973 年建成的贯通欧亚大陆的博斯普鲁斯海峡大桥为悬索结构（图 3-65），引桥主墩为 1.5m 直径钢管混凝土柱，整个桥梁远眺只有三条线，即竖直的塔、曲线的悬索、水平的主梁和桥面系，其他部分在大桥整体中几乎不显，空间透视性极好，突出了悬索桥轻盈、高耸、简洁的完美形象。美国普拉斯基高架桥建于1932年，位于美国新泽西的纽沃克市和泽西市，其中有两段采用下承式钢桁梁，该桥就如一条钢铁巨龙，与轻盈的博斯普鲁海峡大桥形成了鲜明对比(图3-66)。

图3-64　美国彩虹桥

图3-65　博斯普鲁斯海峡大桥

四、桥梁建筑审美的力度感

桥梁作为一个跨越结构，其组成的各结构部分功能明确，裸露在外，直接映入人们的眼帘。它主要包含承载和跨越结构的上部主体拱或梁，支承和传力的墩台，水下土中的基础及附属结构。桥梁从力学体系方面可划分为梁式桥、桁架桥、刚构桥、拱桥、悬索桥、斜拉桥等，还有组合结构桥梁，各种结构形式都有各自的力学特征。在建筑结构中，像桥梁如此多种多样的结构形式恐怕再无其他。

桥梁是一个跨越承重结构，人们观察桥梁后首要的心理活动是通过视觉想看出它是“如何承受荷重”的，荷重是如何“传递”的，一般称之为“心理引诱线”。图3-67为最简单的椅子的心理引诱线图。

图3-66　美国普拉斯基高架桥

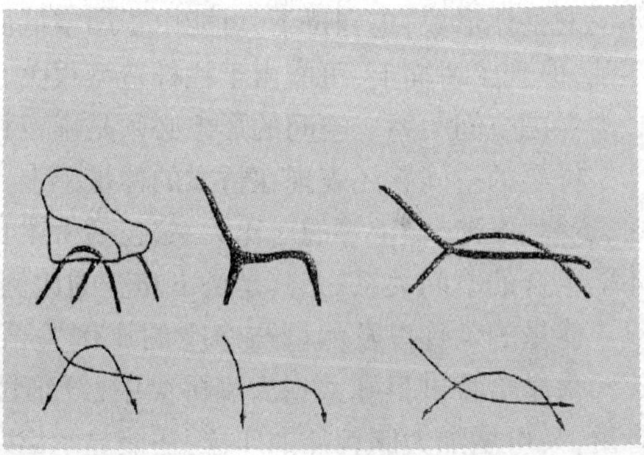

图3-67　椅子的“心理引诱线”图示

椅子的结构形成一种功能明确、能充分体现出其结构力线的紧张感，使人一眼就可辨认出力的传递和给视觉带来明快紧张的“心理引诱线”，形成一种严谨精炼、稳定可靠的结构形象，并在人的心理上得到共鸣。

在桥梁结构中，力的传递由直接承受荷载的构件以一定的规律传递给其他构件，如此下去形成一个力的传递路线，所以在结构设计上为使力的传递路线简洁明确，应按一定的规律来配置构件，以求得在结构整体上的视觉平衡。构件数量多的桥梁，从外观上也显得烦琐，而导致视觉上的混乱。能明确而直观地辨认出力的传递路线，并以简单、明确的几何形状的构件所组成的桥梁，可评价为在力学上合理、在外观上漂亮的桥梁。这与构成技术美的要素之一的形式美是一致的。

简单的梁式和拱式桥，由于桥型简单，构件是直线或曲线，心理引诱力线也呈现出直线或曲线（图3-68）。悬索桥和斜拉桥，主要承重构件为塔、索、梁，其心理引诱线如图3-69所示。各种构件的心理引诱线连接在一起，就汇总成一群心理引诱线

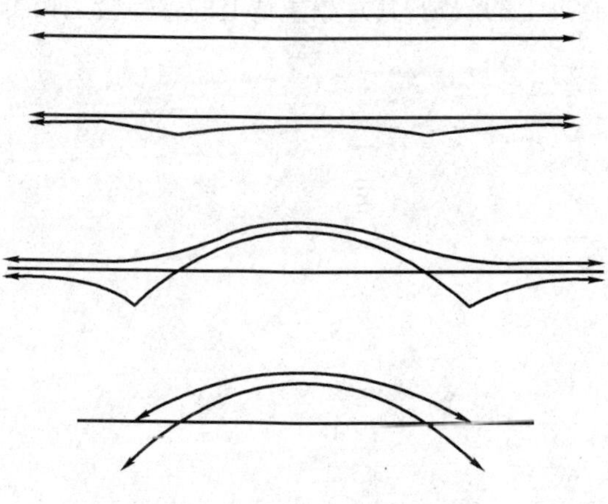

图3-68　梁桥与拱桥心理引诱力线图

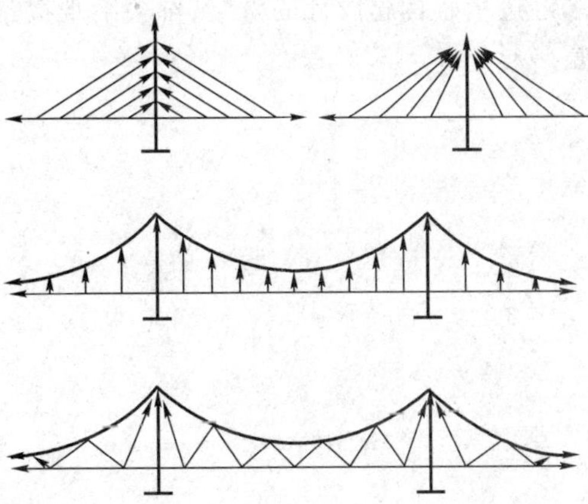

图3-69　斜拉桥与悬索桥心理引诱线图

五、桥梁建筑审美的意象感

桥梁结构生动的直观性，突出了结构特征表象的优势形态，如斜拉桥的主塔造型。这种具体表象不断渗入审美主体的想像、情感的思维中，很容易激起心灵的反应和回响，成为既保留结构详明的具体感性风貌，又含有浸染着情绪色彩的具有审美性质的抽象的新意象，即审美意象感。有人将其定义为"富于想像力的审美感受"。

桥梁审美意象感与建桥环境、结构特点、跨径大小及桥长等因素有关，有以下几种：

1. 生命感

建筑在险山深涧或浩瀚江海处的大跨或超大跨桥梁，结构的雄伟壮观及战胜艰险的气势，所具有的让人难以置信的强大力量所显示的形态，桥梁似乎有一种能够战胜一切的强劲生命力（如美国大峡谷钢拱桥、世界最高塔墩的法国里约桥、美国金门大桥、中国苏通长江大桥等）。

2. 崇敬感

对于具有生命感的桥梁，以征服者豪迈气势为人类尽职尽责的服务精神，会深深打动人们的心弦，在惊叹的同时会产生一种崇敬感，除对桥梁自身外，对桥梁的设计者和建设者更是感叹倍加。

3. 富有生气的魅力感

在大型桥梁中，高耸纤细性结构能显示一种使人感到优美而富有生气的魅力。如德国科歇尔高架桥、丹麦大贝尔特桥的桥塔、中国杭州湾跨海大桥的气势等，使桥梁显示出一种生机勃勃坚忍不拔的气质和具有无限青春朝气的魅力。

4. 惊奇感

一些特殊造型的桥梁，就如后面介绍的一些人行桥的奇思妙想的造型概念，环境设计中的一些雕塑等艺术性强的作品，会令人感到神奇惊叹。

5. 充实感

桥梁建筑反映了时代的科学技术水平，同时又在探索创造中不断发展进步，凡是符合于象征该时代技术水平的桥梁，就具有充实感，反映了设计者诚恳的态度、严谨的构思、丰富的情感及卓越的能力，让人观之感到满意与欣慰，赏之感到喜悦与感叹。

经过精心构思设计的桥梁，都会给观赏者以心灵上的激励，其意象感情上的感受会是相当丰富多彩。

第四章　桥梁结构体系与桥例

第一节　拱式体系桥梁

拱桥在世界桥梁史上是应用最早、最广泛的一种桥梁体系，是一种推力结构。

石拱桥自重较大，作为超静定推力结构对下部结构要求高，从而使其跨越能力受到影响。同时，大跨度石拱桥对施工也提出了更高的要求，所以其发展受到一定的限制。但在山区及石料丰富地区，地形条件允许时对中小跨径桥梁来说是有一定竞争力的桥型。

解放后，我国修建了不少新的石拱桥，其中著名的拱桥之一是用堆土作拱模修建的延安延河桥。拱桥除采用石料砌筑外，还可采用混凝土预制块砌筑，所以也有称其为圬工拱桥。

20 世纪 60 年代，我国新创双曲拱桥是一种少筋混凝土结构，由于其结构简单、施工便利、外形美观、造价低廉，在全国普遍兴起，对当时的公路建设起到很重要的作用（见图 2-44）。

拱桥给人一种强劲的力度感，加之优美的曲线造型，多跨拱桥的动感变化，一直受到人们的关注和推崇。图 4-1 为我国在 20 世纪 80 年代修建的石拱桥，仍然沿用赵州桥大拱上加空腹拱的形式，富有民族风格，造型丰富多彩，是山区就地取材的一个优美桥型。目前，世界最大跨度石拱桥是丹河大桥（见图 2-27），2000 年 7 月建成。

图 4-1　我国 20 世纪 80 年代修建的石拱桥

我国是世界拱桥古国，也是拱桥大国。拱桥的类型多姿多彩，现已发展为一个现代拱桥的强国。1997 年建成的万州长江大桥为主跨 420m 的劲性骨架混凝土拱桥（见图 2-26）；2005 年建成的巫山长江大桥为主跨 460m 的钢管混凝土拱桥（图 4-2）；2003 年建成的上海卢浦大桥为主跨 550m 的钢箱拱桥（见图 2-25），其跨度均分别位居同类型拱桥世界第一。后两座桥为中承式拱桥。

20 世纪 90 年代以来,钢管混凝土拱桥在我国得以长足发展。钢管混凝土是一种组合构件,由于钢管紧箍作用,使构件抗压性能很高,同时还具有良好的塑性和韧性。拱肋根据跨度大小可采用不同截面形式的格构式结构,一改以往圬工拱圈厚重呆板的形象,构成一个具有空透空间、严密结构规律性和轻盈壮美形态的拱肋,适合修建各种类型拱桥。我国钢管混凝土拱桥主要用于大跨拱桥上,是世界修建该类拱桥最多的国家。

从造型角度考虑,依桥面系位置不同,拱桥可划分为上承式、中承式与下承式三种类型。中、下承式拱桥,桥面以上有拱肋和吊杆,形成曲线和竖线节奏性变化,具有很好的艺术性。巫山长江大桥为中承式拱桥,图 4-3、图 4-4 分别为上承式与下承式桥例。

由于支承拱的墩台和基础要承受拱脚传来的强大推力,对地质条件要求很高,限制了拱桥的应用。我国桥梁工作者根据理论研究和工程实践,从结构设计理念入手,提出了梁拱组合体系。其特点是对中、下承式拱桥,加强桥面系为加劲梁结构,水平推力由加劲梁承受(或承受一部分),消除或减弱拱的推力结构特点。梁拱组合体系现分三种结构形式(图 4-5):

图 4-2　巫山长江大桥

图 4-3　上承式钢管混凝土拱桥

图 4-4　下承式钢管混凝土拱桥

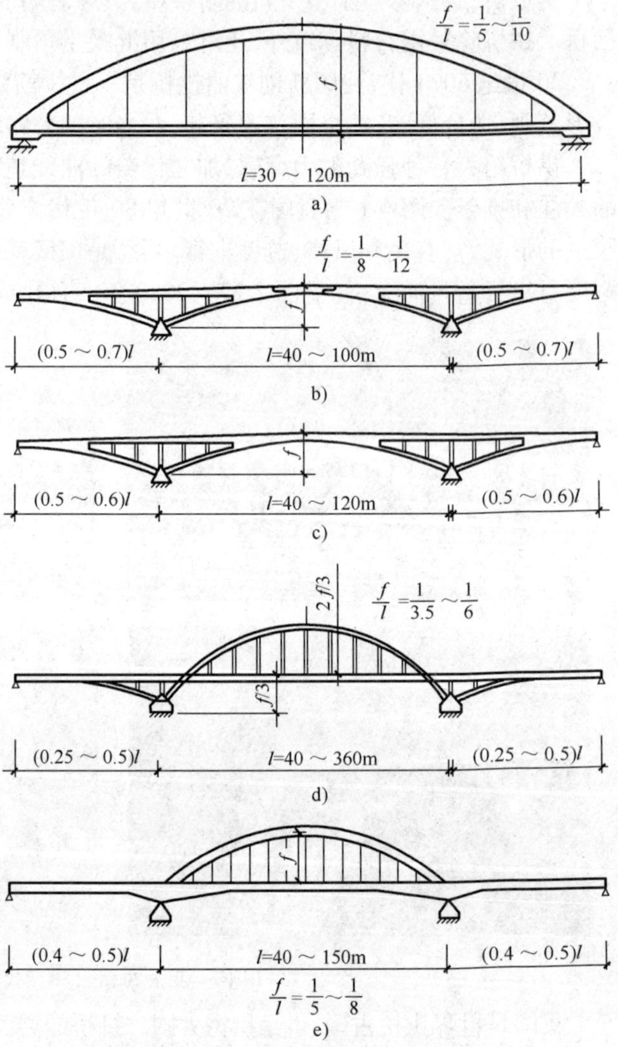

图 4-5　梁拱组合体系结构形式示意图

a)简支梁拱;b)悬臂梁拱;c)上承式连续梁拱;d)中承式连续梁拱;e)下承式连续梁拱

(1)简支梁拱组合体系

适用下承式拱桥,梁拱一体形成外简支静定结构,拱的水平推力全部由加劲梁承受[图4-5a)]。浙江省义乌宾王大桥,是一座三跨单拱肋箱形加劲梁的简支梁拱组合体系。该桥跨径为55m+80m+55m,桥面宽32.65m,拱肋高1.4m,宽3.0m,其强劲的拱肋在中间,两边是宽阔的桥面,形成自然的分割带,让人既感到结构设计的合理和精巧,又感到桥梁形态的亲切和美观(图4-6)。

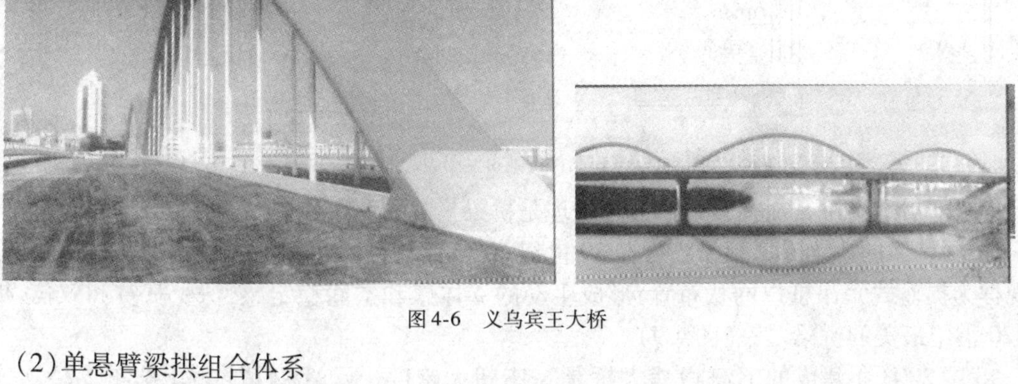

图4-6　义乌宾王大桥

(2)单悬臂梁拱组合体系

适用上承式拱桥,多采用转体施工。单悬臂梁拱组合实际上是实腹梁在根部将实腹部分挖空,用立柱代替梁腹板,加劲梁受弯拉,拱肋受压弯[图4-5b)]。新运河大桥位于江苏吴江市318国道上,该桥为上承式单悬臂梁拱组合结构,主桥分孔为35m+80m+35m,引桥为25m的T梁,挂梁长16m(图4-7),造价经济,造型优美。

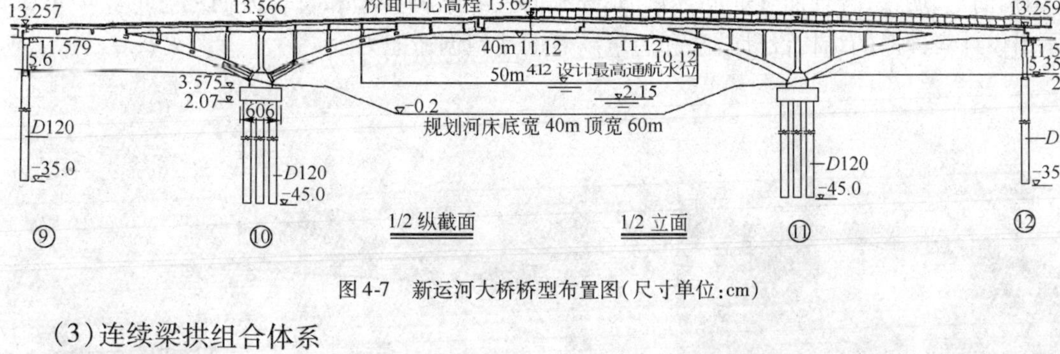

图4-7　新运河大桥桥型布置图(尺寸单位:cm)

(3)连续梁拱组合体系

加劲梁受弯采用预应力连续梁,如图4-5c)所示,拱肋受压弯,采用钢筋混凝土结构。桥型美观,具有梁式桥的强劲力度感,还有拱桥曲线的优美造型。下承式中孔用全拱加强,可降低中孔加劲梁的建筑高度,结构整体刚度大,推力小,跨越能力大。檀丘大桥位于江苏省吴江市檀丘镇,也是跨越京杭运河。如图4-8所示,主桥分孔为32.7m+85m+32.7m,中、边跨比为1:0.38,边跨梁端设平衡重,将引桥边跨压在主桥边跨梁端牛腿上,以确保恒活载作用下辅墩不出现负反力。加劲梁设置预应力筋。目前,我国中承式连续梁拱结构体系桥梁建筑较多,由于加劲纵梁随跨度增大其梁高变化较小,设计大跨径时,加劲纵梁会向系杆作用退化,设计时应注意。

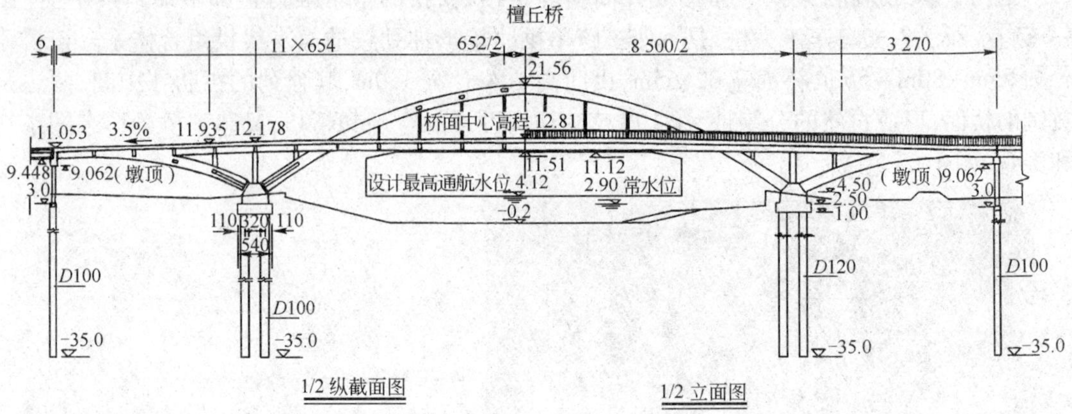

图 4-8　檀丘大桥桥型布置图(尺寸单位:cm)

中、下承式拱桥,拱肋的布置、形态处理是桥梁景观的一个最主要的视点。

德国著名的桥梁专家莱昂哈特在 20 世纪 60 年代,首次将下承式拱桥双肋于拱顶处相靠(现称为提篮式),吊杆以网状布置,形成生动的立体感和空间稳定感,深受赞赏和效仿,被评为 20 世纪最美的桥梁之一(图 4-9)。

我国 2003 年建成的上海卢浦大桥是一座超大跨度中承式钢箱拱桥(见图 2-25),主跨 550m,居世界第一。拱肋结构为双肋提篮式,拱肋箱宽 5m,箱高从跨中 6m 增至拱脚 9m,桥面以上拱肋由 25 道"一"字风撑连接。

拱桥的造型设计现在已突破过去传统的结构和模式,新的结构造型为优美的拱桥又增光添色,拓宽了应用前景。

西班牙为 1992 年世界博览会建设的 La Barouema 桥(图 4-10),是一座带斜吊杆的系杆拱桥,跨径 168m。为保证横空飞架、纤细精美的主拱肋的稳定感,在两端将拱肋分成三角形斜撑,结构简洁、明快、合理而又非同寻常,其强调的三维结构造型和符合人们理念的受力形态,显示出设计者深厚的结构设计技巧和追求新意的造型创造能力。

图 4-9　费马恩海峡大桥——首座提篮拱桥

图 4-10　西班牙 La Barouema 桥

建于西班牙巴塞罗纳的 Bacde Roda 桥,也是一座构思巧妙、造型新奇的桥梁(见图 3-62)。它巧妙地将拱的承载分为四根拱肋承受,每侧两拱肋呈 A 字斜靠在一起,同时顺乎自然地将上、下桥步梯、行人平台等各功能部分与结构造型组合在一起,是一座设计造型极有特色的桥梁,深受人们的推崇。

图4-11为我国修建的斜靠拱桥。斜靠式钢管混凝土拱桥是桥梁空间组合结构体系不断创新的代表,改善了拱肋空间受力的稳定性,取消风撑,使桥面观感开阔,桥型新颖美观。

韩国1993年为一个国际展览会在离首尔150km处修建一座拱桥,采用两个斜交叉的拱肋,用100根直径50mm的CFRC吊索将上部结构悬挂于拱肋上(图4-12)。吊索数目是根据庆祝韩国参与该国际展览会100周年而确定的。其特殊的结构构思和设计,新奇的造型,受到世界各国的注目。

图4-11　我国修建的斜靠拱桥

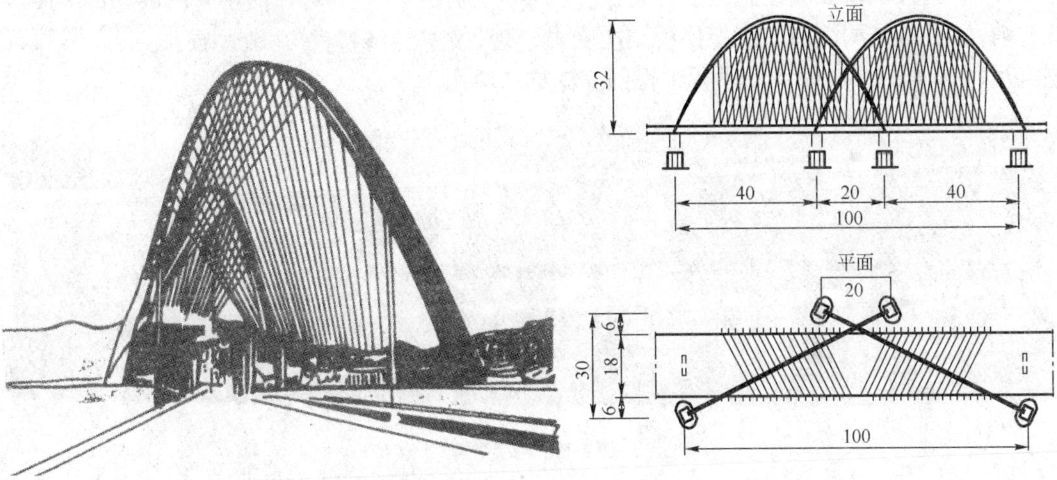

图4-12　韩国展览会桥(尺寸单位:m)

图4-13是建于瑞士的La Plata桥,1990年建成。巨大的钢管拱肋在拱脚两端由实体段与刚性梁连为整体,是一座典型的连续梁拱组合结构桥。该桥线形流畅、变化有致,斜拉杆自然形成桥面的分隔,两侧车道由吊杆引出的悬臂梁形成,在拱脚桥面处的中间车道设计成拱门造型,与主体结构协调。

图4-13　瑞士La Plata桥

Aebgrun桥位于德国,该桥轻型的钢拱和薄板结构的钢筋混凝土桥面系形成一个轻巧秀美的整体造型(图4-14)。其精细的施工质量,让人无瑕可指,结构的轻巧通透令人赏心悦目。

图 4-14 德国 Aebgrun 桥

行人平台下缘的层次装饰线，桥台的立面错落变化，处处都渗透着设计者独具匠心的艺术构思，是一座难得的桥梁建筑造型设计精美作品。

拱桥上部结构轻型化是拱桥发展的关键。它主要从两个方面考虑：向薄壁少箱肋拱的方向发展；向主拱圈与拱上构造联合作用的方向发展。前者主要从结构材料方面入手，采用劲性钢骨架、钢管混凝土结构等，如万州长江大桥、巫山长江大桥等均是很好的例证。

拱桥上部结构主拱圈与拱上构造的联合作用在刚架拱桥上得到充分的发挥，主要受力构件是主拱腿，实腹段主拱圈顶板是直接承受车轮荷载的行车道板。全桥构件以压弯为主，没有受拉杆件，适合钢筋混凝土材料受力特点。图 4-15 为两座 100m 跨径的刚架拱桥，后者将两斜撑取消，更显得结构简洁。刚架拱桥结构受力合理、技术经济特性好、外型简洁、受力明确、轻盈美观，在跨径 100m 以下的拱桥中得到广泛推广应用。

图 4-15 刚架拱桥

桁式组合拱桥是预应力混凝土梁与混凝土拱组合的新结构，采用预制构件和悬臂拼装法施工。1994 年在贵州省瓮安县建成的江界河大桥，是当今世界最大跨径的混凝土桁式组合拱桥，使我国拱桥建筑水平达到世界领先地位。江界河大桥主跨 330m，边孔为桁式刚构，桥宽 13. 4m，桥面距水面的高度 263m，险峻壮观令人感叹（图 4-16）。

图 4-16 贵州江界河大桥

法国修建的 Antrena 单肋钢管混凝土拱桥，跨径 56m，其新颖的结构设计和精细的造型技巧，使该桥获得 1995 年法国公共工程部银授带奖（图 4-17）。

2006 年建成的广州新光大桥，是位于珠江主航道上的一座由三孔钢箱桁架系杆拱与预应力混凝土 V 形刚构组合而成的中承式拱桥。主桥布孔 177m + 428m + 177m，在拱桥系列中列世界第六位，国内第三位（图 4-18）。该桥一改过去边孔采用上承式拱结构，而将拱肋提到桥面以上，成为世界首座连续三孔飞雁式中承拱桥。它不仅在功能上增加了全桥的跨越能力，而且在建筑造型上还大大增强了全桥的动势。钢箱桁拱与V形刚构既有强烈的对比，又有其传力承继的谐调，充分展示出桥梁本身的结构美。

图4-17 法国Antrena单肋钢管混凝土拱桥

杭州钱塘江四桥是国内第一座双层钢管混凝土拱桥(图4-19)，也是杭州市第一座跨越钱塘江城市桥。全桥跨径组合为2×47.5m+2×89m+196m+5×89m+196m+2×89m+2×47.5m=1 376m。其中2×47.5m采用双层预应力混凝土箱梁结构，上层为六车道快速车道，下层中间为双线轻轨，两侧为公交专用道、非机动车道和人行道。

图4-18 广州新光大桥

图4-19 杭州钱塘江四桥

拱桥是一种自然优美的结构形式，它总是令人赏心悦目而且能清晰地表达出它的功能，极易融入环境和满足大众的审美习惯与需求。著名的建筑和桥梁专家林同炎曾说过“拱是结构也是建筑”，在桥梁设计中，许多拱桥的方案往往因其建筑艺术方面的意义而被选中。所以，拱桥是结构类型最多，适用最广泛的结构体系。

第二节 梁式与刚构体系桥梁

一、梁式体系桥梁

梁式桥是一种在竖向荷载作用下无水平反力的结构体系(图4-20)。由于外力(恒载和活载)的作用方向与承重结构的轴线接近垂直，故与同样跨径的其他结构体系相比，梁内产生的弯矩最大，所以需用抗弯性能较强的材料来建造。

目前，应用最广的桥梁是预制装配式的钢筋混凝土和预应力混凝土简支梁桥。这种桥梁的结构简单，施工方便，是一种静定结构，对地基承载能力的要求也不高，但其跨越能力有限。钢筋混凝土简支梁桥常用跨径在 25m 以下，预应力混凝土简支梁桥常用跨径在 50m 以下。

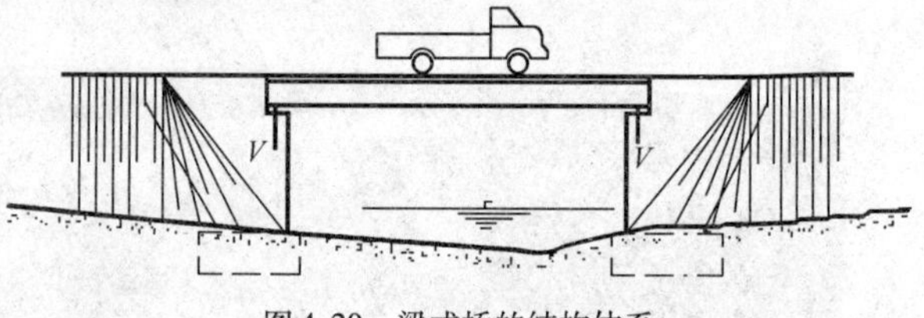

图 4-20　梁式桥的结构体系

预应力混凝土结构根据混凝土受预压程度的不同，又可分为全预应力和部分预应力两种。前一种在最大使用荷载下混凝土不出现任何拉应力，后一种容许产生不超过规定的拉应力值或裂缝宽度，从而可改善使用性能并获得更好的经济效果。近年来，国内外已有在钢筋混凝土梁内部分钢筋施加少量预应力，以此提高桥梁的抗裂缝安全度，称为预应力钢筋混凝土结构。目前，钢筋混凝土与预应力混凝土梁桥在国内外桥梁建筑中仍占有重要地位。尤其中、小跨径的桥梁，无论是公路、铁路还是城市桥梁，大部分还是采用钢筋混凝土或预应力混凝土梁式桥梁。

一般简支梁在跨度不超过 40m 时可采用标准设计。我国最大跨径的预应力混凝土箱形简支梁是 1988 年建成的飞云江桥，最大跨度 62m。

当跨度较大时，为了受力合理，减小跨中弯矩达到经济目的，可根据地质条件修建悬臂式或连续式梁桥。对于跨径很大，承受荷载较大的特大桥梁可建造钢桁架梁桥。图 4-21 是预应力混凝土连续梁桥主要尺寸与布置图示。

梁式桥横截面形式较多，主要受结构类型、跨度大小、施工方法等因素的影响。一般中小跨径，预制装配采用肋梁式截面较多。对于跨度较大，要求整体性好，抗扭刚度大，承受正负弯矩时，多采用预应力混凝土闭口箱形截面。

一般箱形截面形式主要取决于桥面宽度、桥下净空、桥台构造形式及施工要求而定。常见的箱形截面有单箱单室、单箱多室、多箱多室等（图 4-22）。

由于预应力筋在结构内能起到调整内力（或应力）的作用，因此预应力混凝土连续梁桥在孔径布置和截面设计等方面，可供选择的范围比钢筋混凝土桥要多。另外，预应力混凝土连续

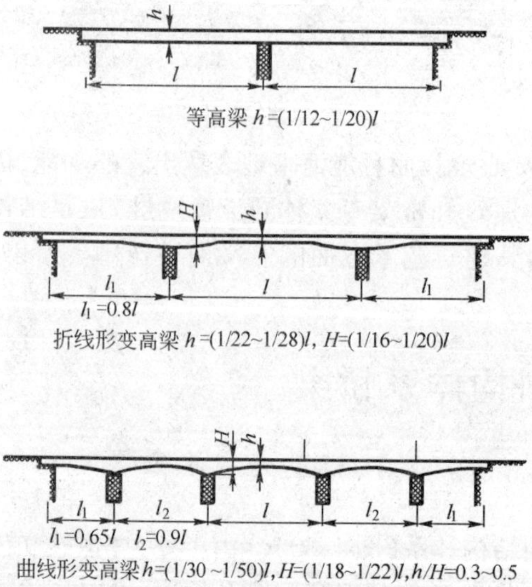

图 4-21　连续梁桥主要尺寸与布置图示

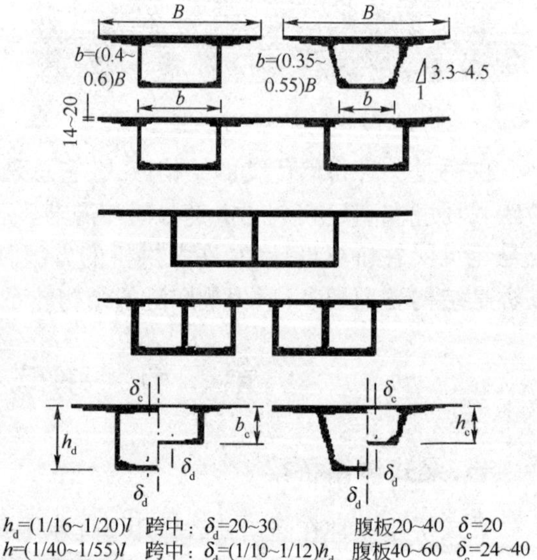

图 4-22　箱形截面图示例（尺寸单位：cm）

梁桥的结构形式和截面形状还与施工工艺有紧密的关系。采用顶推法施工时，往往设计成等跨等高连续梁桥；不等跨不等高预应力混凝土连续梁桥，则是悬臂法施工的常用结构形式。

图 4-23 为厦门海峡大桥，主桥长 2 070m，上部结构为多孔 45m 等跨等截面预应力混凝土连续梁桥。横截面为两个独立的单室箱，梁高 2.68m，桥宽 23.5m。该桥为国内首次采用移动模架逐孔现浇施工的桥梁，于 1991 年建成通车。由于桥长跨小，跨数多而墩密，加之桥墩采用实体墩，桥下空间通透性较差。

我国六库怒江桥位于云南省怒江傈僳族自治州州府六库，跨越怒江，预应力混凝土连续梁桥（图 4-24）。采用 3 跨变截面箱形梁，分跨为 85m + 154m + 85m。箱梁为单箱单室截面，箱宽 5.0m，两侧各悬出伸臂 2.5m，支点处梁高 8.5m，为跨度的 1/18，跨中梁高 2.8m，为跨度的 1/55。支点梁高与跨中梁高之比为 3，薄的跨中梁高及较大的长细比，使该桥造型形成强劲的力度感。

图 4-23　厦门海峡大桥

图 4-24　六库怒江桥

目前，我国预应力混凝土连续梁桥最大跨径是南京长江二桥北汊大桥，跨径布置为 90m + 3 × 165m + 90m，采用悬臂浇筑施工。桥梁横向布置为 6 车道，上下行分离断面，采用大悬臂三向预应力单箱单室结构。主桥箱梁根部梁高 8.80m，梁底按二次抛物线变化，跨中梁高 3.00m，分别是跨径的 1/18.75 和 1/55，具体尺寸如图 4-25 所示。

连续梁桥本身伸缩缝少，适应高等级公路行车平稳舒适的要求，所以在世界各国都得到广泛应用。

瑞士苏黎世杰尼瓦的勃朗峰桥，是一座变截面连续梁桥（图 4-26）。梁底边缘的圆形弯曲，远望像一个坦拱，具有拱桥动态柔和的美感。采用矮墩的总体构思，使梁体在平静宽阔的湖面上宛如一排低飞的海鸥。

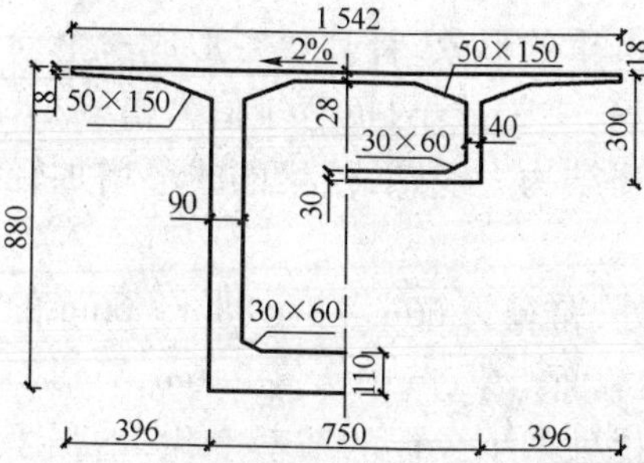

图 4-25　南京长江二桥北汊大桥主梁截面尺寸图（尺寸单位：cm）

图 4-26　瑞士苏黎世勃郎峰桥

澳大利亚珀思（Perth）斯旺（Swan）桥（图 4-27），连续的上部主梁由薄壁刚架墩支承，似有些柔弱，但却突出了上部结构的强大，箱梁高度规律性的变化形成一种起伏前进的视觉效果。

为了保持底板等宽度，改变了腹板的倾斜角，这使悬臂桥面板的阴影在腹板加腋处像波浪一样向上移动，更强化了桥梁总体静中寓动的美感。

图 4-27　澳大利亚珀斯·斯旺桥

乐天溪桥位于湖北省宜昌市，跨越长江支流乐天溪出口处，是配合三峡工程而建的一座4孔一联的预应力混凝土连续梁桥（图4-28）。桥梁总长440.35m，分跨为85.8m + 2 × 125m + 85.8m，桥宽15.5m，箱梁跨中与端段高3.2m，支点梁高7.7m。桥墩采用建于同一基础上的双壁式墩，是我国首次在连续梁桥桥墩中采用双排支座，这样可以削减支点弯矩与剪力。桥墩不设托架与临时锚固措施，采用悬臂浇筑法施工，使支座受力均匀。该桥设计荷载采用原汽-36级、挂-200，承受荷载为目前中国公路桥之最大者。

图 4-28　湖北宜昌市乐天溪大桥

连续梁从结构合理和造型考虑，可设计成V形斜撑连续梁桥，这样可缩短计算跨径，降低梁高，减小支点负弯矩，而且外观造型也显得轻巧美观。

荷兰布里尔斯·马斯桥，是一座布孔80.5m + 112.5m + 80.5m的预应力混凝土连续梁。设计者完美的处理变高连续梁支点处高度大而显得笨拙沉重的形象，将其挖空形成一个局部V形斜撑（图4-29），斜撑间的短梁段是连续梁的一个小跨，主跨减小，负弯矩值大幅减小，同时还极大地加大了支点附近梁的刚度，减小结构挠度，增强结构力度感，使梁的线形增加轻盈优美的姿色。

长沙湘江南大桥，桥位在著名的橘子州头南约1km处，跨径为66m + 3 × 88m + 66m的带V字斜撑连续梁桥，斜撑上端与梁固结，下设支座，采用变截面箱梁，跨中梁高2.6m，V形斜撑端部梁高4.2m，支承段梁高4.0m，使主梁下缘曲线在斜撑处产生急促的节奏变化，增强了桥梁线形变化景观效果。斜撑与竖直线夹角36.05°。从线形组合考虑，斜撑与竖直线夹角为40°~45°最佳（图4-30）。

南京长江大桥，正桥为公路铁路两用的双层梁桥，上层为公路桥，下层为双线铁路桥，正桥长1 576m，连同两端引桥，铁路桥6 772m，公路桥4 588m。南京长江大桥是我国自行设计、制造和施工，并使用国产高强钢材的桥梁。正桥10孔，三联9孔每孔160m，另有一孔126m简支钢桁梁组成，采用悬臂拼装施工。该桥建筑宏伟、气势磅礴，充分显示出当时我国桥梁建筑水平(图2-36)。

图4-29　荷兰布里尔斯·马斯桥

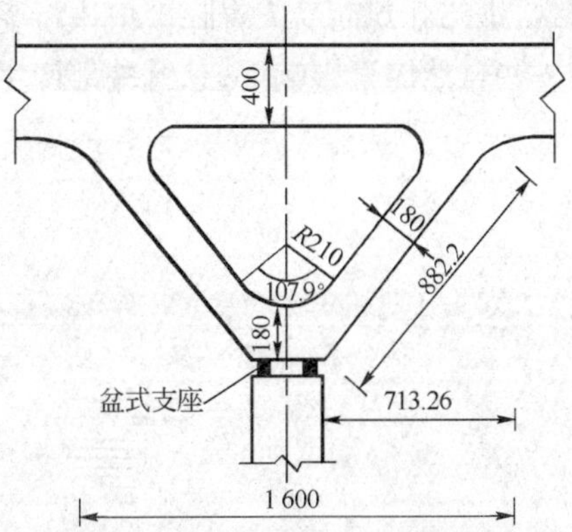

图4-30　长沙湘江南大桥连续梁V形斜撑尺寸图(尺寸单位:cm)

二、刚构体系桥梁

刚构体系桥梁是承重结构的梁(板)与支承结构的墩柱(竖墙)整体结合在一起，梁与柱的结合处具有很大刚性的桥梁结构。在竖向荷载作用下，梁部主要受弯，而在柱脚处有水平反力，其受力状态介于梁桥和拱桥之间(图4-31)。

一般在设计合理的情况下，刚构桥跨中截面尺寸要比相同跨径的梁桥小，所以刚构桥多用于桥下需要较大净空和建筑高度受到限制的情况。刚构桥可以是单跨和多跨，也可做成带悬臂形式。如地形条件允许，立柱较高时，单跨刚构的立柱也可做成斜的，成为斜腿刚架。

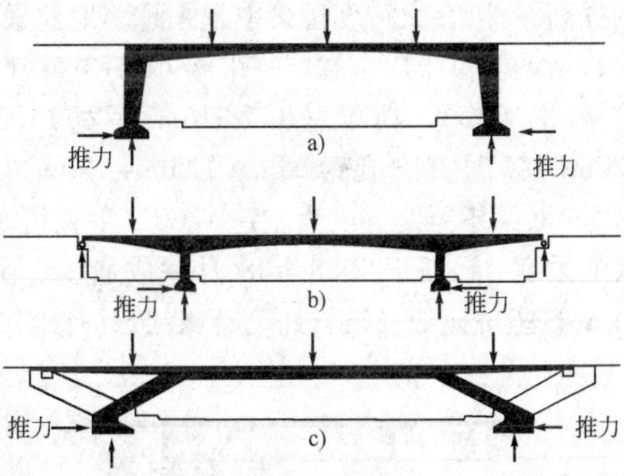

图4-31　刚构桥

a)刚构桥；b)刚构桥(梁与墩连为一体)；c)刚构桥(梁与台连为一体)

刚构桥用普通钢筋混凝土修建，梁柱刚结处易产生裂缝，向大跨度发展施工比较困难。20世纪50年代以后，修建大跨径刚构体系桥梁采用预应力混凝土T型刚构。这种桥型结构将预加应力的新技术和悬臂施工的新工艺作了高度的协调统一，从而获得满意的经济效益。特别是对跨越深水、深谷、大江大河急流的大跨度桥梁，采用预应力混凝土T型刚构桥，施工十分有利。

预应力混凝土T型刚构桥，分为跨中带剪力铰和跨中设挂梁的两种类型。

跨中用剪力铰相连接，承受荷载、收缩徐变、温度及预应力松弛影响的各方面的相对位移，并承受部分剪力。但由于长期工作，铰的功能退化会引起位移加大，并使体系受力发生一定转化，危及桥梁的安全性。1976年建成的位于南太平洋连接哥罗(Koror)岛和巴布图阿(Babelthuap)岛的哥罗·巴布图阿桥，是主跨241m的当时世界最大跨径刚构桥(图4-32)。使用15年后铰处下挠变形较大，于1996年大修，在铰处把两个悬臂顶开，再把两个悬臂连成整体，然后施加巨大的纵向预应力。完工两个月后桥梁断塌掉入水中，现这种结构已经不用。

我国在20世纪80年代,主要修建设挂梁的刚构桥。图4-33是1980年建成的重庆长江大桥,正桥全长1 120m,最大跨径174m,中间挂梁跨度35m,上部结构由两个单室箱组成,采用三向预应力,墩高70m的矩形空心高墩。该桥结构曲线变化明显,配以高耸劲拔的高墩,以气势磅礴,雄伟壮观而受人青睐。但该桥受力体系是一个静定结构,超长的悬臂在长期荷载作用下和一些自然因素影响下,悬臂端部产生较大的下挠,影响行车的平顺性。

图4-32　哥罗·巴布图阿桥

图4-33　重庆长江大桥

目前,我国大跨度桥梁多采用将连续梁桥的梁墩固结,形成连续刚构桥(图4-34)。这种体系利用主墩的柔性来适应桥梁的纵向位移,并具有较好的抗震性能。目前国内连续刚构桥跨度已达到330m,在相同跨径下连续刚构桥截面尺寸要比连续梁小,跨度比连续梁桥有很大的提高,所以在大跨度桥梁中越来越多地被采用。

洛溪桥位于广东省广州市南郊,跨越珠江,是当时国内第一座最大的预应力混凝土连续刚构桥(图4-35)。桥梁总长1 916m,桥宽15.5m,最大跨径180m,通航净空要求34m(高)×120m(宽),主桥分孔为65m+125m+180m+110m。主梁采用单箱单室,根部梁高10m,为主跨1/18,跨中梁高3m,为主跨1/60。主孔桥墩采用双壁式薄壁空心墩,壁厚仅50cm,具有较大的柔度。该桥于1988年8月建成通车。由于通航要求,桥面高程较高,引桥长达1 376.24m,整座桥宛如一条彩虹飞跨珠江,具有雄伟夺人的气势。

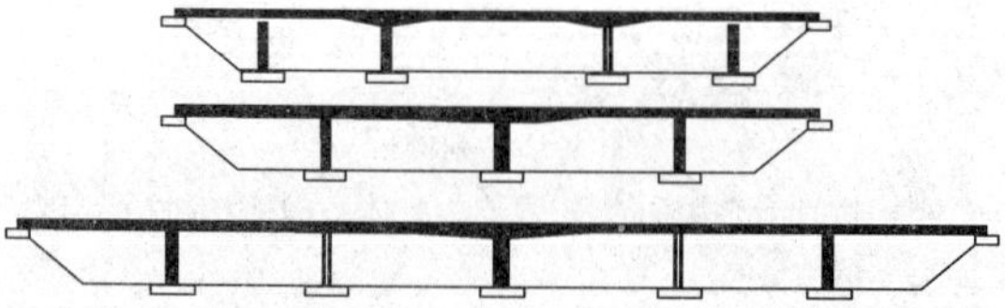

图4-34　连续刚构桥

图4-35　广东省广州市洛溪大桥

1988年主跨达180m的洛溪连续刚构桥建成后,为这种桥型的设计和施工提供了宝贵经验。由于连续刚构将T型刚构和连续梁的优点全部体现出来,又回避了它们各自缺点,开辟了大跨桥梁向轻型结构发展的途径,所以,这种桥型在我国得到了广泛应用和推广。1998年建成通车的广州华南大桥,主跨为190m。从表4-1中与洛溪桥断面的比较中可以看出,其上部结构设计向轻型化方面的发展又进了一步。

黄石长江大桥位于湖北省黄石市,全桥长2 580.08m,主桥长1 060m,桥宽20m,最大跨度245m,分孔为162.5m+3×245m+162.5m,是目前我国连孔长度最长的预应力混凝土连续刚构桥(图4-36)。该桥虽为公路桥,但亦具有城市桥梁的功能和特点,与两岸优美的规划建筑和桥头配套工程相互辉映，使大桥更加绚丽多彩。

虎门大桥辅航道上所建连续刚构桥，主孔跨度达 270m。桥面六车道总宽 31m，分上下行两座单桥。单桥主梁采用带挑臂的单室变截面箱梁，箱高由墩顶处 14.8m 减至跨中 5.0m，箱底宽 7.0m。该桥的建成使我国桥梁建设事业跨入该桥型的世界领先地位（图 4-37）。

图 4-36　黄石长江大桥

图 4-37　虎门辅航道桥

2000 年建成的泸州长江二桥，因受地形和主航道的限制，主桥采用不对称布孔（图 4-38），以 145m + 252m + 54.75m 布孔，采用悬臂浇筑法施工，为保证结构受力平衡，在小边跨设置与边跨箱梁刚性连接的受拉锚碇桥台。锚碇桥台采用 18 根锚桩基础，通过锚桩内的竖向预应力钢束将桥台锚于基岩中。

图 4-38　泸州长江二桥

2006 年建成的重庆石板坡长江大桥是一座连续梁与连续刚构混合体系桥梁，其跨度组成为 86.5m + 4 × 138m + 330m + 132.5m。由于该桥是在原桥基础上加宽的独立新桥，跨度划分受原桥条件限制，主结构边跨 132.5m，主跨为 330m，现居世界首位（图 4-39）。该桥边跨与主跨之比为 0.402，远低于一般的 0.5 ~ 0.6 的区间，为最大限度减轻主跨自重，主跨中段 108m 长用钢箱代替，也是世界首次主跨采用钢—混凝土混合梁连续刚构桥。

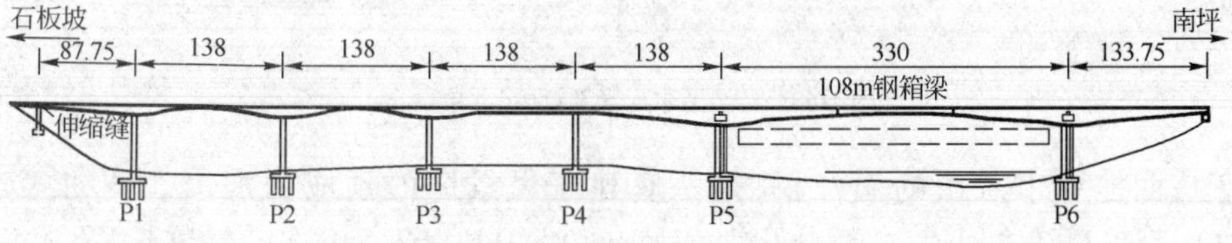

图 4-39　重庆石板坡长江大桥（尺寸单位：m）

由于连续刚构桥适用于大跨高墩地形条件，我国在西南山区修建很多，50m 以上的高墩不胜枚举。位于湖北省沪蓉国道主干线宜昌至恩施公路上龙潭河特大桥，主桥为 106m + 3 ×

200m + 106m 的五跨预应力混凝土连续刚构桥，两主墩高分别为 178m 和 174m，是世界同类桥梁中最高桥墩。

表 4-1 为国内外主要超过 200m 跨径的连续刚构桥尺寸比较表，可供方案拟订时参考。

连续刚构桥超过 200m 跨径尺寸表 表 4-1

时　间	桥　名	跨径（m）	根部梁高（m）	高跨比	跨中梁高	跨中高跨比	边跨主跨比	截面形式
2006	重庆石板坡长江大桥	330	16.0	1/20.6	钢箱 4.5	1/73.3	0.402	单箱室
2003	马鞍石嘉陵江大桥	250	13.7	1/18.2	4.2	1/59.5	0.584	单箱室
2000	泸州长江二桥	252	13.5	1/17.8	4.0	1/60	0.583	单箱室
1999	重庆黄花园大桥	250	13.8	1/18.1	4.3	1/58.1	0.548	单箱室
1998	挪威 Raft Sundet 桥	298	14.5	1/20	3.51	1/85.6	0.42	单箱室
1997	虎门大桥辅航道桥	270	14.8	1/18.2	5.0	1/54	0.556	单箱室
1997	江津长江大桥	240	13.5	1/17.8	4.0	1/60	0.583	单箱室
1996	华南大桥	190	9.5	1/20	3.0	1/63.3	0.579	单箱室
1995	黄石长江大桥	245	13.0	1/18.8	4.1	1/59.8	0.663	单箱室
1993	六广河大桥	240	13.4	1/17.9	4.1	1/58.5	0.518	单箱室
1986	洛溪大桥	180	10	1/18	3.0	1/60	0.611	单箱室
1985	澳大利亚门道桥	260	15.68	1/16.6	5.2	1/50	0.558	单箱室
1985	美国 Houston 运河桥	228.6	14.6	1/15.7	4.6	1/49.7	0.499	双箱室
1985	澳大利亚 Mooney 桥	220	12.5	1/17.6	4.25	1/51.8	0.590	两单箱室
设计推荐范围		1/17 ~ 1/20			1/50 ~ 1/60		0.5 ~ 0.6	

芬兰图尔库的米勒桥（图 4-40），可以说是刚架桥里的一个杰作。其跨径 71.20m，跨中梁高仅为 0.86m，斜腿处梁高也只是 2.70m，高跨比达到 1/83 ~ 1/25，而如此纤薄的主梁只是由跨越岸边人行通道的短孔来固结和平衡。20m 宽的桥面只由 2 个宽 5.3m 的箱梁和宽 3.14m 的悬臂组成。该桥曲线流畅圆美，再一次证明梁底线形随梁高作缓和变化所显示的魅力。

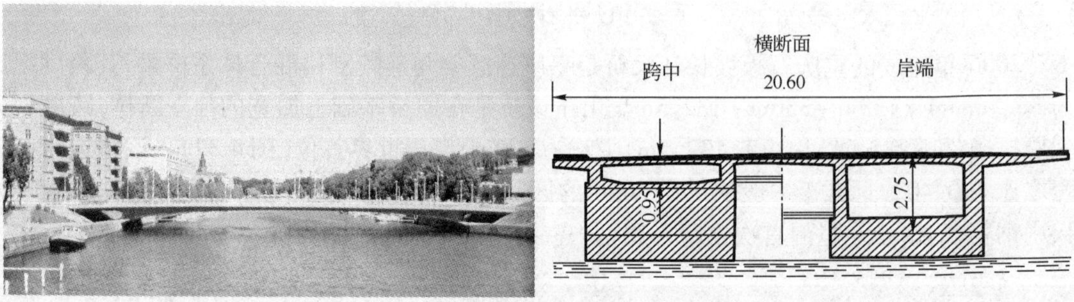

图 4-40　芬兰图尔库米勒桥（尺寸单位：m）

位于广西桂林市雉山的漓江桥，是一座建于风景区的预应力混凝土 V 形墩刚构桥（图 4-41），跨越漓江主河道，主桥分孔为 67.5m + 95.0m + 67.5m，主孔悬臂长 27.5m，挂梁长 40m，上部结构为单箱单室三向预应力结构，斜腿倾角 45°，长 12m，V 形墩上 0 号块箱梁高 3.0m，向两侧对称伸臂 16m，梁高直线变化到 2.0m。由于 V 形墩减小了主梁正、负弯矩峰值，可显著降低主梁建筑高度，最小高跨比达到 1/42.5。整座桥型线条流畅，轻巧别致，与周围景观协调，达到桥景相融的效果。

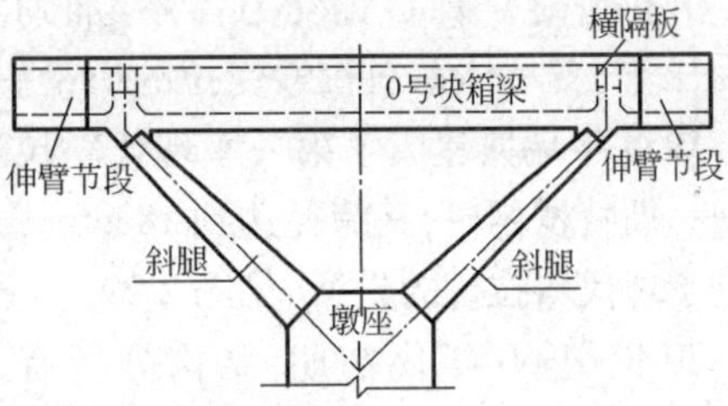

图 4-41　桂林市雉山漓江桥

1995 年建成的广西横县恋城大桥是一座横跨珠江水系郁江的大桥。该桥是我国首次建设的双层桥面预应力混凝土连续刚桁架桥（图 4-42）。该桥上层行驶汽车和机动车，下层过往行人和自行车，主孔为 60m + 3 × 100m + 60m，桥面宽为 8.60 ~ 10.10m。一般情况下，国外修建双层桥面都是采用钢骨架拼装。该桥构思巧妙，把机动车道与非机动车道在立面上分开，使机动车能高速行驶，非机动车和行人少爬坡 5.7m，造价经济，安全舒适。此桥的建造让我们看到，对于高速公路邻近城市的桥梁，双层桥面很有考虑的价值。

千岛湖大桥是目前我国最长联 V 形墩预应力混凝土连续刚构桥。千岛湖是新安江水电站建成蓄水后形成的人工湖，是全国最大的国家森林公园和国家 4A 级风景旅游胜地，是联系“杭州西湖—千岛湖—安徽黄山”黄金旅游线的一座大桥。大桥全长 1 258.1m，分孔为 70m + 7 × 105m + 70m + 40m，V 形墩斜腿为板式钢筋混凝土结构，斜腿轴线与墩中心线交角为 45°，V 形墩顶上的箱梁高 4.2m，长 29m（图 4-43）。

图 4-42　广西横县恋城大桥

图 4-43　千岛湖大桥

第三节　斜　拉　桥

索体系桥梁是以斜拉索或吊索将桥面承载结构吊起拉住，形成桥梁上部结构支承体系的桥梁（图 4-44）。根据索的布置和受力状态分为斜拉桥和悬索桥。索体系桥梁的基本构造都是由缆索、塔柱和主梁三部分组成。

斜拉桥是由从主塔向两边伸出的斜索将主梁拉起。若多条斜索分散拉起，主梁就像支承在多个弹性支承上的连续梁一样工作，减小了主梁跨度，梁高也大大降低，自重减轻，内力减小。提高桥梁跨越能力，可用增高塔身和加多拉索来实现[图4-44a)]。

斜拉桥是一种自锚受力体系，加劲梁受压弯、支承体系斜拉索受拉的桥梁。

1955年瑞典建成了第一座现代斜拉桥——斯特罗姆桥，其跨径达到182.6m，开创了现代斜拉桥的先河(见图2-29)。

20世纪60年代初期，结构分析有了新突破，采用电子计算机分析超静定结构，促使了斜拉桥密索体系的产生。

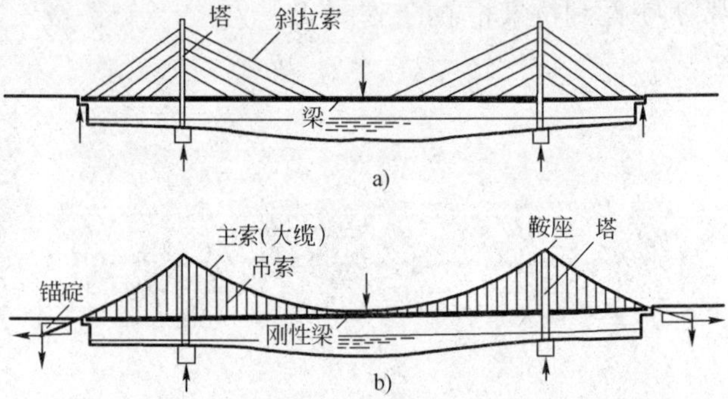

图4-44　索体系桥梁

a)斜拉桥；b)悬索桥

1967年德国波恩建成Friedrich-Ebert桥，跨径280m，是单索面的密索体系，它可使锚固点的集中力减小，应力分布均匀，且易于悬臂施工。这个设计构思为以后许多斜拉桥作出示范。

1975年我国在四川云阳县修建跨径76m的云阳斜拉桥，开始了中国建造斜拉桥的历史。我国斜拉桥的发展，走了一条理论探索与工程实践紧密结合、发挥我国施工技术特点的道路。

斜拉桥在我国发展很快，至1988建成独塔单索面230m跨度的重庆石门大桥，意味着我国当时已具备460m斜拉桥的设计施工能力，达到当时的世界水平。1993年，中国上海杨浦大桥建成，跨径达到602m，居当时世界第一位。至此，中国的斜拉桥建设历经不到20年，就迈入世界领先行列(图4-45)。

法国于1995年建成诺曼底(Normandy)大桥，跨越塞纳河，主孔跨度为856m(图4-46)，为当时世界最大跨度。

图4-45　杨浦大桥

图4-46　法国诺曼底大桥

1999年日本的多多罗(Tatara)大桥，跨度达890m。2007年建成的中国苏通大桥，以1 088m超千米的跨度又雄踞世界第一位(图4-47)，成为斜拉桥的又一里程碑建筑。

虽然我国斜拉桥起步建设比世界晚了20年，但经过老中青三代建桥人的不懈努力，现在已成为世界建筑斜拉桥数量最多、跨度最大的国家，建造技术处于世界领先地位。

目前，全世界已建成斜拉桥近400座，我国就建有200多座，现世界上跨度600m以上的特大跨度斜拉桥仅有10座，中国占了8座（表4-2）。

世界跨度600m以上特大跨度斜拉桥表 表4-2

序号	名称	主跨跨径（m）	国家（地区）	建成年份	索塔形式	塔高（m）	加劲梁形式
1	苏通长江大桥	1 088	中国	2007	倒Y形RC塔	297.7	钢箱梁
2	香港昂船洲大桥	1 018	中国香港	2007	独柱式塔	285.5	钢箱梁
3	多多罗大桥	890	日本	1999	倒Y形塔	220.0	钢箱梁
4	诺曼底大桥	856	法国	1995	倒Y形塔	205.3	钢箱梁
5	南京长江三桥	648	中国	2005	人字形钢塔	215.0	钢箱梁
6	南京长江二桥	628	中国	2001	倒Y形塔	195.4	钢箱梁
7	浙江金塘大桥	620	中国	2007	倒Y形RC塔	202.5	钢箱梁
8	武汉白沙洲大桥	618	中国	2000	A形塔	175.0	钢箱梁两端87m混凝土梁
9	福建青州闽江大桥	605	中国	2001	A形塔	175.0	钢与混凝土结合梁
10	上海杨浦大桥	602	中国	1993	倒Y形塔	204.0	钢与混凝土结合梁

我国斜拉桥不仅数量众多，而且结构形式和材料应用也丰富多彩，创造了自己独特技术风格。

斜拉桥一般为三孔桥，中孔为主孔，边孔跨度一般为中孔的0.25～0.50，多在0.4左右。若为两孔时，两孔比值为0.5～1.0，一般在0.8～0.9之间。索面根据桥宽和美观要求，选择双索面和单索面。塔形对整个斜拉桥造型影响很大，其高耸挺拔的风姿引人注目，显示出一种直指蓝天、向高空伸展的动势。一条条细柔的斜拉索，蕴含着强劲的力从塔端射出，将加劲梁轻轻拉起，形成巨大的刚柔反差和力的和谐平衡体系，成为人们欣受宠爱的桥型结构。

斜拉索布置形式一般有辐射形、扇形、竖琴形（图4-48）。索形选择要根据跨度、塔高及塔形综合考虑，竖琴形耗材较多，但塔与索锚固比较简单，造型也比较美观。现一般常用的是扇形布置。

图4-47 苏通大桥

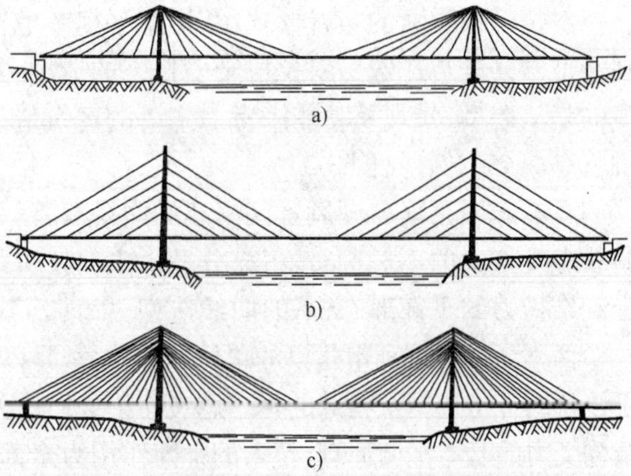

图4-48 斜拉桥拉索布置形式

a）辐射形；b）竖琴形；c）扇形

桥塔的造型是斜拉桥整体结构造型设计的一个最主要部分。主塔结构形式、高度、截面尺寸、塔底支承形式,应根据桥位处水文地质、环境条件、斜拉桥跨径、桥面宽度、拉索布置来决定。因此,主塔设计的重点除了满足桥梁结构的强度、刚度、稳定性要求外,还要考虑主塔与斜拉索的连接部位、主塔与主梁或桥墩基础连接处的受力及细部构造。

首先要考虑桥塔的有效高度和跨度的协调比例关系。桥塔的有效高度 H 是从桥面算起,桥塔 H 越高,斜索的倾角越大,索的力度越小;桥塔过矮,塔的气势要减弱,索的水平分力加大,加劲梁受力不利。图 4-49 所示是一般选取的斜拉桥桥塔高跨比的范围值,可供方案设计时参考。

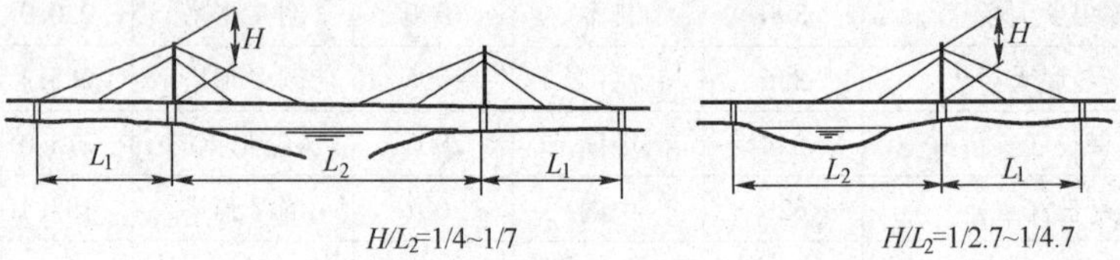

图 4-49　斜拉桥桥塔高跨比

桥塔的纵向形式一般为单柱式[图 4-50a)],在需要将桥塔的纵向刚度做得较大时,可用 4 根塔柱来分散塔架内力,做成图 4-50b)、c)所示的倒 V 形或倒 Y 形。倒 V 形也可增设一道横梁而形成 A 字形。

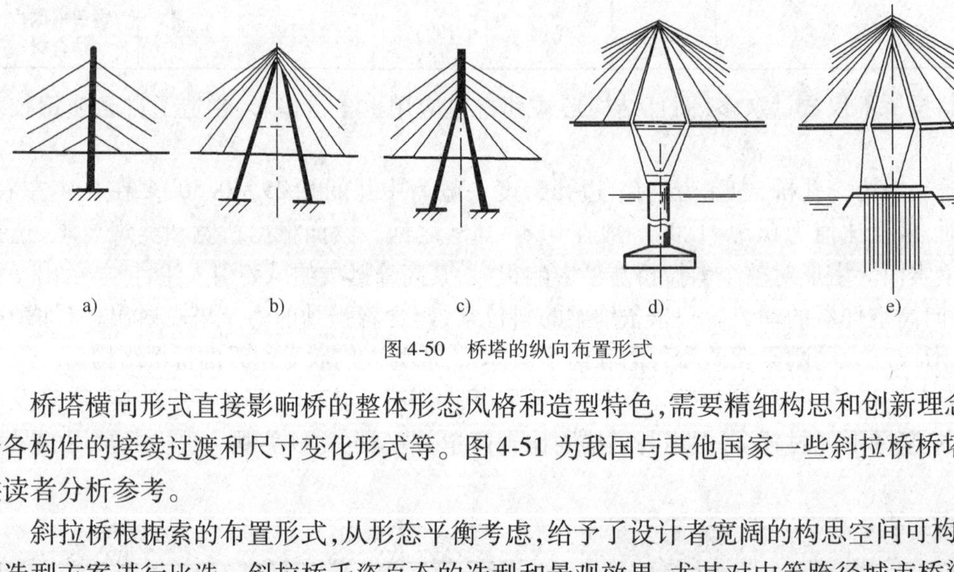

图 4-50　桥塔的纵向布置形式

桥塔横向形式直接影响桥的整体形态风格和造型特色,需要精细构思和创新理念,包括塔身各构件的接续过渡和尺寸变化形式等。图 4-51 为我国与其他国家一些斜拉桥桥塔造型图,供读者分析参考。

斜拉桥根据索的布置形式,从形态平衡考虑,给予了设计者宽阔的构思空间可构思塔的不同造型方案进行比选。斜拉桥千姿百态的造型和景观效果,尤其对中等跨径城市桥梁,往往更多的是从造型、景观及功能来考虑主塔的建筑造型。前面介绍的荷兰鹿特丹伊斯拉穆斯斜拉桥就是一个范例(见图 3-37)。

日本静岗县滨名湖风景区修建的曲塔双跨斜拉桥,桥梁全长 260m,正桥 200m。主塔的弯曲状态及拉索的不对称布置,充分显示出斜拉桥强劲的力量感。同时通过塔的曲向又让人感受到结构力的平衡形态,塔的曲线造型更增加了其美学及景观效果(图 4-52)。

西班牙在塞维利市建设的单侧索斜拉桥,是以 1993 年世界展览会的会标造型设计而成。由于该桥的奇特造型及特殊的标志意义而给人们优美的印象(图 4-53)。但是由于它违背了斜拉桥结构受力的基本平衡原理,拉索的平衡作用力全部依靠塔后倾产生的偏心自重及塔下巨大基础承受,再加上其他细节结构处理,使整座桥造价极为昂贵。原计划在岛上另一侧建一座对称的孪生桥,后因经济原因而没实现。这种耗费巨大资金而获得的桥梁造型艺术,人们评说不一。

图 4-51　斜拉桥桥塔造型图示

图 4-52　日本曲塔斜拉桥

图 4-53　西班牙塞维利无背索斜拉桥

新加坡跨越泛岛高速公路的塞夫第林桥是一座极具特色的独立式斜塔斜拉桥(图 4-54)。该桥充分利用原有地形地貌条件,一端将索锚于两个小山包上作为平衡索,另一侧用 8 根斜索按间距 10m 布置,拉起跨径为 100m、桥宽 14.5m、曲线半径为 180m 的桥面结构。

西班牙里奥埃勃罗(BieEbro)大桥是一座构思巧妙、超凡脱俗的斜拉桥。该桥跨径 137.12m,桥宽 29m,主跨斜拉索由位于岸上两个分离锚碇、密布集中的斜面拉索相平衡。主梁底箱宽 12m,而梁高只有 2.14m,堪称超薄主梁。三向索面布置成为该桥造型的主要特点(图 4-55、图 4-56)。

普通斜拉桥广泛应用的同时，有时由于其动力响应过于显著而影响使用，有时由于高耸的桥塔过于突出而影响与环境的平衡，从而引发了降低桥塔的探讨。现称为矮塔斜拉桥，有的称之为"部分斜拉桥"，英文定名"Extradosed cable stayed bridge"，直译是"超配置的预应力混凝土桥"，已应用到实际工程中。

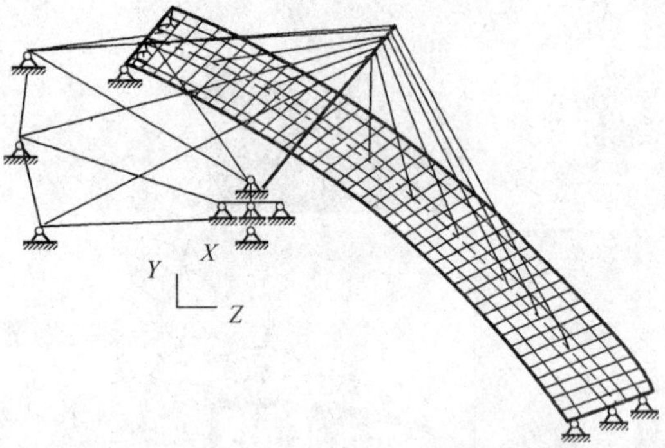

图 4-54　新加坡塞夫第林桥

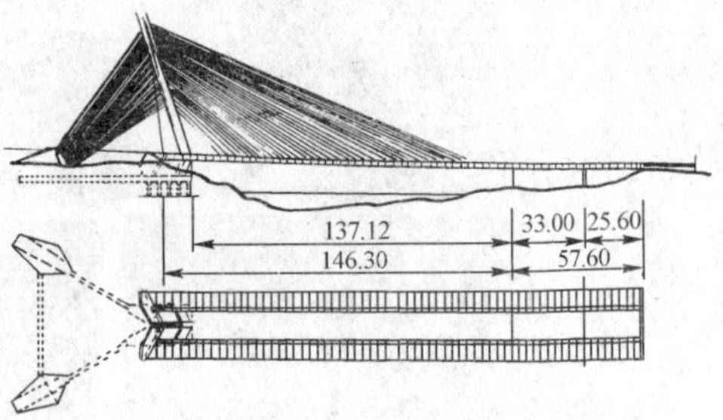

图 4-55　西班牙奥埃勃罗桥立面与平面图(尺寸单位:m)

图 4-56　奥埃勃罗桥成桥图

实际上，矮塔斜拉桥是塔、索、梁综合技术的优化结果，矮塔增大其相对刚度，从而导致索、梁受力更合理。塔高跨比可降至 1/8 ~ 1/12，是普通斜拉桥的一半。

建于 2000 年的芜湖长江大桥是我国首建的公铁两用矮塔斜拉桥，上层为 4 车道公路桥，下层为双线铁路桥，主跨 312m，公路桥面以上两塔均高 33m，主梁公路桥面采用钢桁和钢筋混凝土板组合梁，结构整体性好，外形简洁美观，填补我国此类桥的技术空白，在世界也名列前茅(图 4-57)。

图 4-57　芜湖长江大桥

预应力混凝土斜拉板(杆)桥是用预应力混凝土斜拉板(杆)代替以往斜拉桥钢索工作的一种桥

型。与钢斜拉索桥相比,它有如下优点:预应力索由混凝土包裹而使防腐问题得以解决;由于预应力索应力变化小而使疲劳问题得到很大改善;由于斜拉板(杆)刚度大而使抗振刚度大大提高。

位于瑞士辛普朗公路跨越甘特峡谷的甘特桥是一座著名的预应力斜拉板曲线矮塔桥,最大跨径174m,塔高20.5m,1980年建成。该桥采用刚性拉板,斜拉索隐藏在混凝土曲线板中,板与塔和谐的线与面的连接变化,形成一种颇具雕刻感和表现力的结构。该桥造价较低,结构合理,造型独特,受到好评(图4-58)。

图4-58 瑞士甘特桥

矮塔斜拉桥一般概念认为是刚性梁斜拉桥,之所以降低塔高就是为了降低梁的挠度和动力幅值,但在应用中也可修建柔性梁的矮塔斜拉桥。图4-59为瑞士1998年修建的森尼伯格(Sunniberg)桥就是一个典型代表。桥梁所在地是瑞士风景地克劳斯特斯,也是滑雪圣地,环境要求一是干扰要小,二是桥的造型要有个性。由于普通斜拉桥塔高突出与平静的环境协调性差,最后选取现在矮塔柔性梁方案。塔高降低的同时,塔与墩一体向上扩展的造型使桥面视域宽阔舒展,拉索的竖琴形布索方式给人一种欲静亦动的韵律感受。塔墩自上向基座逐渐收缩,加之塔墩竖向线形的变化,用一种优雅的造型来减小视觉干扰。加劲梁形态轻巧柔和,融入到山谷环境中。该桥主跨为140m,肋板式主梁,跨中板厚0.32m,塔根板厚0.4m,两个边肋高0.8m,与已建矮塔斜拉桥相比,主梁高跨比只有1/175,而后者一般为1/55~1/70,前者远比后者小。该桥被选为20世纪最美的桥梁。

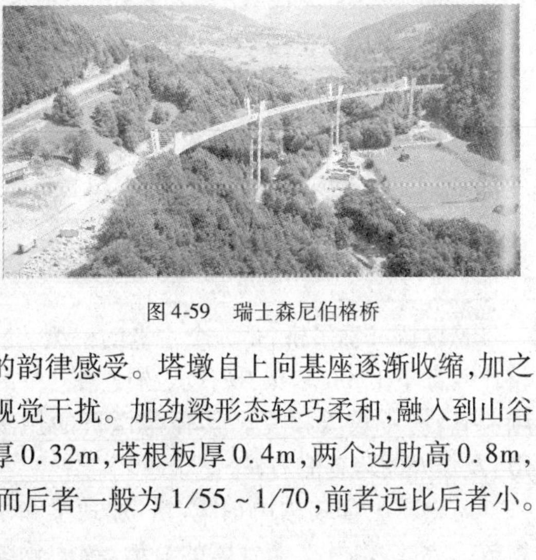

图4-59 瑞士森尼伯格桥

1998年建成的汀九桥是香港跨越蓝巴勒海峡的一座独柱式三塔斜拉桥(图4-60)。大桥全长1 177m,通航净空61m,主跨475m和448m,边跨为127m。三塔均为独柱结构,其中汀九侧塔高168.35m,中央塔高195.35m,青衣侧塔高161.91m。大桥设计为双幅桥面,有四个索面,每幅桥面四车道15.1m宽,主梁高1.78m。大桥设有8条纵向稳定索,64条横向稳定索,384条斜拉索。该桥是一座很有创新理念的斜拉桥。

捷克的Mariansky桥,依水傍山,设计者考虑用桥塔和相连道路的重心,与对岸陡峭山体相对应形成视觉的平衡,同时保持右岸开阔空间,使已有建筑景观环境与塔和谐相处而不受干扰,采用缩短边跨不设背索的斜塔(图 4-61)。塔的线形由强劲的直线索与曲线形塔身构成,形成极为强劲的力度形态,是一种空间优美的结构造型组合。

图 4-60　香港汀九桥

图 4-61　无背索竖向曲面塔斜拉桥(尺寸单位:m)

第四节　悬　索　桥

悬索桥又称吊桥,是一个古老的桥型。我国是世界公认最早有吊桥的国家,中国应用铁索桥比西方早 1 000 多年,现代大跨度悬索桥的建造却是近十几年的事情。悬索桥结构力线清晰明确,易于被人接受。其轻盈悦目的抛物线形,及强大的跨越能力,深受欢迎。

悬索桥上部结构由钢缆、塔、加劲梁和吊索组成,下部结构由支承着塔的桥墩、锚固钢缆的锚碇组成[图 4-44b)]。这种结构形式最适宜大跨度,所以目前千米以上大桥都是悬索桥。

众所周知的日本本州与四国之间的联络线,三条线路中的桥梁均以悬索桥为主。其中超千米的三座桥都是悬索桥(明石海峡大桥、南备赞濑户大桥、来岛第 3 大桥)。明石海峡大桥创现今世界最大跨度桥梁的记录(图 4-62)。

图 4-62　日本明石海峡大桥

大跨悬索桥多修建在水面宽阔的江河、海湾、海峡地区，跨大体薄、横越长空、轻柔空透、线形流畅、气势雄伟、景观优美。

悬索桥设计要从整体上按着协调的比例关系来确定各部分尺寸，才能获得预期的美学效果。一般应注意以下几点：

(1)边跨与主跨的比例关系。三跨对称大跨悬索桥，边跨与主跨之比一般应为0.3～0.4，最小可达0.25。边跨跨径比率越小，则主跨跨越形象越突出，越能引人注目。

(2)桥下净空形状。突出该桥跨越能力，其桥下净空应呈扁长形，长高比越大越好，一般不要小于2.0。

(3)加劲梁的截面。加劲梁的造型要显示出悬索桥的桥面系轻巧而纤柔，具有良好的抗风性能。自1940年美国塔科马大桥毁于风振后，提出加劲梁不宜采用板梁，多用扁平箱形截面和桁架梁。

(4)桥塔造型。桥塔造型与斜拉桥一样，能增强悬索桥的壮美气势。

由于悬索桥没有斜拉桥索的布置那么多的形式，所以塔架的造型也不繁多，一般多为单层或多层门式构架，另有一部分是在两根塔柱间除了水平横梁外，还有若干组交叉斜杆形成桁式构架。后者限于钢桥塔。图4-63是几座有代表性悬索桥桥塔的造型，供分析参考用。

图 4-63

图 4-63　悬索桥桥塔造型示例

前面介绍了金门大桥桥塔的特点，图 4-64 是大贝尔特桥、明石海峡大桥与我国润扬大桥（图 4-68）塔的构造图。1997 年建成的大贝尔特桥（图 4-65），主跨为 1624m，混凝土桥塔高度 254m，塔柱截面呈锥型，沿高度变化的速度分配合理，线形的变化显示出极佳的稳定性。横梁尺寸、位置的恰如其分，锚锭设计形成整体结构清晰合理的力系核心，桥塔造型简洁大方美观，被评选为 20 世纪世界最美桥梁。

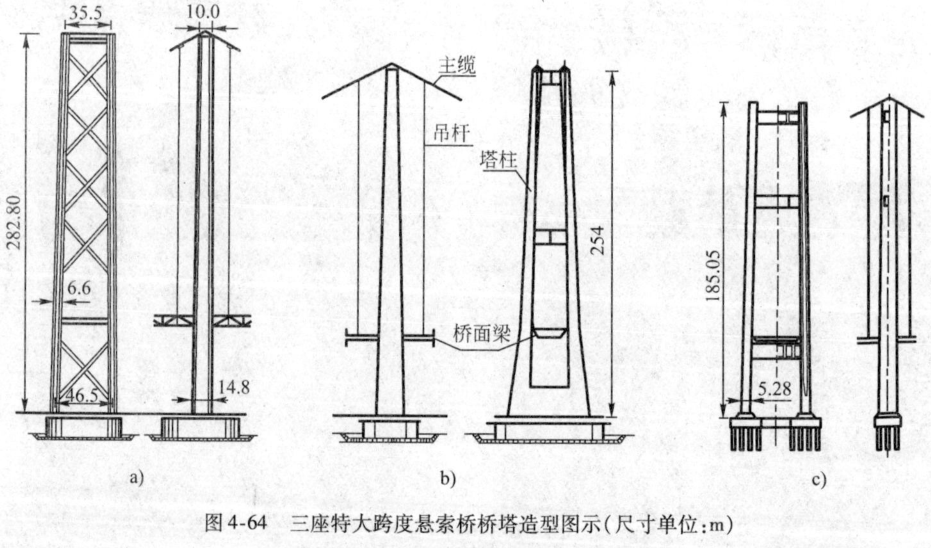

图 4-64　三座特大跨度悬索桥桥塔造型图示（尺寸单位：m）

a）明石海峡大桥；b）大贝尔特桥；c）润扬大桥

虎门大桥位于广州东南约42km的珠江出海口附近，是广深珠高速公路网的主要组成部分，亦是连接珠江两岸及深圳、珠海两个经济特区，沟通港澳及广东沿海地区的重要枢纽。

虎门大桥全长3 618m，主航道悬索桥跨度888m（图4-66），桥面宽31m，桥下通航净空，主航道60m×300m。索塔为门式框架结构，塔高自基顶算起为147.55m。选择悬索桥方案基于如下理由：加大跨径避开深水基础，确保工期；施工期间保证航运通畅；施工期间，斜拉桥大长悬臂抗风稳定性差；相同跨径下，悬索桥塔高为斜拉桥的2/3左右，单跨悬索桥在主桥长度上要比三跨斜拉桥短，造价相对要低。

图4-65　大贝尔特桥

图4-66　虎门大桥

大桥于1997年6月9日在香港回归前建成。大桥与古炮台相互辉映，其雄伟的形象向世界宣告，中华民族已经巍然屹立世界之林。百年雪耻，弘扬国威，大桥会时时让人感受到历史在变迁，国家在兴盛，具有极大的政治意义。

江阴长江公路大桥位于江苏省长江三角洲地段的中部，连接江北靖江市和江南江阴市，是中国东部沿海公路干线——同三线跨越长江的重要工程。大桥按六车道总宽36.9m设计，通航要求50m×220（m）（单向通航）和50m×380（m）（双向通航）。主桥分孔为336m+1 385m+309m。主梁梁体采用流线形扁平钢箱梁，箱高3.0m，宽32.0m，高跨比达1∶461.7，宽跨比1∶43.3，主缆垂跨比1∶10.5，缆距32.5m，吊索间距16m。锚碇的稳定性是悬索桥受力中的关键部位，根据地质条件需承受5.5万t级主缆水平力，北锚碇混凝土用量达15万m^3，南锚碇9万m^3。桥塔为钢筋混凝土门式框架结构，高190m，用三道横系梁施加预应力，空心变截面塔柱（图4-67）。

江阴长江大桥的建设，标志着我国悬索桥建设水平已进入世界前列，大桥一跨横越长江，气势雄伟壮观，激发人的信念和力量，成为我国经济腾飞、国家强盛的象征。该桥获得中国工程质量优质奖——鲁班奖，国际桥梁大会（IBC）颁发的“尤金·菲戈金奖”。

图4-67　江阴长江大桥

润扬长江公路大桥采用主跨1 490m的单跨双铰钢箱梁悬索桥（图4-68），是目前我国最大跨径悬索桥，居世界第三位。桥址处的长江被世业洲分隔成南北两汊，其中南汊为长江主流，北汊是支流。润扬大桥南汊是悬索桥，北汊是斜拉桥。该桥建成对完善我国交通网络布局，促进江苏乃至长江三角洲区域经济繁荣，更好地发挥长江黄金水道的作用，具有十分重要

图 4-68　润扬长江大桥

的作用。

该桥主缆由 5 跨组成，即 21.76m + 470m + 1 490m + 470m + 21.76m，中跨矢跨比为 1/10，吊索间距 16.1m。为改善吊索受力和提高主缆和加劲梁刚度，在跨中设刚性中央扣。中央扣为一 5.0m 长铸钢索夹来连接主缆和加劲梁共同工作，索夹为一三角钢桁架连接体（图 4-69）。

加劲梁采用全焊扁平流线形封闭钢箱断面，梁高 3.0m，高跨比为 1/496.6，顶板宽 32.9m，检修道 1.2m，总宽 38.7m，宽跨比 1∶38.5，索塔为三道横梁的门式结构。

润扬大桥总体包括有悬索桥、斜拉桥、预应力混凝土连续梁组合的一个特大型桥梁工程，是我国公路建桥史上工程规模最大、建设标准最高、技术最繁杂的桥梁工程。建桥过程中共进行 30 余项专题研究，其成果都应用到了桥梁设计和建设中。润扬大桥于 2005 年成功建成，标志着我国桥梁科学技术的一个大飞跃，表明我国桥梁建设已全面进入世界领先水平。

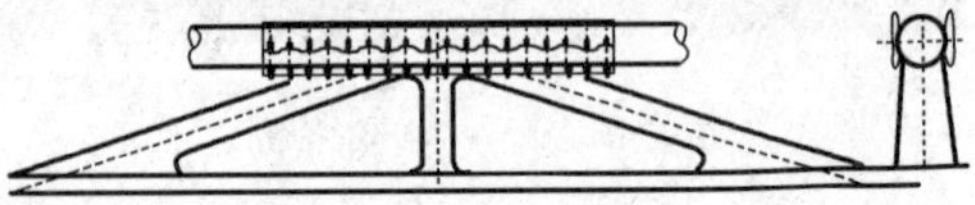

图 4-69　主缆与加劲梁索夹图

一般大跨悬索桥均为地锚式悬索桥，由于巨大的锚碇给工程带来很大的工程量，所以对中等跨径悬索桥，在地质条件较差的地方可修建自锚式悬索桥。自锚体系悬索桥，即主缆直接锚固在加劲梁上，从而取消地锚。自锚式悬索桥跨径布置也很灵活，可以密切结合地形，做成一般的双塔三跨悬索桥，也可做成单塔双跨悬索桥。另外，由于跨小塔矮，塔的造型也可考虑得更精细优美，形成一种具有新意的桥型。

自锚式悬索桥早在 1915 年在德国修建了科隆—迪兹桥，跨径 92.3m + 184.5m + 92.3m。1929 年德国又建成科隆—米尔海姆桥，跨径为 91m + 315m + 91m。由于当时多用钢桁加劲梁，主缆水平分力急剧加大加劲梁的水平轴力，需加大钢梁截面和索体尺寸，大大增加了用钢量和工程费用，影响了这种桥型的应用。

1990 年日本在大阪港北部修建此花大桥。全桥总长 1 700m，其悬索桥部分跨度为 120m + 300m + 120m，为第一座自锚体系单主缆斜吊索悬索桥。该桥主缆锚于加劲梁端部节段特殊设计的锚固梁上，为提高桥面的刚度和增加动阻尼，吊索在纵向斜向放置。该桥是一座很有特色的悬索桥（图 4-70）。

图 4-70　日本此花大桥

21 世纪我国开始修建自锚式悬索桥，采用预应力混凝土加劲梁，充分发挥其抗压性能。由于审美特征不仅具有传统悬索桥雄伟壮观的气势，更有生动活泼又富有张力的曲线主缆，形成一个很有个性特色的索塔组成的桥梁造型，很适于在景观要求较高的城市或景观区修建。我国近几年修建有 10 座之多自锚式悬索桥，发展速度之快，居世界之首。

大连金石滩金湾桥是我国第一座自锚式悬索桥，跨径 24m + 60m + 24m，垂跨比 1∶7，桥面总宽

12.5m,主梁为钢筋混凝土开口截面,梁高1.0m,梁在主塔及边墩处设有竖向抗拉压支座。主塔为两层门式框架结构,桥面以上塔高约14m,塔柱间采用圆形横梁,并做了一些艺术处理(图4-71)。

图4-71　大连金石滩金湾桥

抚顺万新大桥跨越浑河,主桥为三跨自锚式悬索桥,跨径15m+70m+160m+70m+15m,其中15m跨为锚固跨,主梁为预应力混凝土箱形5室断面,梁中心高2.5m,宽29m(图4-72)。

2006年建成的佛山平胜大桥为独塔单跨自锚式悬索桥,跨径为2×30m+350m+30m+5×48m+30m,垂跨比1:12.5。横桥向按分开的两幅桥面布置,单幅桥面宽30m,两幅桥净间距7.5m。主跨350m采用钢箱加劲梁,箱中心线高4m,人行道采用挑梁布置在钢箱外,挑梁间距2.0m,吊杆锚固于风嘴外边缘,人行道置于塔外侧,其他跨主梁采用混凝土箱梁(图4-73)。主塔采用三柱式整体门式塔架,桥面以上高132m,加劲梁下设预应力混凝土横梁,高5m,宽6m。该桥现为已建自锚式悬索桥世界第一跨度。

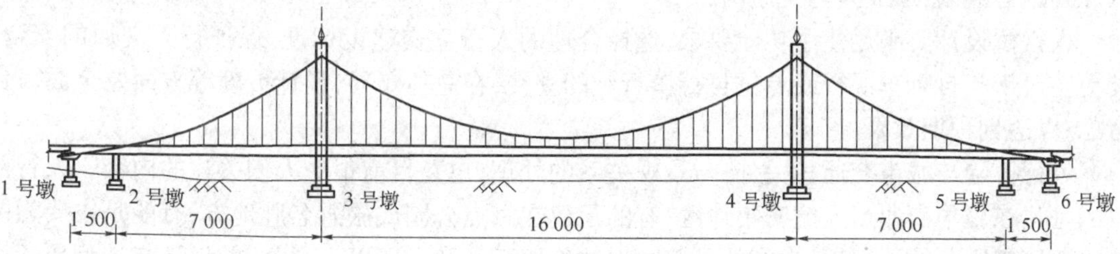

图4-72　抚顺万新大桥(尺寸单位:cm)

图4-73　佛山平胜大桥

由于单一斜拉桥和单一悬索桥各有优点,人们提出了悬索桥与斜拉桥协作体系桥,其考虑的出发点是通过跨中部分的缆索作用改善斜拉桥由于悬臂长度过大引起主梁压力过大问题,同时又由于斜拉索段自锚作用大幅度地减小主缆的拉力而减小地锚工程量,从整体考虑增大桥梁的整体刚度而改善动力响应(图4-74)。

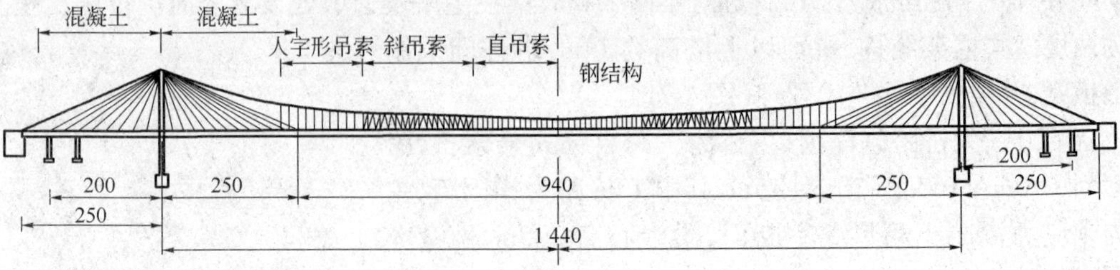

图 4-74　悬索桥与斜拉桥协作体系桥梁(尺寸单位:m)

第五节　人　行　桥

人行交通较集中的交叉路口,因为人与车之间的相互干扰会造成交通阻滞,对过街行人造成一种不安全感,甚至发生交通事故。修建人行立交桥,是人车分离,保护过街行人和车流畅通的最安全措施。

城市人行立交规划设计,必须结合城市交通网规划,根据道路机动车流的交通强度和过街行人的交通人流强度,及两者的相互干扰程度,按照远近结合、合理选点、人车分离、各行其道的原则进行规划,形成人行交通网。

人行桥设计要满足使用功能要求,选择合理的人行立交建设标准,保证行人交通的安全、便捷。对于与自行车混行或专供自行车行驶的立交,在总体布局、设计坡度等方面要全面综合考虑,以达到预期效果。

人行桥除与城市交通相关外,与景观关系的处理,也是目前很受人们关注的内容。人行桥有的是建在繁华商业街人流密集地区;有的是建在景点公园或旅游名胜地方;有的是主要为两侧重要建筑服务的人行桥;也有的是兼顾上述作用而修建。所以,人行桥的设计与选型要依据道路交叉与路幅宽度,桥位地域特点,行人类型、行人速度及对人行桥的功能要求,地域环境景观能力的强弱来选择其造型。

一、人行立交平面布置

人行桥平面布置形式首先决定于相交的各条道路平面交叉类型。

(1)十字形交叉口一般可采用"口"字形、"X"形、"O"形等平面形状布置。

(2)"丁"字形交叉口一般采用"T"形、"Y"形、"L"形、"Π"形等平面布置(图 4-75)。

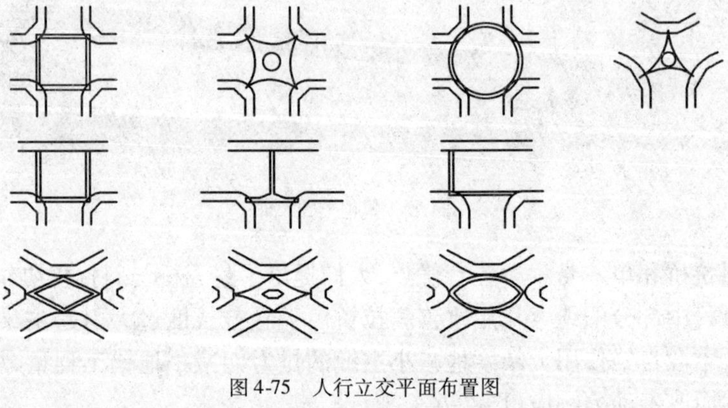

图 4-75　人行立交平面布置图

(3)错位交叉口(包括路段人行天桥)一般采用“一”字形布置。

(4)复合交叉口道口不规则交叉,抓住主要人流方向采用不规则布置。

图4-76为天津佟楼人行桥,跨越中环线“一”字形布置。中环线是天津市干道网中的主干道,佟楼处不仅有商贸设施,还有佟楼公园,为提高中环线车速及通行能力,保障行人安全,修建了人行立交。该桥与佟楼公园景观相结合,桥上行人可以直接观赏园内景色,美化了街容。主、引桥之间设有玻璃钢饰面钟牌,既方便了行人计时,又挡住了主、引桥之间的梯道,美化了天桥立面。

图4-76　天津佟楼人行桥

上海市武宁路、东新路人行桥,天桥平面布置“Y”形,交角为120°。主体结构三肢曲线形逐渐展宽伸向桥中心汇合,桥中心做一3m直径圆孔,既减小跨中负荷,又起到疏导人流作用。流畅的线形、轻巧的造型、和谐的色彩、空透的栏杆,这些精细的设计,与路口的景观极为协调(图4-77)。

广州市起义路中山五路十字交叉口的人行桥,呈“十”字平面布置,使行人从任一街角上桥,都可便捷、安全地到达其他三个街角。另一个设计特点是较好地处理了建筑造型问题。如立面结构采用斜腿刚架形式,降低梁高,使桥的造型轻巧美观与周围环境协调;桥中心设一6m直径的圆孔,使桥下通透明亮;在类似花篮提手的灯杆上悬挂葡萄灯球,桥灯设计别致;天桥色彩以淡雅为主,突出主桥,又与周围建筑物及高大榕树相协调。整个天桥造型,景观处理恰如其分,很好地体现了人行立交桥设计的美学要求(图4-78)。

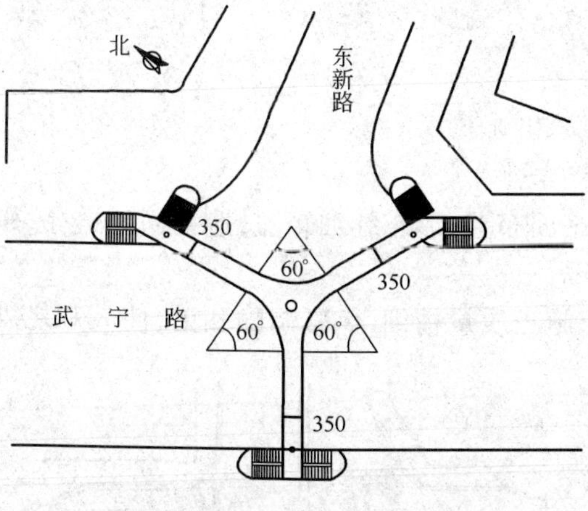

图4-77　Y形人行桥(尺寸单位:cm)

图4-78　X形人行桥

上海市最繁华的南京路与西藏路的交叉口修建一座“O”形人行桥,该桥设计不仅要满足交通功能要求,而且要为交叉口增添景色。该桥上部结构采用闭合的钢箱型椭圆环,下部结构采用8根等截面钢圆柱,梯道全部进入四周建筑物内。由于梯道不占人行道,使桥下空间整洁,给人以宽敞舒畅的感受,同时还促进周围商贸网点的发展。该桥建筑造型简洁、明快、流畅,具有一定的时代感,并与南京路商业街的环境气氛相协调(图4-79)。

从上面的桥例可知,在人行天桥的设计中,其平面布置是人行立交美学规划、景观处理的重要问题。图4-80是一人行立交造型方案比较图。

a 方案为“O”形布置，线形优美整齐，交叉口空透明亮。

b 方案为“十”字形布置，线形简洁但显生硬，美学效果较差。

c 方案为“X”形布置，曲线流畅舒展，造型优美，通行便捷。

最后该桥选择了 a 方案。

图 4-79　“O”形人行桥

a)　b)　c)

图 4-80 人行立交方案比选

a) 方案 a；b) 方案 b；c) 方案 c

图 4-81 是一“十”字交叉口采用的“花瓣”式平面布置，形态纤细轻盈，造型简洁透亮，别有一种风韵。

图 4-82 是两座曲线形人行桥，设计造型流畅，施工质量精细，色彩调配和谐，使人观之就如一个精致的艺术品。

二、人行立交桥结构造型

人行立交桥对“一”字形来说，结构形式较多，可以是梁式结构、刚架结构［图 4-83a)］、拱式结构［图 4-83b)］、斜拉结构等。

目前，我国已建成的人行立交桥大多采用刚架体系或连续梁体系，其目的主要是减小主跨梁高，降低桥面高程。侧面的变截面是利用非机动车道净空要求小的特点，采用折线刚架，上设梯道，缓和行人上下步梯的劳累。

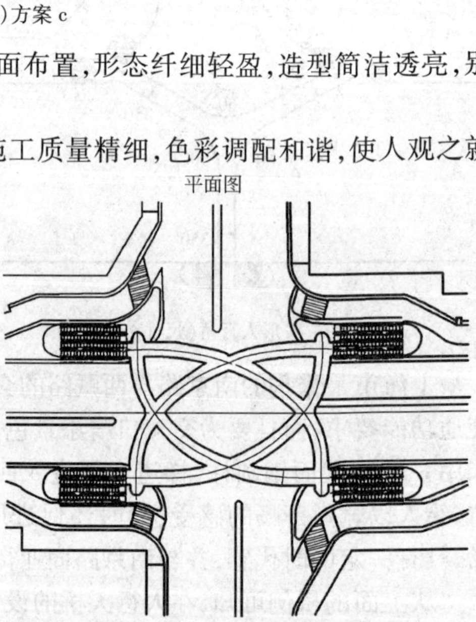

图 4-81 “花瓣”式人行桥平面图

图4-84为一座斜塔人行斜拉桥。该桥采用不对称布塔和布索，强化了斜拉桥张力结构特点，形成一个有生动标志形象的街景主体。

图4-82 曲线形人行桥示例

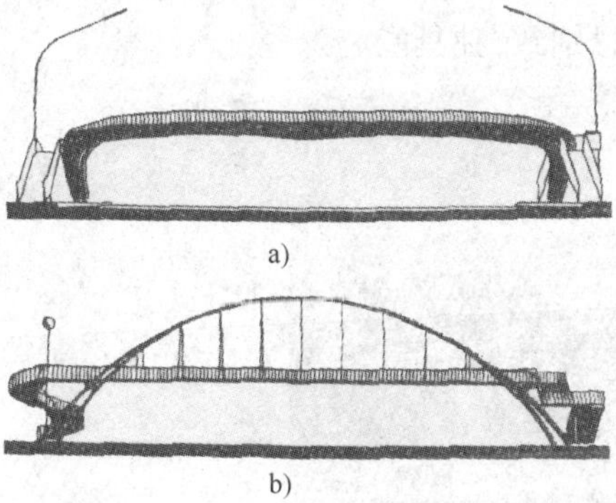

图4-83 人行立交桥桥型示例

图4-84 人行斜拉桥

我国海南省海口市汽车总站人行天桥，是一座三向布索独塔斜拉桥（图4-85）。全桥长90.30m，分三跨，每跨为28.50m。索塔断面为"Y"形，高出桥面21.60m。该桥结构新颖，桥型与周围环境融为一体，成为海口市一景。

图4-86是澳大利亚黄金海湾海岸市海滨大道上的一座斜拉式人行桥，采用与周边原地域环境相谐调、减小干扰的设计原则，从桥的体量、色调处理、布梯设置及原景观保护等诸方面相互配合，形成路、桥、建筑、环境浑然一体的一种景观环境。

图4-85 海口市三索面独塔人行斜拉桥

图4-86 融合环境中的人行斜拉桥

图4-87是一座位于德国鲁尔公园的钢管支撑的连续步行桥，既方便游人行走，又保护了生态环境。

图 4-88 是一座中承拱式人与自行车专用天桥，利用非机动车道及人行道的净高要求不同，使桥面纵向断面呈曲线形，与拱肋曲线相映衬，显得很协调。

图 4-87　德国鲁尔公园内的步行桥

图 4-88　中承拱式人行及自行车专用桥

图 4-89 为一桥体造型为轿车形象的人行桥，构思别致，独具匠心。

图 4-89　造型为轿车形象人行桥

图 4-90 是一座悬臂 T 形刚架人行天桥，利用突出刚架支点处的立面造型，并在桥上设计一个塔式标志，成为人们无论在桥上还是在桥下的首要视点，给人以深刻印象。

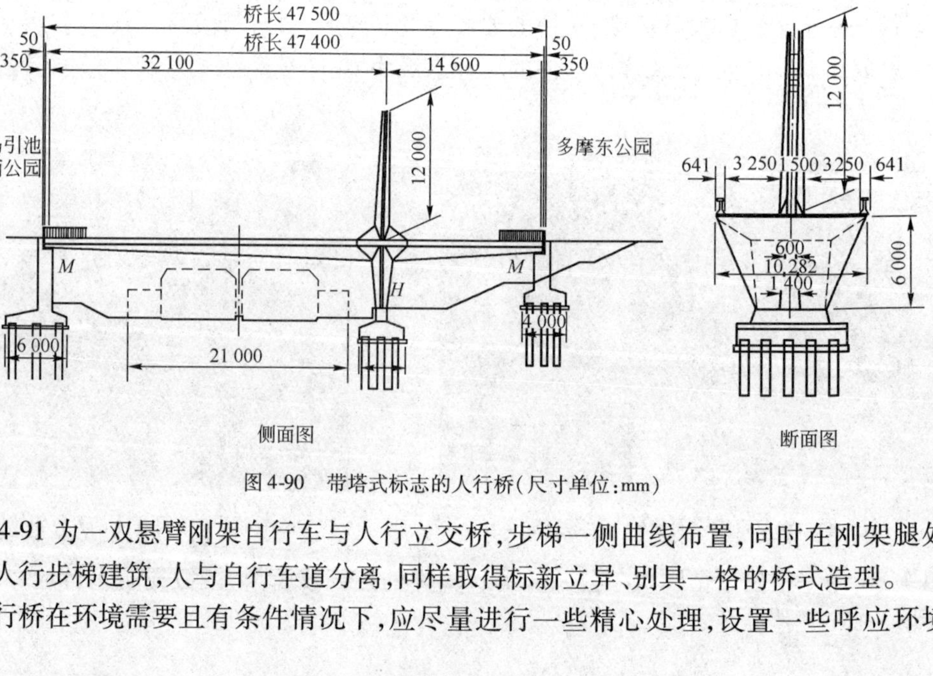

图 4-90　带塔式标志的人行桥(尺寸单位:mm)

图 4-91 为一双悬臂刚架自行车与人行立交桥，步梯一侧曲线布置，同时在刚架腿处修筑柱盘式人行步梯建筑，人与自行车道分离，同样取得标新立异、别具一格的桥式造型。

人行桥在环境需要且有条件情况下，应尽量进行一些精心处理，设置一些呼应环境性质的设施，创造桥上明快亲切的气氛，引发人们过桥兴趣，形成一种亲切感受。图4-92是封闭式人行立交桥示例，人们在里面行走，挡风遮雨，桥体采用玻璃封盖精美透亮，可悠闲地观赏景物。

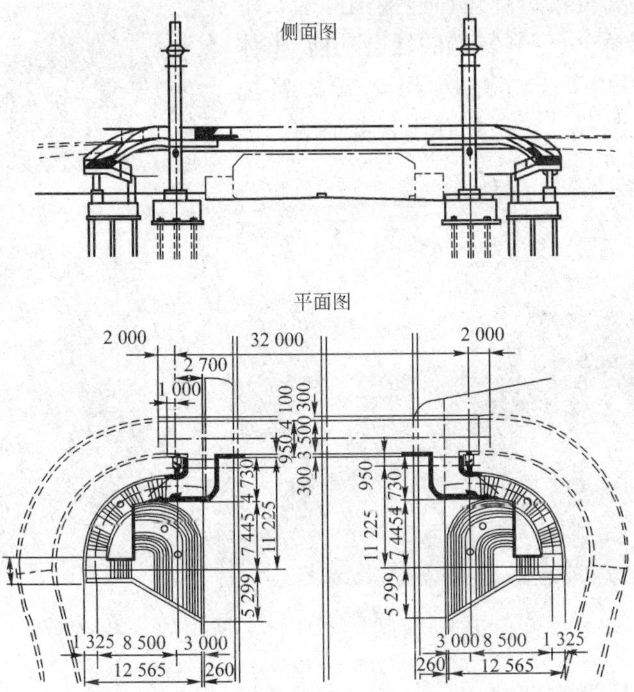

图4-91　双悬臂刚架人行与自行车专用桥(尺寸单位:mm)

图4-92　封闭式人行桥

图 4-93 是美国赌城拉斯威加斯的一座封闭式人行桥，与周围的建筑浑然一体，也保证了来往行人的安全。

俄罗斯首都莫斯科市跨越运河连接国际会议中心建筑的一座人行桥，由于其特殊的社会功能，整体结构宏伟巨大，是一座融合了结构学、建筑学、环境学及社会学理论之大成。它是具有代表特征的一座人行桥(图 4-94)。

图 4-93　美国赌城拉斯维加斯封闭式人行桥

图 4-94　俄罗斯首都莫斯科市连接国际会议中心的人行桥

三、现代人行桥桥例简介

目前在欧洲一些国家，交通网(包括州内、国家间)早已构成且布局完善，雄伟的跨度、较大的桥梁建筑已经很少，更多的是优雅别致的人行桥的建筑。马丁・皮尔斯等人提出"新桥梁美学"的理念，其中对现代新式人行桥提出新的概念：桥梁有强烈的象征性，这种象征性来自功能作用的奇特自然性，来自它的公共性的魅力，单就桥梁而言它又是一件完整的艺术品，"桥以自己的方式连接起天和地、神与人"(马丁・海德格尔《诗歌，语言，思想》)。在西方很多国家，将桥视为世纪之交，承继千禧的象征建筑。在 20 世纪末，修建了一批千禧桥，其结构构思标新立异的概念内涵，造型极具个性的艺术形象，实现的高端精细的技术性，确让人耳目一新。

最有名的是英国伦敦千禧桥，由建筑师、艺术家、工程师组成的合作小组设计。该桥是伦敦唯一一座跨越泰晤士河的人行桥。它连接北岸的圣保罗大教堂和南岸的环球大剧院及泰特现代馆，对该区域的经济、文化发展具有很大作用。该桥跨度是 320m，两个"V"字形墩支承起 8 根钢缆，钢缆高出桥面不超过 2.3m，构成一座矢跨比不足正常悬索桥 1/10 的极小矢跨比的悬索桥(图 4-95)。该桥以最轻盈的体态、最简洁的方式跨越如此大的空间，令人惊叹。桥栏采用挡风玻璃，为行人提供了舒适的逗留场所，可尽情观赏伦敦景色，不受阻挡的观察周围建筑。桥面以上材料选用不锈钢栏杆和铝制桥面，白天它看起来宛如一条细长的缎带，夜晚它犹如熠熠生辉的剑刃。这座桥表现出新千禧年来临之际英国桥梁建筑的技术和艺术的能力。

2007 年，在美国科罗拉多大峡谷空中修建了一座"空中天桥"，被称为是"21 世纪世界奇观"。该桥是一位出生于上海的美籍华裔企业家金鹉(DavidJin)构思而建。其造型呈 U 形的透明玻璃观景廊，伸出悬崖边达 24m，每次可让 120 人同时踏足(图 4-96)。这座挑战游客胆量的“空中天桥”建成后，又斥巨资扩建机场、游客中心、博物馆、度假式酒店等配套建筑，形成了一个新的世界旅游景点，极大地吸引了观光游客，振兴了当地经济。

图 4-95　英国伦敦千禧桥

图 4-96　美国科罗拉多大峡谷桥

英国兰沙斯特伦（Lancaster）河千禧桥桥位处是历史上最著名的码头。桥型采用孪生双桅杆斜拉结构，看似过去船桅杆一样，观之唤醒人们心中沉睡的记忆，增强对码头的怀旧印象（图4-97）。桥的平面呈“Y”形，斜拉索支承着桥梁，上栓桅杆顶下拉主梁的两侧，构成三角形结构以保持桅杆的稳定性，是一座构思极为巧妙而合理的人行斜拉桥。

图 4-97　英国兰沙斯特伦河千禧桥

图4-98为美国新建一座人行斜拉桥，该桥采用单塔在一端侧拉斜索将梁拉起，塔的多变形体急剧上收，显得轻巧而且有度，犹如一座标志性的雕塑艺术品，无论从哪个角度审视，都会给人以俊美的享受。

由于形态优美的人行桥的产生和发展，表明桥梁已超越技术与艺术的界限，更受人们的欣赏和热爱。但桥梁毕竟是桥梁，其内部力学的平衡永远是桥梁造型构思的基础。在西班牙毕尔巴鄂市横跨内尔维翁河修建的单孔步行桥（图4-99），桥型为一弯曲桥面悬挂在斜拱上，桥面的弯曲顺应引入的人流方向，水平的弓形桥面与倾斜的拉拱相对布置，构成内部力系的平衡，由主拱张开的吊杆拉住桥面，很有稳定感。吊杆的变化极为优美，曲线形桥面内侧的杆吊形成一个角度渐变的优美曲面，沿着桥面外侧边缘，步行区域则从倾斜的吊杆下面内收，以便提供足够的净空高度供行人行走。钢拱肋拱座、桥面支承和引道结合的桥墩又形成一组很有力感的结构体。桥面由玻璃板铺在不锈钢骨架中，缓缓流淌的河流令人产生别样生动的感受，夜晚的照明又会展现出桥的优美画面，是一座不同寻常超凡脱俗的精美桥梁（该桥构思于1990 年，建成于 1997 年）。

图 4-98　一座极具特色的人行斜拉桥

图 4-99　西班牙毕尔巴鄂市内尔维翁河人行桥

德国在基尔港修建一座折叠人行桥（图 4-100）。港口要过大型船舶，但不经常，一天只有 10 次，经研究决定修建一座关闭时就像一般单跨斜拉桥，打开时拉索体系使桥板迅速折叠起来的桥。桥梁的折叠是由一个恒速绞盘，把缆绳盘绕在绞盘上实现，当然桥塔架也要随之转动其位置。这是一座多专业工艺结合、技术高超的一座桥梁。

图 4-100　德国基尔港折叠式人行桥

以类似功能要求设计的桥，在德国科隆北部莱茵河岸港口杜伊斯堡修建了一座可变净空高度的升降桥。船舶通航要求要高出水面 10.6m，由于港口两岸相对较短的跨距建设一般人行桥有一定难度，于是构思一座可以升高和降低的人行桥

（图4-101）。该桥主跨73m，桥宽3.5m，设计为地锚式悬索桥。在液压千斤顶作用下，塔架向外旋转使塔顶下降，由此使桥面板自动上升成为拱形，使桥下净空高度达到通航要求。为使桥板上升时能够弯曲，桥板部件是由铰链连接，桥面升高后增加的板块从桥台匣中被拉出，真是一种绝妙的构思。人们观看这个过程的感受，如同欣赏一段美好的表演。

图4-101　德国科隆杜伊斯堡可升降人行桥

风景区的人行桥，由于环境要求，尽可能简洁轻盈、秀美透明、融入环境中。

图4-102为德国明登市威系河上的人行桥，一侧是公园，一侧是城镇，还有一片空地，桥型结构采用常规地锚式悬索桥，其弯曲的桥面、轻盈的结构、倾斜的桅杆，构成一幅精美的艺术画面。

图4-102　德国明登市威系河上优美的人行桥

图4-103是荷兰阿姆斯特丹修建联系爪哇岛与奥斯特鲁克的夏斐桥，桥长200m，是一座多跨连续结构，它要为行人、自行车和小汽车三种不同类型交通流开辟各自的通道。由于地形地物的不同、使用功能的不同，桥型构图不是常规的等同划一，而是分成“节段”形成不同的构图风格，总体形成一个有机和谐体。过桥时让人感觉是有序的电影场景的变化，是一座构思奇妙很有艺术性的桥梁。

图4-104所示韩国首尔市与仙游岛之间一座人行桥，是为庆祝“首尔新千年”而修建的一座有象征意义的“和平

图4-103　荷兰阿姆斯特丹夏斐桥

之桥”。该桥利用桥梁结构组合的技巧,表达一种韩朝双方“希望对话,和平往来”的政治理念。设计者在这里创造一种用弧线的巨拱(主跨120m),将两边轻盈的板桥紧紧拉在一起,拱的布局凸起表达出对“和平与对话”的高度意愿。在桥一侧末端,桥体转化为一种观景平台,是对未来的期望。该桥是世界上第一座,也是最大跨度的活性微粉混凝土(Reactive Power Concrete,RPC)拱桥。整座桥梁纤细优美,线形变化流畅,形成一种既有气势活力,又有愉悦宁静的环境氛围,是一座非常有意念的“和平”人行桥。

图4-104　韩国首尔市一座“和平之桥”

荷兰斯伯伦堡修建的“红色大桥”是一座曲线起伏变高的桁架桥,不设桥墩,利用桁梁的竖向曲线形成桥下通航净空(图4-105),线形曲折流畅,从下面通过桥孔,会有一种新奇感。但从整体形态上却违反了桥梁造型的大忌,就是构件组成不要繁杂,受力构件要简洁明晰。该桥栏杆服从整体结构,自身功能特征不明显。由于无法实行无障碍通行而受到人们指责,设计者声明,它只是个雕塑作品,而非桥梁建筑。

在旅游时,人们都渴望有一条低位入口的通道能到美丽岛,能到河中心,能到对岸的景区深处……图4-106就是令人称道、轻柔美丽、赏心悦目的桥下人行悬挂桥。

图4-105　荷兰斯伯伦堡的“红色大桥”

图4-106　悬挂人行桥

在后一章概念设计中介绍的英国纽卡斯尔“千禧人行桥”、贝德福德城的蝶形桥、法国巴黎塞纳河人行桥和美国“大鹏展翅”人行桥等近些年修建的桥,突出了概念设计理念,也是现代人行桥的代表建筑。

第六节　桥梁墩台造型设计

一、桥梁墩台造型设计要求

桥梁的上部结构和下部结构，组成了桥梁的整体建筑，构成了桥梁结构整体的造型。在考虑功能性和经济性及其他的限制条件下，有时上部结构不可能做出更多的变化，此时，作为支撑和传递荷载的结构物——墩台，却可做多方面构思和变化，而形成不同的桥式风格，给人以鲜明的印象。

墩台结构造型应遵循以下几点：

(1)桥墩是支撑承重和传力结构，桥墩的形状和尺寸要符合这种受力规律，有强劲稳定的安全感。

(2)桥墩平面位置要按桥跨分孔要求布置，同时考虑桥下视觉环境。在满足净空要求下，应尽量减少桥下支撑点遮挡视线的体量。

(3)桥墩的造型要与整体结构相协调，并具有新颖、优美的形体造型及简洁明快的线条。

(4)桥墩造型要摒弃粗柱胖墩的重力式习惯模式，尤其是对城市立交桥，可采用钢筋混凝土或预应力混凝土杆、板式结构，以取得构思的多样性，向轻型化、装配化发展。

二、桥墩造型示例

下面介绍的几座桥梁，虽然上部同样是梁式结构，但由于采用了不同造型的桥墩而产生了各异的建筑风格。

图 4-107 是一座连续 V 形墩钢筋混凝土箱形刚架桥，其景观的表现重点是 V 形墩的造型。V 形墩造型令人明显感觉到荷载自然流畅地通过 V 形墩斜腿迅速集中传至基础，心理引诱力线非常清晰。不仅结构合理、经济，而且形成强劲稳重、落落大方的形象。

图 4-107　V 形墩箱形刚架桥

澳大利亚芒特亨瑞桥独具魅力的 V 形墩(图 4-108)，丰满圆润的桥墩支承上部双层桥面的笔直的连续梁结构，形成一种各部形态变化鲜明，总体协调相融的桥梁风格。图 4-109 是一个 V 形墩的实际尺寸图，可供应用参考。

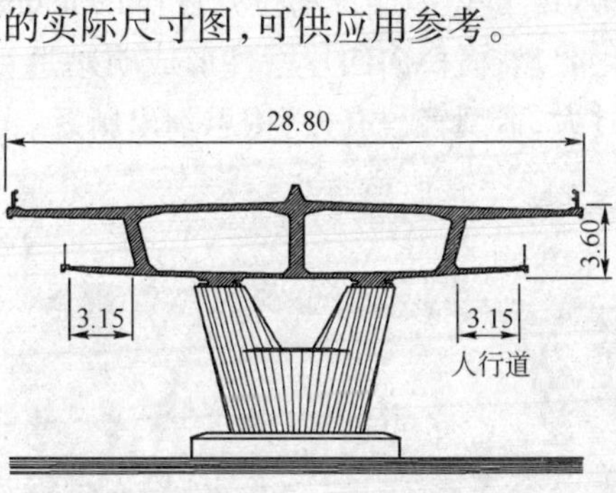

图 4-108　澳大利亚芒特亨瑞桥(尺寸单位：m)

图 4-110 为巴黎一高速公路跨越塞纳河的一座桥梁。桥墩为配合主梁高度的折线变化，采用菱形柱体造型。每一个墩柱都有一个与上部主梁结构相协调一致的轴线，完全掩盖了河道与桥轴线斜交这个事实。墩柱采用白色浅槽预制水泥板饰面，与上部结构的饰面和密布栏杆相协调，设计者在美学方面确实做了尽心的考虑。

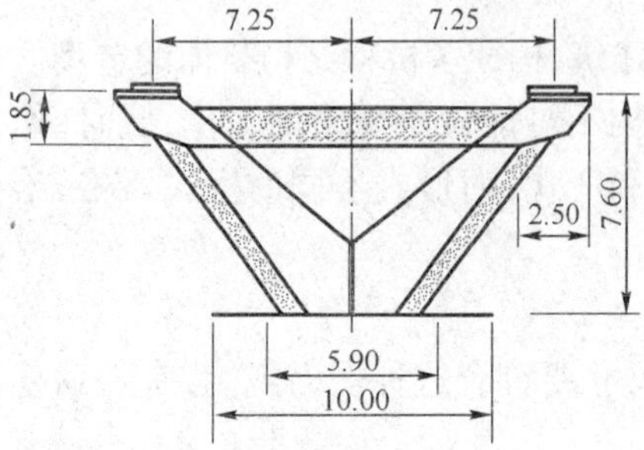

图 4-109　一 V 形墩尺寸示例图（尺寸单位：m）

图 4-110　桥墩菱形柱体造型

利用桥墩造型来调节桥梁总体造型不乏典型桥例。图 4-111 是法国西部一座跨越塞纳河的铁路桥。为配合上部结构梁高流畅的曲线变化，桥墩采用特殊的造型，看似复杂，实为简洁，变化有度，独具匠心，从任何一个角度观看都具有一个不寻常的造型，整座桥梁形成一个均匀、流畅、和谐的外观形象，受到一致好评。

对桥墩的造型加以精细的构思，会使一般化的桥式结构获得新意，成为桥梁建筑美的闪光点。图 4-112 为日本群马县修建的梅田大桥，为三跨 PC 箱桁连续刚架桥。桥墩在河谷处高度为 43.20m，其底部尺寸为 10.0m×6.5m，上端 6m 以上为双壁结构，至 13m 处以下形成一体，同时侧面采用凹入 0.8m 的墩身截面，形成一种轻快稳重、变化有致的墩身造型。

图 4-111　多面组合特殊造型桥墩

图 4-112　日本梅田大桥桥墩造型

图 4-113 是委内瑞拉马拉开波（Maracaibo）桥的 V 形墩和 X 形墩。该墩特点是斜腿纤细截面变化明显，横桥向四片墩柱形成明暗透视极佳的效果。因主孔桥面高，采用 X 墩避免上口张得过大，造型轻盈有力，构思别出新意。

图 4-113　委内瑞拉马拉开波桥 V 形和 X 形桥墩

图 4-114a)是一座城市大型立交桥,由于桥高跨大,桥下采用高大粗壮的 Y 形墩,代替以往的双排墩柱。Y 形墩能更好保证桥下各方向净空,尤其对斜交叉口,会收到更令人满意的效果。图 4-114b)为一城市高架桥的 Y 形墩,采用隐形盖梁,薄壁斜腿直接支承上部主梁,显得轻巧而又强劲有力。

a)

b)

图 4-114 城市立交 Y 形墩

a)立交 Y 形墩;b)高架桥 Y 形墩

对于城市大型复杂的立交桥,往往由于通视和行车要求而多采用柱式桥墩,柱式墩可设计成有盖梁和无盖梁两种结构形式。一般为使桥下支承清晰简练,梁底面平整光滑、空间感强,多采用无盖梁或设计为隐式盖梁结构。图 4-115 为采用隐式盖梁墩,图 4-116 为无盖梁柱式墩。

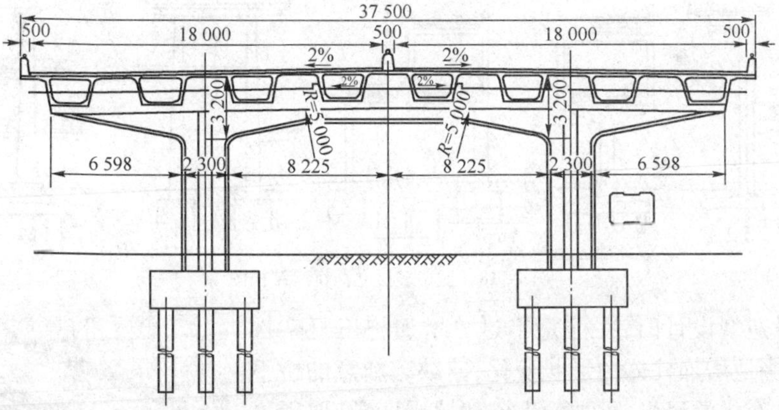

图 4-115 隐式盖梁墩(尺寸单位:mm)

图 4-116 无盖梁柱式墩

图 4-117 为城市立体交叉桥桥墩造型示意图。

图 4-118 为城市多层立体交叉桥多层对称和非对称桥墩结构图。

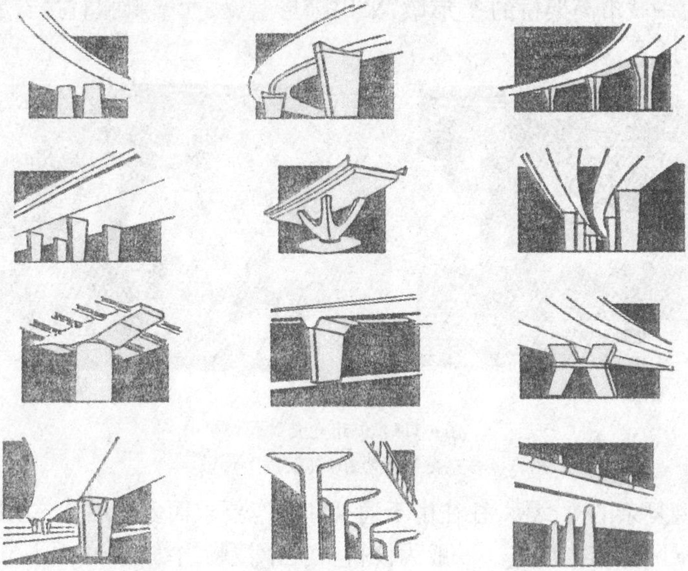

图 4-117　杆、板式结构轻型桥墩造型示意图

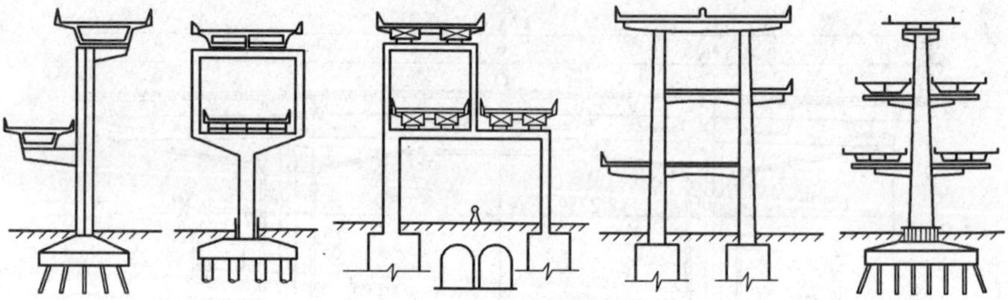

图 4-118　城市多层立交桥墩结构图

对柱式墩造型设计时，在注意不过分增加施工复杂性的情况下，适当地增加柱体的形状变化，使缺乏新意的桥下空间形成多种变化的风格，可加深人们的感受印象，取得事半功倍的效果。

图 4-119　单柱变截面悬臂墩

1960 年意大利工程师纳威尔在设计奥林匹克运动会汽车专用桥时，采用单柱悬臂墩（图 4-119）。其柱顶为矩形截面，柱脚是十字形断面，不仅造型赋予了新意，而且从受力来说，它符合于柱脚弯矩大，增大截面模量的合理要求。

独柱式桥墩在城市高架桥中应用很广，也越来越重视其景观效果，从墩帽梁与柱身的连接过渡到墩柱截面和立面的造型都做很多构思。由于圆柱墩身变化余地较少，一般多采用矩形截面墩柱。图 4-120 为墩帽梁以弧形曲线或折线相连接，墩壁角用斜面过渡；墩身壁面以凹凸变化结合纹理来增强其修饰性，图 4-121 为实桥示例。

图 4-122 是纳威尔设计的各种变截面柱,被广泛地应用在各种大型建筑上。作为桥梁墩柱,也可适当变化,增加墩柱造型的多样性。

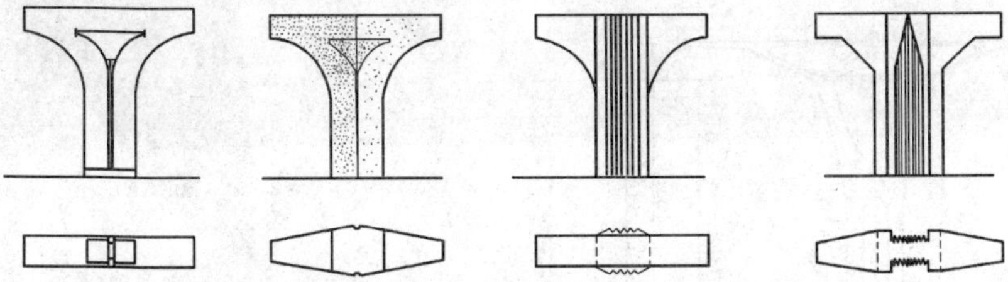

图 4-120　独柱矩形截面墩柱壁面修饰构思图

图 4-121　城市立交独柱墩表面修饰示例

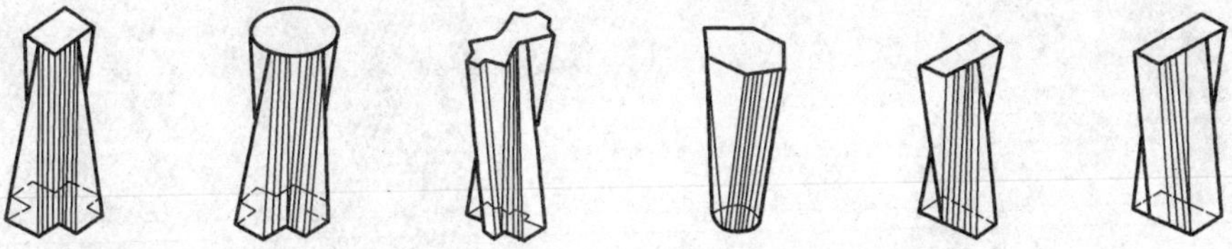

图 4-122　纳威尔变截面柱体

图 4-123 为各种多角形截面墩柱,并设计成立面有凹凸变化,使墩身更具明显的立体感。

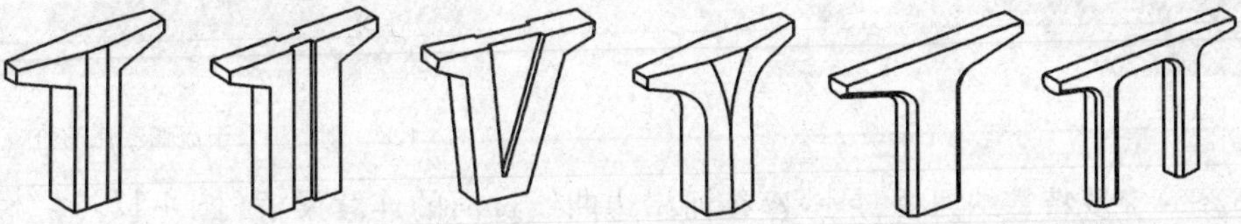

图 4-123　墩身立体造型图

图 4-124 是某高架桥采用的薄壁墩,墩身以加强腋的形式设计成上宽下窄,形似人们穿的蝙蝠衫,采用隐式盖梁,桥下没有多余的肋式盖梁而使顶面光亮简洁。图 4-125 为一 H 形桥墩构造尺寸图,其上宽下窄流畅的过渡变化,具有刚中有柔的造型特色。

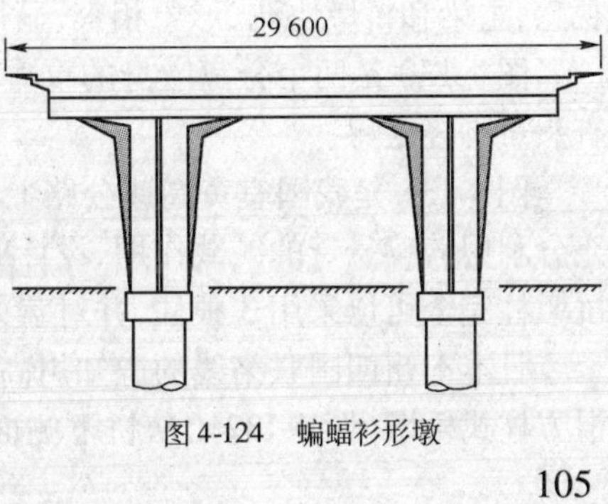

图 4-124　蝙蝠衫形墩

图 4-126 是一个单侧悬臂式墩帽桥墩,墩帽采用与主梁高度相同的单悬臂梁,墩帽和桥跨主梁形成一种连

续的结构，给人一种独特的支承和抬起的力量感受。

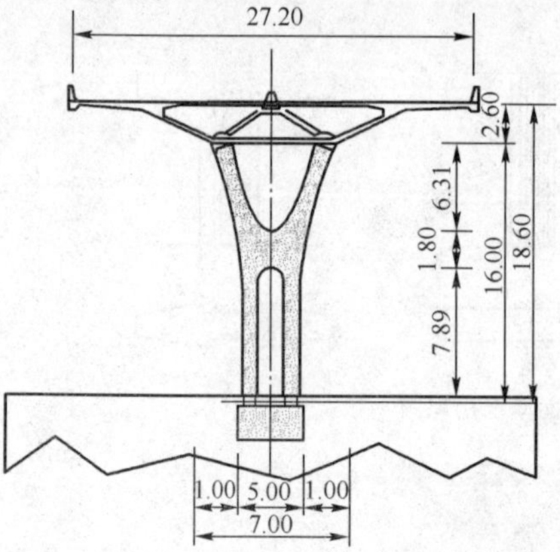

图 4-125　H 形桥墩构造图（尺寸单位：m）

图 4-126　单侧悬臂墩

图 4-127 的桥是 Y 形桥墩，根据上部结构要求，采用两叉不等高不对称造型。

图 4-128 为一座刚架桥桥墩，其上下部结构连接线形流畅协调形成一体，墩身立面造型富于变化，是一座构思精美的桥梁。

图 4-127　不等高 Y 形墩

图 4-128　刚架桥富于流畅变化的桥墩

法国圣·克罗特塞纳河桥，是一座在河岸边曲线过河的连续梁桥（图 4-129）。椭圆形桥墩的长轴与河流方向一致，主梁为斜封闭箱梁，桥墩表面分成两种颜色，表面有竖向纹理调节观感，主梁和桥墩协调，形象相容，显得质朴强壮。

图 4-130 是两个分离墩身的重力式墩，总体上看，支承结构与梁高及跨径相比略显柔弱，有头重脚轻之感。

图 4-131 是我国宜黄高速公路上的车荆河大桥，该桥由于桥长跨度小，桥墩盖梁设计没有充分利用盖梁悬臂的减载作用，设计成 4 根墩柱，造成桥下墩柱连片林立，视觉凌乱。实际该桥墩柱完全可以采用 3 根柱，并对盖梁和墩柱造型加以适当处理，就可以获得良好效果。

日本本州四国联络线的志知川高架桥，是一座 21 孔 18m 跨径的空心板梁桥。下部采用 4 根方柱式桥墩（图 4-132），从桥下侧面一看，全部是林立的墩柱，已经没有或很少有通透的空间，使人观之感到杂乱无章和烦闷不畅。

图 4-129　墩梁协调相容的桥

图 4-130　分离式重力墩

图 4-131　林立的墩柱

图 4-132　少有通透空间的林立桥墩

第五章　桥梁方案构思与桥例

第一节　桥梁方案构思基本原则与影响因素

桥梁建筑的产生和发展是由各种相关联的矛盾因素不断变革和推进的结果。从建筑材料的革新、结构形式的发展到建筑技术的进步、设计理论的完善和计算手段的更新，使桥梁建筑事业不断发展进步，至今进入一个现代化、辉煌发展的新阶段。

时至今日，我们对桥梁的要求是从桥梁建筑基本规律出发，提出“公路桥涵的设计符合技术先进、安全可靠、适用耐久、经济合理的要求”、“还应按着美观和有利环保的原则进行设计”[《公路桥涵通用设计规范》(JTG D60—2004)]的原则。就其实质上说是三个方面的问题：一是人们对桥梁建筑提出的在保证安全使用条件下的功能方面的要求；二是人们对桥梁建筑提出的精神和美感方面的美学造型要求；三是在以必要的物质技术手段来达到前述两个方面要求下的经济性。上述原则，在进行桥梁方案构思时必须认真贯彻执行。

一、安全使用的功能要求

从桥梁建筑的产生和发展历史可以看出，人类社会对桥梁功能方面的要求是决定性的因素。迄今为止，不存在脱离社会需要而孤立存在的桥梁。

在桥梁建筑中，功能的发展具有一定的客观性。由于它所处的主导地位，在功能与结构形式之间对立、统一的矛盾运动中，功能成为结构发展的决定动力。如果交通事业发展需要跨越大江、大河甚至海峡，在结构上就需要发展大跨结构桥型；由于城市交通及高速公路建设又需要有立体交叉结构桥梁；为了保证城市交通和人行安全，需要修建人行桥及地道桥等。当然，一种新的结构形式的出现，不仅适应了新的功能要求，而且还会反过来促使功能朝着新的高度发展。

桥梁是一个在恶劣的环境和可能出现各种不利工况下的应用性结构，必须保证设计基准期内（规范规定一般为100年）使用功能的安全可靠性。

桥梁的功能要求是一个涉及多方面互动影响的综合性功能质量。功能质量就是能满足功能条件的预见性和可持续性。预见性是对在桥梁寿命期间（生命周期）可能出现问题的前瞻处理；可持续性是在寿命期间按技术标准要求下的功能提高的可靠性和安全性，包括对管理、维修养护及改造提供可行性。

1. 通航要求

以通航性江河海峡建桥为例，除一般桥梁过水断面压缩或桥墩阻水产生的影响外，通航要求涉及通航孔的位置、跨径、净空高度、布墩形式及竖向高程等方面的因素。

比如我国长江中上游的一座桥，原设计方案是主孔460m的斜拉桥，当时连续刚构建得较多，后改为245m连续刚构桥，这样在水流转弯处就要布设一个桥墩，结果建成不久，就发生船撞事故，为此对主桥墩专设浮式消能防撞体，耗费近2 000多万元。与此相反，法国的诺曼底大桥，位于塞纳河口，原设计512m斜拉桥，后分析桥墩有被船撞的危险（通航15万t油轮），经过几年研究争议，最后放大至856m，一个塔移至岸边，另一塔设在人工岛上，彻底解决了船撞问题。

图5-1为美国佛罗里达州坦伯湾的阳光桥，全桥长6 670m，中间通航孔365m，为北美洲最大跨，通航净空53.4m，该桥为防船撞，边孔都设有防撞墩，而且，主孔两侧四边孔的桥墩都加粗，具一定的防撞能力，构思严密周全，值得借鉴学习。

2. 地形地质影响

我国西南地区修建了很多世界领先水平的大跨度拱桥，其原因是地形地质条件非常适合于修建拱桥。以万州长江大桥为例，桥位地形为V字形，基岩倾角平缓，裂隙不发育，且能一孔跨过。前期工作从1983年开始直到1994年5月1日正式开工，历时11年，这中间选取4个桥位进行比选，作了4种桥型6个布孔方案进行比较，最后劲性钢管混凝土骨架拱桥方案可一孔通过，以造价最低、坚固耐用、气势雄伟、景观优美而胜出，并创造同类桥梁世界最大跨径纪录。

图5-1　美国佛罗里达州阳光大桥

拱桥是一种推力结构，这种地形如拱桥不能一跨越过，多孔时要修建刚性很大的高桥墩，工程必有很大难度，因此应采用具有柔性高墩的连续刚构桥。黄花园嘉陵江大桥（图5-2），位于重庆市区，是连接重庆南北交通的重要枢纽。主桥全长1 024.32m，最后采用连续刚构方案，跨径布置为137.16m＋3×250m＋137.16m，跨中与根部梁高的差异形成生动强势的优美曲线。

图5-2　重庆市黄花园嘉陵江大桥

3. 可靠度

桥梁结构形式受环境条件和功能要求的制约，环境条件主要是温度、风、地震等的作用，功能的制约主要是设计标准和跨度等。比如风振，一般中小跨度桥梁多采用梁桥和拱桥，影响很小，但对一些超大跨度桥梁，400m以上的主要采用索体系桥梁，在风作用下产生的动力响应，引发结构的受力和变形的系统变化，从而产生结构内在品质的病害（如疲劳损伤等）。

因此需要树立桥梁的生命周期设计理念，从桥梁规划、方案确定、设计计算、施工质量、运营管理、养护维修一直到寿命终了，全过程考虑其服务质量和可靠度。而方案构思和设计最主要的目的是“诞生”一个先天健康的结构。对大跨径、复杂的桥梁结构还要进行生命周期内健康状况的监测。

4. 施工技术要求

对于跨越大江大河、深水海峡与峻岭险涧的大桥或特大桥，要重点关注其施工难度问题。弗莱西奈说过“100m和1 000m的拱桥在设计方面的难度相差不大，而在施工方面的难度差别就非常悬殊”。

以江阴大桥为例，桥位确定在江面最窄处（仅 1 400m 宽），其上、下游江面很快拓宽至 2 500m 以上。南岸是山，江道稳定，流速较大，水深达 60m，江中不宜设墩。除悬索桥外，其他桥型方案均需建深水墩，从深水基础工程及施工难度、施工技术的成熟程度、工期与投资比较，选用了一跨过江的钢悬索桥方案。在悬索桥方案中，又对主跨 1 385m 和 1 200m 两种跨径作了比较，最后确定 1 385m 方案（表 5-1）。

江阴长江大桥两种跨度方案比选表 表 5-1

主　　跨	1 385m 方案	1 200m 方案
水文条件	对河势稳定没影响，局部冲刷深度小	对河势稳定影响很小，局部冲刷深度大些
北塔建设条件	距北大提 93m 最大水深 4.4m 覆盖层厚 80.6m 岩面顶高程 -80m	距北大提 303m 最大水深 21.7m 覆盖层厚 95m 岩面顶高程 -112m
通航条件	畅通无阻	畅通但靠近江轮航迹线
墩台防撞	不考虑	要考虑江轮撞击力和可能的海轮撞击，需设永久防撞设施
主缆拉力	6.2 万 t	4.8 万 t
锚锭所受水平力	5.5 万 t	4.2 万 t
主桥造价比	1.00	1.36

二、桥梁结构的审美要求

桥梁建筑与其他事物一样具有自然的属性，即其物质功能作用，并在此基础上，形成精神感受方面的性质，具有得到社会承认的感染力。试想，一个功能不齐全，或让人失去安全感的桥梁结构，当然不会具备美感。除此之外，尚应说明以下几点：

（1）审美要有对象，审美的对象就是客观事物。桥梁建筑作为美的载体与一般艺术作品不同（如各流派的绘画），其美感的表现不是凭着人们的主观意念任意为之，无所傍依。我们要探求的是桥梁结构美表象的规律和法则。

（2）美感具有一定标准，它就是基于客观规律和由此而引起的人的主观情感。美有时间性，美的标准既有相对性又有连续性。所以美既有继承，又有发展和创新，有时代标准。

（3）美感具有个性，它因时、因地、因人而异。也就是说，桥梁建筑由于功能结构不同，应用性质不同（如人行桥），地形和环境不同，地区或民族的不同，甚至设计者的意图和构思不同，桥梁建筑在精神和审美方面具有不同的个性。

所以，一个桥梁设计者应当根据使用要求，以客观条件为出发点，在力学计算确定合理桥型方案的同时，从艺术的角度进行多方的构思，来完成美学要求上的再创造，形成一个具有审美感染力的桥梁建筑。具体内容请见本书各章节相关内容。

三、技术可行的经济要求

前面说过，美是一种社会现象，是人类物质生产活动发展的产物，所以，它必然受到人类社会生产和生活水平的影响和制约。对同一座桥梁功能方面的要求，可以用多种结构形式来实现，所以桥梁结构本身既有规律性，又有灵活性。在现今的情况下，桥梁结构作为一种特殊产品，除了要具有令人满意的使用和观赏价值外，还要有合理的价格，也就是说必须处理好功能和美、经济效益之间的关系。

在桥梁结构的设计中,要进行桥型方案的比选,最终使用功能和美学造型方面的要求则用技术经济性来统一。但是只单纯的用经济性来确定结构形式或只考虑美学要求而忽视经济性都是一种偏颇的做法。“安全、实用、经济、美观”四项设计原则,是相得益彰的有机整体。这就像人们穿衣服的双重性,一是遮体保暖、防寒祛暑,具有保护身体的实用功能,二是装饰、美化的审美功能。其矛盾的统一是用“物美价廉”的经济性来达到上述目的。

目前,有人提出“实用美学经济学”的理念,它揭示了美感的发展归根到底要受经济条件限制的经济原因,并用生产力经济学的原理来阐述实用美学对生产力发展的意义。

经济与美观是人们追求的两个目标,但经济与美观是矛盾统一的。跨江越谷、连路通途,桥梁建筑的功能要求是基本一致的,但其美学造型则会有不同的特点和要求。试想一座建在城市中的跨江大桥与建在荒原中的跨江大桥,能花费相同的代价来处理它的美观问题吗?答案是明显的。实用经济美学观点就是将处于实用、经济、美观矛盾中的产品,用优化的原则花费一定的代价,来获取高质量的美学效果。没有不付出代价的美观。毫无疑问,为了改善桥梁的建筑外观而增加一些造价是值得的,这已形成共识。以往过分强调造价经济的政策导向,致使很多桥梁在美学上不尽如人意,使人们追悔莫及。

美学与产品的联系是现代社会发展的必然,随着科学技术和社会文明的发展会有越来越高的要求。对产品美学来说(包括建筑美学、桥梁美学),因为产品是生产(施工)出来的,所以产品的生产(施工)质量也是产品美学的含义之一。设计再合理、造型再美观的桥梁,施工质量粗糙,美感也会丧失。

经济美学还与管理经济学紧密相关。管理出效益,同样,管理出美观。设计再好的桥梁,养护管理跟不上,脏乱破损,谈何美观。

美学的经济效益不能仅从经济报偿上考虑,在某种意义上说其精神方面的影响,深远的社会意义甚至对人类建筑技术史的影响,如同其他艺术作品一样。这是桥梁建筑技术的科学文化价值。图5-3为桥梁方案构思的准则图解。

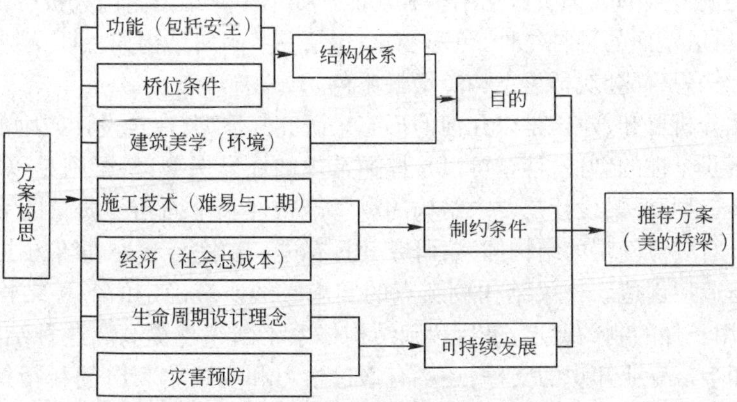

图5-3 桥梁方案构思的准则图解

第二节 桥梁结构美的特征性

有人说桥梁是架起的路,直白的诠释让任何人都清楚了桥的功能特点。架起来是因为路遇到了不可阻截的障碍,架起来的路同没架起的路同样要连续走人跑车。架起的路就是特殊的路，起名曰为“桥”。所以桥梁的最基本功能是跨越障碍和承受荷载，跨越承载要有结构，并设支撑形成桥下必需的空间，同时还要将承受的载重传至地壳表层的岩土中，最后形成桥梁的整体结构体系。从人类用桥、建桥至今，虽然随着人类社会和经济的发展，科学技术的进步，对桥梁功能要求不断扩大和提高，形成很多类型的桥梁结构形式，但桥梁结构的基本构架原理一直没有变。

桥梁建筑的形象表现是以结构本体显示自身美的风格，是以轻盈的姿态而又富于强劲力度的跨越“一桥飞架南北，天堑变通途”，构成令人惊叹的磅礴气势。桥梁结构是由线的组合而筑就的受力体系，是源于简洁明晰的力的传承路线的直观表象（图3-13）。桥梁是以真实的结构形态为存在形式，以合规律性为构成基础，所以在人们的头脑中，是实实在在的“真”，是内在的“真”与外在的“真”的统一体。桥梁“善”的表征是指反映在人们生理——心理结构上产生的效应，是肯定、亲切、愉悦、振奋的情感，是所有褒奖的词汇都可表达的功能效应。也就是说桥梁结构完全合乎人们的生产实践的社会目的性，是合目的性的实实在在的“善”。形象性地说，桥梁是一种质朴无华，真诚无暇，是合规律性的“求真”和合目的性的“向善”的高度统一的结构体，凸显出桥梁感性与理性形式高度统一的结构美的基本特征性。

前面介绍的“鸟巢”、“水立方”、“蛋壳”建筑，其结构都是单一巨大的空间密布格构式钢桁架结构，按一定的外轮廓形状要求而组拼成形，所以其力的传承路线已很少被人认识，观赏者得到的是印象深刻的“鸟巢”、“水立方”、“蛋壳”的造型。这就是“建筑和装饰艺术的连续性”的体现。桥梁结构和建筑结构与材料学科和力学学科都具有密切的联系，虽然合理的结构组合与人的巧妙构思和设计有着直接的关系，但最后形成的结构造型却具有很大的差异。“建筑的”装饰“呈现出一种异常活跃的状况”，“质地、外表、形态、象征和表达”都可通过‘装饰’手段达到。应用到桥梁上面，恰恰反之，桥梁是不可能用“围合结构装饰”来掩盖结构力学形态的规律性，这种结构的造型正是人们公认的桥梁结构形象，也是桥梁结构美的又一特征性。但这不是说桥梁要远离各种“装饰”。在确定了桥梁整体构成的结构造型显示出的结构形态美的同时，还要对结构的各组成部分进行精美和富于创意的细部艺术处理，使桥梁增添艺术美感。也就是说桥梁的装饰要服从结构和功能。如书中介绍的金门大桥所代表的桥塔的表面处理；主梁与桥墩壁面的各种纹理、色彩变化；包括一些附属结构如栏杆、端柱、灯柱、桥名牌等的艺术性设计构思，都会对桥梁结构美增景添色。

从上面对比分析可知，建筑是以几何的形态来研究其造型，建筑设计鼓励的是建筑师追随时代或思潮的自我个性的创造，甚至可以是悖逆常规的怪异选型；桥梁则是以力的承继、结构的形态来研究其造型，桥梁设计是要求结构的科学严密性和全面功能质量的完美性。其创新的思维方法是针对具体确定的结构体系，研究其具有进一步完善和推进结构作用的创新点，而不是个性的形态造型创造。桥梁结构创新点的实施必须要有确定的各种结构力学参数的保证，符合各种应用条件的制约要求，最后达到结构体系不断超越提高。这种结构创新，需要科学理论的指导和丰富专业知识的支撑，还要有通过学习和实践培养出创新精神与思维。桥梁结构美的创新特征性，是一种集体智慧的体现和共同协作实践的结晶。

桥梁结构是一种空间结构，建筑结构也是一种空间结构，但它们却有很大差别。建筑表现的空间形式，是由空间结构实体形成的“外壳”隔断构成。“外壳”以内是结构空间，即为内部空间，这是人们生存活动的空间，体现着建筑的使用功能，也有称之为“私密空间” 或“被塑成的空间”。“外壳”以外的空间是建筑周边的环境空间，其体量所占据的空间显示的形态要与周边环境空间协调或融合，人们在外部空间看到的“外壳”形象就是建筑造型。

桥梁结构空间不分内部和外部空间，它没有实体形成的“外壳”，而是主体结构线形组合的开放式结构空间。桥梁又是一个公益建筑，其空间为社会性的“公共空间”。线形组合是桥梁跨越支撑，受载传力，实现功能的结构体系。桥梁结构虽然看似有结构分割空间，但没有隔阻或围合的结构遮盖，各看似分割的空间完全通畅连为一体。所以，桥梁开放式结构，构成一个为全民服务的公共空间，人们在其中活动，都会有一种“主人心态”，这是与建筑空间的权属性质不同有很大关系。对于以桥梁为中心进行周边景观建设时，其各景点建筑区域空间设计，应创造形成一种满足人的审美需求和符合环境条件的艺术空间组合，使整个“空间”都融合在景观环境中。

由此可知，桥梁作为社会公共空间结构，空间设计在可能的条件下，要以人性化理念进行总体功能服务的规划设计，其特征性的表现是空间的连续性、动态性、观赏性、游乐性、休憩性及展示性等，让人感到便捷、亲切、舒适，有激情，还要更青睐有加。

大桥或特大桥结构，无论哪种体系，结构形态都有强劲的指向性和空间扩张感。作为一个线形结构工程，其无限伸延的指向性，融合着大量的美学法则所表现出的各种美学要素，从结构的变化中真实而形象化地体现出主从、比例、均衡、协调、节奏与韵律等美学要素。图5-4为我国刚刚建成的杭州湾跨海大桥(2008年5月1日通车)，是世界上最长、工程规模最巨大的一座桥梁。大桥全长36km，海上桥梁长度35.7km，桥面宽33m。大桥南北两条航道采用斜拉桥，其中北航道布孔为70m + 160m + 448m + 160m + 70m = 908m，钻石形双塔双索面钢箱梁斜拉桥；南航道布孔为100m + 160m + 318m = 578m，A形独塔双索面钢箱梁斜拉桥。水区引桥采用70m跨径整孔预制吊装的连续箱梁结构，滩涂区引桥采用50m跨径整孔预制吊装的连续箱梁结构。

图5-4　杭州湾跨海大桥

大桥的整体线形设计综合权衡各影响因素，其中充分重视水域环境和自然景观的保护，其平面设计成优美流畅的S形曲线；纵向线形以两个主桥为中心构成两个凸拱形竖曲线。由于杭州湾跨海大桥海中桥梁达35km之多，沿线又无可利用的岛礁，在海域中央设置一座海上平台，面积达12 000m^2。施工期间作为生产、生活基地，并兼作海中测量、通信的中继站。运营期间作为海上紧急救助、旅游观光、海事管理的场所。平台上设有观光塔，以提高其景观效果。

在广阔浩渺的海湾，杭州湾大桥就像一条白色的彩练，镶嵌在蓝色的海面上。平面曲线的曲直流畅，纵向高低错落和谐，主桥与引桥主次分明的对比，桥下净空韵律的优美和节奏的变化，这一切都尽显桥梁优美的线形结构形式美的特征性。

多数长大跨度桥梁的功能环境不设置人行道，要求车辆高速通过而不能驻足观望，杭州湾大桥也是如此。所以该桥在桥中央设置一个海上平台，既提升了桥梁的总体功能效果，又拉近了桥与人亲切情感的交流。

桥梁建筑按着其本质特征来说是一种“固定结构形态”，它的特点在于自身的“物理不动性”。而其承载的车、人及相关的流水和船只具有的是“物理的可动性”，构成一个具有动势的形态意境，即“动态空间”。桥梁结构动态空间表现形式是一种三维空间加时间的四维空间，在一段时间段内，人们是在其空间中不断的身临其境的欣赏者，留恋体味结构空间的画面，追思求原结构的逻辑秩序。桥梁结构体系是开放空透式的结构体系，使人的视线和心理指向会在动势意境的引诱下不断变化而不受阻断，只有桥梁结构才能给人审美心理创造一个最理想的具有四维空间特征性的视觉环境。

人们走进或通过时，会从广阔博大的自然衬景中的桥梁结构雄伟壮观的形态变化中，激发起一种无可名状的空间扩张感，这种激情的迸发会形成一种人的“心理空间意向”，从而使审美心理诱发出富有生命力的情景交融的“时空幻象”，这就是桥梁结构蕴涵的“精神美”。桥梁结构形态所创造出的这种超越现实的精神和活力的意境，是桥梁结构美的又一个重要特征。

可以这样来颂扬桥梁结构美：任何一种空间结构体系的桥梁都是“生命和活力”的存在形式，虽然其形式默默无语，却洋溢着打动人们审美心理情感和意念的激情。它以人们可以理解的“肢体语言”大声“发言”、“表态”：桥梁是一种“有理念、有情感”的结构形体，其空间形象能够展现社会、时代、人生、发展、进步的无限的涵义和理念。

我们可以毫不夸张地说，桥梁结构是建筑结构中，功能要求最高，结构受力最复杂，结构形态最明晰，美学法则最“集成”，社会影响最巨大，与人关系最亲切的一种建筑结构。它是雕塑艺术品，是凝固的音乐，是折射文化的棱镜，是一切美好理念的载体，这就是桥梁结构美的内涵。在这里要强调一点，桥梁建筑艺术是依托在结构体系上，包括一些细部艺术处理。桥梁的形态结构必须保证在各种应用状态下的必要强度、刚度和稳定性，才能形成具有宏伟感、创新感、艺术感等多方面形态表现。有人提出对一些中小跨径的城市桥梁，尤其人行桥，应由艺术家确定设计形象、建筑师来诠释设计、工程师来完成设计，使桥梁成为一个“集大成”的艺术作品。让艺术家、建筑师参与桥梁形象方案构思是一件好事，但桥梁结构功能的根本实质是不会变的，桥梁就是桥梁，不是仅为观赏可随意修改、塑造装饰的构筑物。

综上可知，桥梁结构美学作为科技美学一个分支来研究已是势所必然。上面所介绍的内容是桥梁结构美学的一些特征性的表现，不够深入和全面，只是作为研究的一种指向，仅供学习参考，并希望探讨争辩。

第三节　桥梁结构方案构思与比选

随着桥梁建设事业的发展，现代计算机技术的应用给桥梁方案比选提供了更方便的条件。尤其是桥梁美学造型，可以更直观地利用三维动画效果图，从不同视点来进行综合分析各方案美学效果的工作。

一、设计基础资料

一座桥梁的规划设计涉及很多因素，必须充分调查研究，从客观实际出发，遵照“安全、实用、经济、美观”的原则，提出合理的设计方案。

（1）桥梁功能作用

根据远景实用要求，确定桥梁设计的各种技术标准。

（2）桥梁建设位置

桥位选择是以安全、经济、稳定为原则,城市桥梁及立体交叉则应根据城市交通网建设规划来确定。

(3)水文地质条件

水文资料主要用以确定桥长、孔径及桥下净空等,这对桥梁造型是很重要的资料。地质资料主要通过钻探勘查桥位处地质情况,作为基础设计的重要依据,对确定上部结构体系也有很大影响。

(4)其他资料搜集

其他资料包括:施工机具设备及技术水平,材料供应及材质,城市规划及景观要求,国内外新的设计施工可供参考的资料等。

二、桥位环境调查

前面的论述中已经一再强调,桥梁建筑形式美和功能美不能独立于环境之外,所以,桥梁建筑与其周围背景环境的协调是美学设计的主要法则之一。桥梁建筑的环境设计,采用哪一种处理方法,主要由桥梁的建设规模、结构形式、桥位处的环境和景观形态确定。

桥梁建设地点环境调查在可行性研究阶段是非常重要的工作,其具体调查参见第六章内容。

三、桥型方案拟定

在任何一个桥位处,从技术条件考虑,可修建的桥型会有很多种。初步拟定时不要遗漏有比较价值的方案,要广泛一些。这里说的方案拟定比选,是在可行性研究阶段所进行的方案设计,不是在初步设计中进行桥梁结构形式的比选。前面在桥型结构体系分类中已经介绍了各类桥梁结构特点及适用范围,可以此来拟定桥型方案。具体可按以下步骤进行:

(1)选用合适的比例尺寸画出各种可行桥型的布置图。

(2)注意根据不同的桥型而考虑分孔和使用的要求。

(3)对各种可行桥型结构进行技术、经济、美学方面的分析比较。

图5-5为一座无通航要求的跨河桥各方案比较。

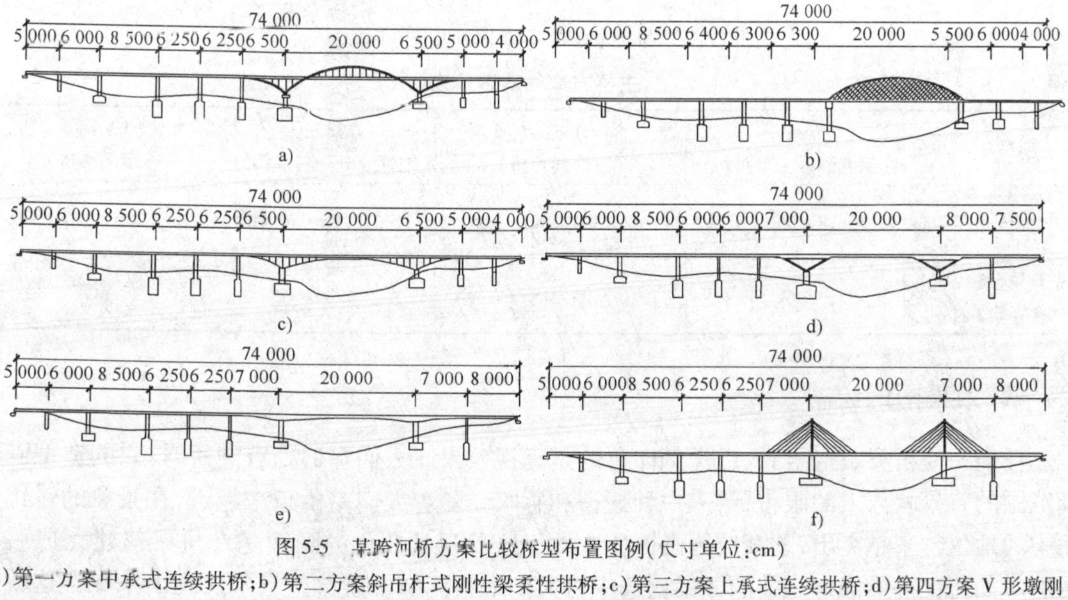

图5-5 某跨河桥方案比较桥型布置图例(尺寸单位:cm)

a)第一方案中承式连续拱桥;b)第二方案斜吊杆式刚性梁柔性拱桥;c)第三方案上承式连续拱桥;d)第四方案V形墩刚构桥;e)第五方案连续梁桥;f)第六方案斜拉桥

重庆菜园坝长江大桥是重庆市区内规划的16座跨江特大桥之一，规划要求双向6车道公路交通和双线城市轻轨，双侧人行道。方案设计时提出的原则主要是确保通航安全，同时还要保证施工时不影响船只通航，桥墩放置应充分考虑对航道水流不产生影响；所选桥型要技术先进，结构有特色，有别于已建桥型，与城市环境相协调；同时还要满足施工进度要求下的经济合理的原则。基于上述要求，提出三种桥型4个方案进行初步比选（图5-6），最后从通航条件、施工技术要求、工期和造价、城市景观要求等方面考虑，单孔拱桥和连续刚构造价较低（表5-2），单拱方案主跨360m，跨度远大于连续刚构方案，而且重庆市区需要建设一座大型拱桥，推荐方案为单孔拱桥方案。

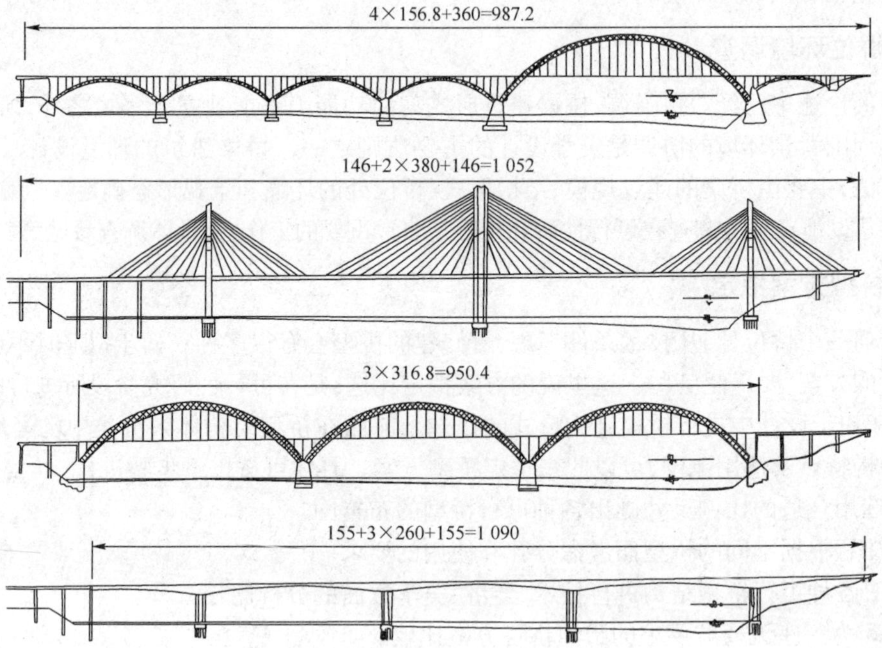

图5-6　菜园坝大桥桥型方案图示（尺寸单位：m）

主桥方案估算造价表

表5-2

项目	单位	方案一（钢管混凝土单拱桥）	方案二（三塔斜拉桥）	方案三（钢管混凝土三拱桥）	方案四（连续刚构桥）
桥长	m	4×156.8+360=987.2	146+2×380+146=1 052.0	3×316.8=950.4	155+2×260+155=830.0
估算总金额（含轻轨）	亿元	2.61	3.21	3.06	2.50

四、效果图的绘制

任何一座桥梁，首先给人以深刻印象的是远视效果。人们在远处看到桥时，它的造型以广阔范围的背景映入人的眼帘，给人一种振奋和感叹。随着人们离桥越来越近，在景象的转化中桥梁的地位越来越突出，逐渐成为画面的主体。这种视觉变化的画面是在桥梁修建完成后获得的。如何在桥梁修建之前的方案比选中将人们观察到的桥梁造型景象展现出来呢？这就需要绘制效果图。桥梁方案设计中效果图的绘制，是从美学方面进行方案比选的重要手段。效果图绘制应注意以下几点：

(1)要注意根据人们观赏桥梁的路线(如由道路上桥的路线,或公园游人在侧面观赏路线)选择最佳视点位置,表现出桥梁的造型美,构成造型尺寸的平衡。

(2)要注意恰当地描绘背景环境,抓住环境特点,突出桥梁建筑与环境设计的和谐性。

(3)注意设计出显示构思意图和结构特色的色彩。

图5-7为在建武汉天兴洲长江公铁两用大桥的效果图,该桥为双层,下层4线铁路车道,上层6条公路车道,该桥全长1 657m,采用双塔三索面两主桁斜拉桥,主孔504m。

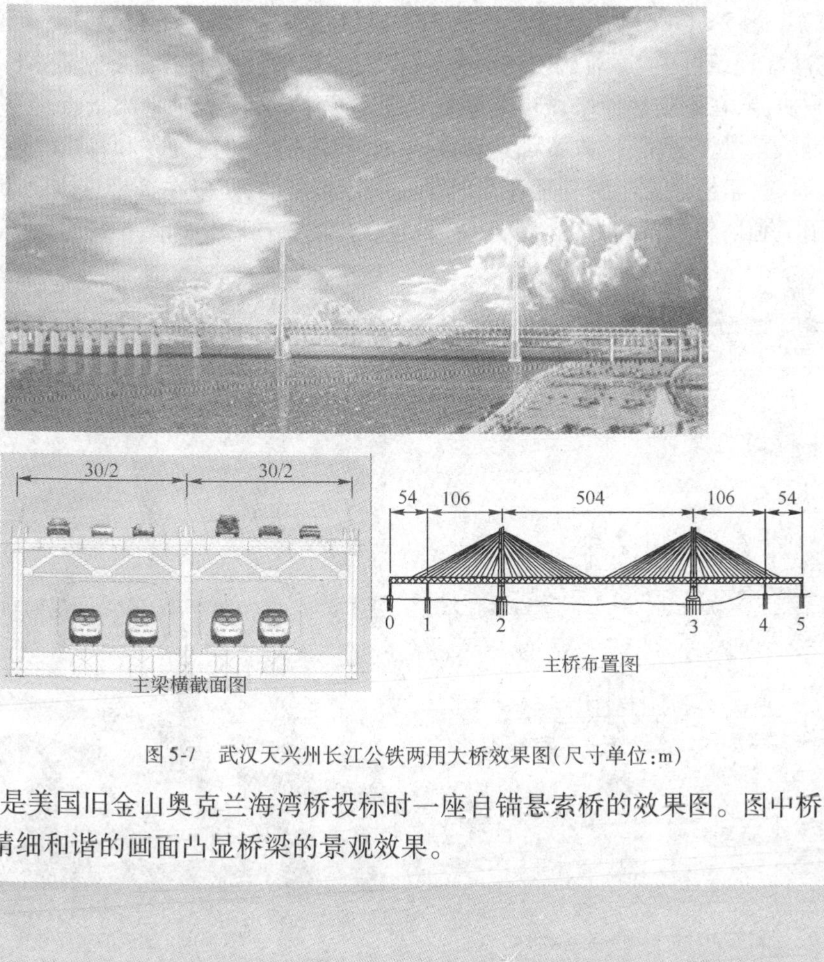

图5-7　武汉天兴州长江公铁两用大桥效果图(尺寸单位:m)

图5-8是美国旧金山奥克兰海湾桥投标时一座自锚悬索桥的效果图。图中桥位环境是真实场景,其精细和谐的画面凸显桥梁的景观效果。

图5-8　美国旧金山奥克兰海湾桥投标效果图

五、桥型方案分析

塞弗林桥(Sever in bridge)位于德国科隆市区跨越莱茵河。在桥位的左岸高耸着一座哥德式教堂,成为城市景观的一个注目点。桥位于莱茵河通航港区,其左岸部分,由于船舶航行频繁,水中不宜设墩。

根据可行方案,首先拟定了三种桥型[图 5-9a)、b)、c)]。这三个桥型在景观上有一个致命的弱点,就是桥型呆板,教堂的美丽景象被遮挡而失色。从整个环境设计考虑,提出桥型不对称布置方案[图 5-9d)、e)]。这样教堂所在左岸景色不受影响,在右岸一侧布置桥塔,使左岸的桥梁隐蔽在建筑群中,逐渐从视线消失。远看,左岸的教堂尖塔与右侧悬索桥主塔呼应并立,显得对称协调,在不破坏原来城市左岸景观的前提下,又使右岸平添景点。无论是从桥上看教堂,还是从教堂上看桥,该方案都具有宽阔的景观背景,受到赞许和肯定。但从力学和经济性方面来看,悬索桥做成半跨独塔在当时是有一定难度的,所以在造型总体设计确定的情况下,最后采用了独塔斜拉桥的方案[图 5-9e)],建成后的塞弗林桥如图 5-10 所示。

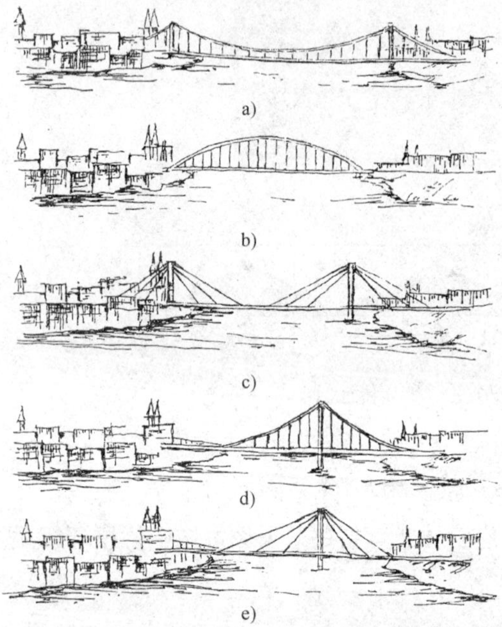

图 5-9　德国塞弗林桥桥型方案示意图

图 5-10　建成的塞弗林桥

前面介绍的重庆菜园坝大桥,在可行性研阶段确定采用单孔拱桥方案。进入初步设计阶段,又进行单孔拱桥方案具体结构构造方面的细部比较。

首先对加劲主梁,按功能要求梁高要 11m,是箱梁还是桁架梁,选定为桁架梁。其原因是结构通透,轻轨中的乘客能欣赏长江的景色;可不考虑通风设计;车道布置要求采用倒梯形截面,受力合理。

拱肋是拱桥的主要受力构件,以受压为主。由于轨道交通的要求,高 11m 的主桁梁刚度很大,拱肋的刚度可以减小。初始拟定方案时是采用格构式钢管混凝土拱肋,后根据拱肋受力状态与分析,若采用箱形截面拱肋会比桁架拱肋细小。从美学考虑,如果主梁和拱肋都是桁架,桥的外观会显得平淡、呆板,缺少变化,不够轻盈、缺少秀气。改为钢箱拱肋还会显示出虚实相济,静中寓动的景观动势。

几乎所有中承式系杆拱桥的边跨都设有立柱以支承梁的重量，并增强稳定性。该桥主梁的强度和刚度足够承受所加荷载，去掉立柱，显得边孔受力清晰，结构简洁。由于边孔拱肋不再承受竖向荷载，改为直线，形成拱桥下半部结构成为 Y 形混凝土刚构。一改以往中承式拱桥梁下桥墩处凌乱臃肿的形象，这样处理显得结构简洁轻盈，形成中承式钢箱系杆拱刚构组合结构，很有创意。评价时对各方案跨度又进行了更合理的调整，斜拉桥改为高低塔，更符合桥位条件。通过结构计算，在确定的结构尺寸和工程数量的前提下进行概算分析，得到三种桥型方案的造价比较（表 5-3）。从中可知，钢箱系杆拱刚构组合结构即使与应用成熟的同规模的经济桥型相比，仍然具有经济竞争优势。最后，桥型结构设计方案如图 5-11 所示。图 5-12 为菜园坝大桥效果图。

方案工程材料及工程造价对比表 表 5-3

方案 / 项目	方案一  100m + 420m + 100m	方案二 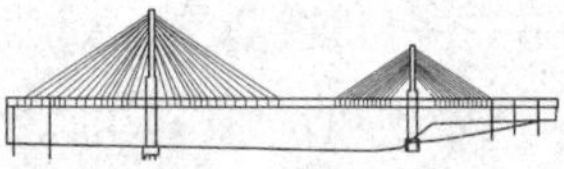 220m + 420m + 120m	方案三  88m + 102m + 420m + 102m + 88m
混凝土（m^3）	66 200	65 000	46 600
预应力钢材（t）	1 350	1 600	1 700
普通钢筋（t）	7 300	7 500	5 000
Q345 钢材（t）	17 500	14 500	18 000
概算工程建安费（万元）	44 000	41 000	41 300
主桥总长（m）	620	760	800
延米造价（万元）	71.00	53.95	51.62

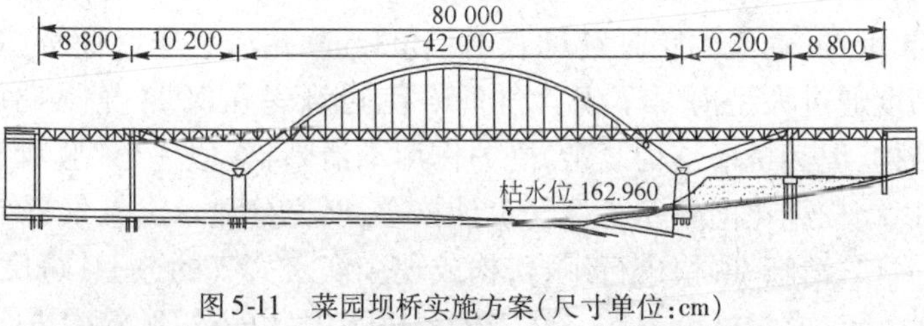

图 5-11 菜园坝桥实施方案（尺寸单位：cm）

图 5-12 菜园坝大桥效果图

第四节　桥梁的概念构思与设计

“概念设计”是近年来在建筑设计中引入的一个新名词，是以简单形象构图作为最终方案构思主体形态概念表象的方案设计理念。对房屋建筑来说，是以房屋建筑造型风格为基调，采用单体组合造型及立面装饰来达到概念构图表象的目的。正如有人所说：建筑的艺术可以用“雕塑”的形式作为美学的表达方法，通过“装饰”手段把美学要素与某种表象功能结合，如质地、外表、形状、象征等。桥梁建筑不同于房屋建筑，桥梁的建筑形象，是存在于与功能相适应外露的结构体系之中。

传统的桥梁设计主要由结构工程师构思方案，因而在方案设计中较少体现出概念设计的色彩。随着桥梁建设的发展和功能需求的提高，竞争机制的推动及对桥梁建筑美学要求的追求，建设美好桥梁已深得人们的关注与赏识。概念设计现已成为桥梁方案构思和初步设计阶段一个最重要的工作，它不仅是结构师的工作，还需要建筑师、艺术家、灯光设计师和其他多方面专家的参与配合，甚至某些桥梁在环境因素和社会功能的要求下，还需与建筑师通力合作，从概念设计角度构思新颖有创意的桥型结构。

大跨或超大跨度桥梁的方案构思，是以主体结构科学技术的正确和严密性为概念设计的基本理念，主要解决所选结构实现综合功能的技术保证和符合美学造型规律的创新性的结合，空间规划及布孔方式等的分割排列的协调合理，细部结构在精细计算基础上的和谐统一的问题。以最简洁清晰的结构体系，建成人们预想的优美桥梁。前面介绍的重庆菜园坝大桥，在方案设计中对该桥总体布孔、主要结构造型的精细分析研究，尤其对具体构造格局的改进创新，是一座遵循功能、安全、美观、经济原则概念设计的大跨桥梁。

金门大桥的设计方案产生过程是早期概念设计的典范。金门大桥要跨越宽阔的金门湾，坐落于绵延起伏的山间，一侧为旧金山的高耸楼厦，一侧面向瀚渺的太平洋，不仅跨度要大[当时已建成主孔 1 067m 的纽约跨越赫德森河(Hudson)乔治·华盛顿桥(1929—1932)]，还需要超乎寻常的高度通过大型海洋军舰。图 5-13 为设计者在 1924 年早期设计方案，虽然传力体系是悬索桥结构，但其桥塔结构复杂，受力作用不清晰，看似一个“竖旋”结构。设计者后来与建筑师合作，以结构纯化简单作为概念设计核心，要充分显示出悬索桥结构体系的明晰力线，将塔、缆、梁按简单、清晰、明快进行组合，构成现今恢宏大气的造型，跨度保持世界纪录 27 年，塔高保持至 1997 年，成为撼世杰作。在索体系桥梁中，以塔的形象构思突出概念设计的桥例为数不少。图 4-65 是世界三座最大跨度的悬索桥桥塔造型图，其简洁且各有特色的构架、精细而流畅的连接，形成蔚为壮观的悬索桥标志性建筑。

广州猎德大桥主桥为独塔两跨自锚式悬索桥，其跨径组合为 47m + 167m + 219m + 47m，塔高 131m，以“珠江之贝”为索塔造型概念，塔身外观似两贝壳相扣，造型突出地域环境特色，与周围建筑协调，是历史文化与现代文明的完美融合(图 5-14)。

在阿联酋首都阿布扎比正在修建一座“雕塑般有着流动沙丘造型的桥梁”(图 5-15)。桥梁方案是建筑师由流动沙丘形状灵感而来，最后由于新颖独特的雕塑般沙丘造型和造价较低而中标。桥型采用不对称钢箱拱结构，但复杂的双轴向弯曲和多变的推力，增加了很大的设计难度。架设、安装桥梁构件遇到的挑战不亚于世界上某些最大桥梁结构所遇到的挑战。所以一些中小跨径桥梁的概念设计对桥梁工程师在设计和施工方面都是一种高水平的要求和考验。

图 5-13　金门大桥的早期设计方案

图 5-14　广州猎德大桥索塔“珠江之贝”造型概念

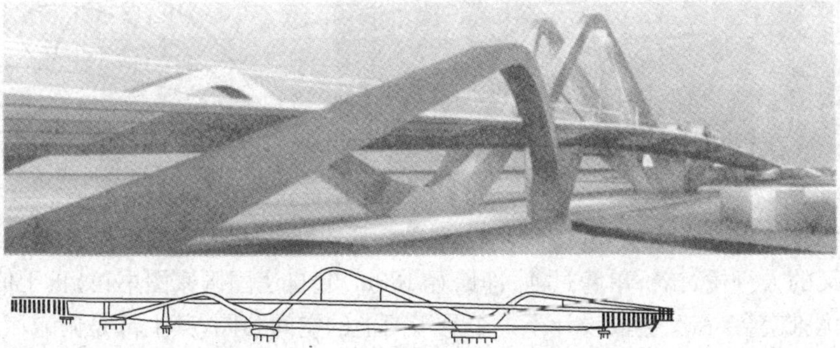

图 5-15　“流动沙丘”概念设计的桥型

为迎接 21 世纪的到来，很多国家修建了一些有纪念意义的“千禧人行桥”。英国纽卡斯尔要修建一座跨越泰恩河的人行和自行车桥，还要允许船只通过，最后概念设计确定为一座双拱肋开启桥（图 5-16）。一个拱肋构成桥面，另一个拱肋把它支撑起来，绕着共用拱脚旋转，用 4min 就可整体翻转，形成的净空高达 25m，大型轮船可顺利通过。在开启的操作过程中，好像是闭着的眼睛慢慢张开，奇妙的造型创意，高科技的应用与完善的功能，令人瞠目赞叹，该桥建成迄今已获多种专业奖项。

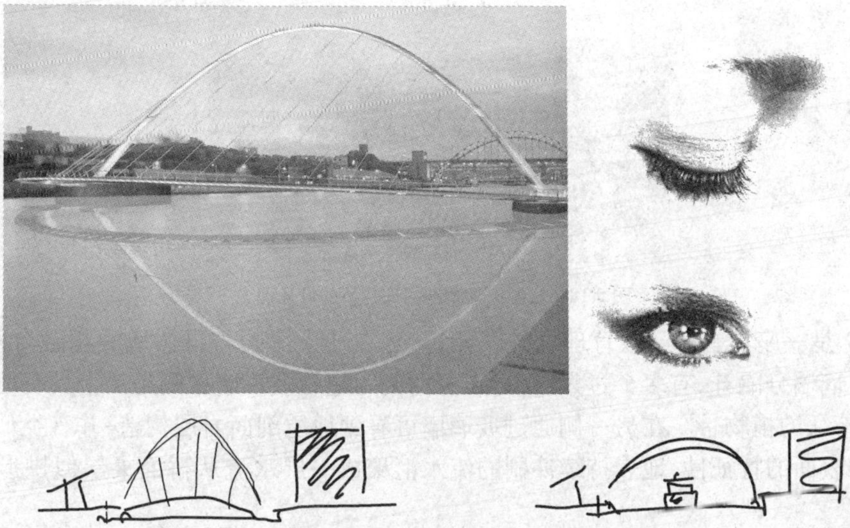

概念草图

图 5-16　英国纽卡斯尔桥的概念设计

在英国贝德福德城的大奥斯(Great Ouse)河上建造一座人行桥的竞赛获胜方案是一座蝶形桥(图5-17)。该桥是以现代概念形象构图与发挥新材料能力相结合的产物。结构简单明晰,由两个高抛物线形中空钢管,两岸同点出发,向上斜张形似蝴蝶翅膀,使桥梁形象具有了生命力,并与周围环境完美地结合起来。

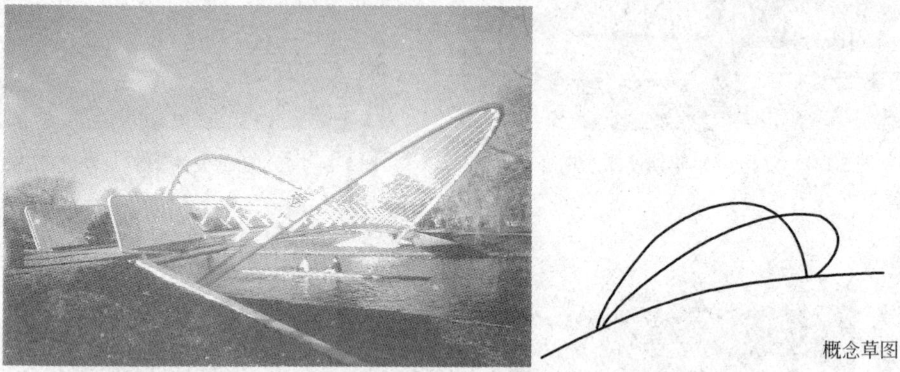

图5-17　英国的“蝶形”桥

人行桥在设计理念上应给人以轻柔、舒适的感受。图5-18为法国巴黎跨越塞纳河的一座竖向曲线交叉的人行桥,该桥单跨过河,净跨径180m,起自法国国家图书馆,止于伯西公园,两条弧线竖向优雅交会,在交会段设计了一个悬于河上的空间公园,其上部是俯瞰城市的绝佳景观视点,其下则是一个50m长,12m宽的广场,可漫步观赏,止步休憩。该桥2005年建成,反映设计者在功能、美学、技术方面概念构架的宽广思维能力,及所具有的深厚功底和丰富智慧。

图5-18　法国巴黎塞纳河人行桥的设计理念

图5-19是一座具有科学教育理念的人行桥,意在让人体验与自然地质相融合的展示桥。桥中轴用玻璃墙分隔开,有多个过人口,行人可两侧穿越参观。墙一侧是4个具有地球上典型地域、气候特征的植物带。在另一侧通过玻璃墙可看到地质剖面岩层构造,并有类似地面的水槽暴露出地表面的特征性,地表持续冲刷的流水汇聚成一层水流从桥面夹层似拱形瀑布样流入河中。

图5-20是一座建于公园的模拟小桥流水和山脉景观的一座“山桥”。上升的桥似一条山脉的缩影,人们可以像在山坡登山一样,体验升到山顶观景的感受。

图 5-21 是美国 Milwaukee 美术馆人行斜拉桥，主跨 73m，斜拉桥主塔与美术馆屋顶相结合，形成一个"大鹏展翅"的概念设计造型。

图 5-19　自然地质展示桥

图 5-20　"山桥"

图 5-21　美国 Milwaukee 美术馆的"大鹏展翅"概念设计

图 5-22 是天津保税区人行桥。该桥建于 2000 年，位于保税区商贸服务区，具有商贸服务区标志门和行人过街的双重功能。概念设计要求是不能同于普通人行桥，形象要具有现代化的个性风格；标志门要和桥体造型相谐一体。桥体造型采用梭形，意喻为现代航天器对接升空

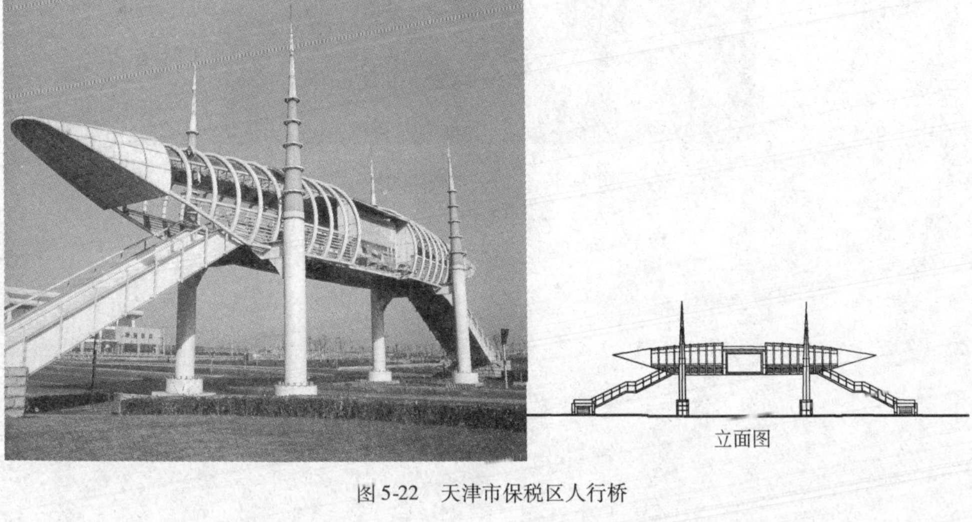

图 5-22　天津市保税区人行桥

的形象。标志门用4个尖锥塔式支柱形成井字构架，在代替桥墩的同时，更突出梭形航天器欲升高空之气势。设计中将桥面、栏杆及桥顶篷形成一个整体钢管梭形体，结构线形优美，形态生动，体现现代高科技风格。该桥曾获北京市优秀设计二等奖。

概念设计实际上是一种创意的思维，是方案拟定比选阶段的一个重要工作，创意不一定是创新，在现结构基础上科学地改进完善是概念设计的基础工作，是对大跨桥梁设计研究所必须要做的推进工作。

近期(2007 年 12 月 23 日)建成的安徽芜湖临江大桥是一座单塔斜拉桥，位于青弋江与长江的交汇口处，大桥总长 433.5m，主塔高 73.5m。该桥最主要的特色是造型以形态逼真的鱼作为塔的概念设计构思图(图 5-23)，同时还内装电梯，人们可登塔观光，沿岸风光尽收眼底。这种以真实形态构思的桥塔所见很少。有一个问题需要讨论的是，概念构思是以真实性的形态为好还是以抽象意念为好，很值得大家探讨，评说让大家作吧。

图 5-23　安徽芜湖临江大桥

第六章　桥梁建筑的环境美学

第一节　环境与桥梁建筑环境

环境是一个综合含义名词。环境(Environment)是指主体(人类或研究对象)以外,且围绕主体占据一定空间,构成主体生存条件的各种外界物质实体或社会因素的总和,是生命有机体及人类生产和生活活动的载体。《环境保护法》更具体指出“本法所指的环境是指大气、水、土壤、矿藏、森林、草原、野生动物、名胜古迹、风景游览区、温泉、疗养区、自然保护区、生活居住区等。”可以说,直接或间接影响到人类生存与发展的一切自然生成的物质、能量和自然现象的总体均可理解为环境。

环境的范围宏大宽广,除了按环境深度层次划分为宏观环境、中观环境、微观环境外,一些具体环境的概念和划分则因学科而异。在研究的关注角度和内容上,不同学科的学者对环境的概念有着不同的理解。

按环境的主体划分,主要有两种,一是以人类为主体,其他的生命物质和非生命物质都被视为环境要素;二是以生物为主体,把生物以外的所有自然条件都视为环境,为生物环境。

按环境的性质来划分,可分为自然环境、人工环境(或半自然环境)、社会环境三类。自然环境是人类出现之前就已存在的,目前赖以生存、生活和生产所必需的自然条件和自然资源的总称;是直接或间接影响到人类的一切自然形成的物质、能量和自然现象的总体。通常指水、大气、生物、阳光、岩石、土壤、植被等。人工环境是指由于人类活动而形成的环境要素,是人类为了不断提高自己的物质和文化生活质量而创造的环境。人工环境多以建筑环境为主体。人工环境中还包含有半自然环境,是自然环境与人工环境的组合。社会环境是人类经过长期有意识的社会劳动、加工和改造了的自然物质、创造的物质生产体系及积累的物质文化等所形成的环境体系。社会环境一方面是人类精神文明和物质文明发展的标志,同时又随着人类文明的演进而不断地丰富和发展,有人把社会环境称为“文化—社会环境”。

再按狭义或具体属类划分,则有如居住环境、学习环境、工作环境等,这不是我们要考虑的内容,不作一一介绍。

现以建筑学的观点来分析建筑环境特点。建筑是以一种空间形式表现它的环境,并按结构分为内部空间和外部空间,内部空间我们不说了,其外部空间环境极少见到一些自然环境要素,如原生态的草、树、岩石、土壤等,四周只是人工构筑的街道、广场及群体建筑等,实际上其任何一个建筑是在人工环境中与各种建筑“交流对话”,只能参与“城市景观舞台”的演出。

桥梁建筑环境是指桥位处一定范围内的环境空间类型。众所周知,桥位的选择不是人们主观任意确定,所以其周边环境空间类型繁多,各有特色。桥梁可建筑在跨越深山谷涧及江海河川人烟稀少的自然生态地区,风景旅游区;建筑在人为环境的城市中;建筑在半自然环境的城市边缘的跨江越河的桥梁,甚至可能建筑在具有历史文化遗产传承理念的区域。桥梁是单体独立建筑体,其建筑规模是以适用、安全耐久和经济美观为准则来设计建设。所以桥梁建筑与环境的关系是直接的“对话”来确定与环境的“亲和程度”。

桥梁建筑环境美学，就是研究不同的桥位空间环境条件下，在实现桥梁功能目标所需确定的桥梁结构形式及空间布设的基础上，解决桥梁建筑与周围环境要素的和谐过渡、相互烘托、协调统一而形成一定程度的"景观"效果的构思工作。在这里要强调的是，还要从社会、人文、历史环境因素和传统文化艺术积淀中孕育出既能体现历史传承理念思考，又能展现现代文明进程的景观设施形式（如雕塑艺术、现代小品等）。

人们在欣赏城市和自然景区的优美环境时，更会欣赏人类智慧和力量的结晶——桥梁，同时桥梁也会激起人们精神上的崇敬和感情上的亲切，使原环境平添一个积极而有力度的新的环境因子。

第二节　桥梁建筑环境设计

我们在本书中对桥梁建筑美的各方面讨论，尤其是桥梁建筑造型美的法则和桥梁结构特征等内容，都是与桥梁建筑环境设计有关的。在这一节具体论述与桥梁建筑环境设计有关的要求和方法。

桥梁建筑环境设计，不是装饰自然，而是希望发挥自然界的功能，或者说希望桥梁建筑同周围自然景色一起发挥作用。中国长城的修建，即充分利用了起伏险峻的地势。现今观之，既有蜿蜒曲折的秀丽，又有雄伟壮观的气势。从本书各章节介绍的桥例可以得知，凡是优秀的桥梁都是突出个性特点并达到与环境的融合。

所以，桥位处环境条件为桥梁环境设计确定了基本准则。桥梁环境设计，是以原有的环境为出发点，将环境、功能、形态及所蕴涵的"文脉"视为一体，从多重审美要素分析，用科学和艺术的手段来协调新环境系统各组成环境要素之间的关系，最终达到最佳环境效果的目的。根据前面提到的三种桥位周边环境类别特点，一般采用如下三种方法。

一、隐蔽法

以保持原有自然和社会环境为主，将桥梁建筑对原环境的影响减小到最低程度，即尽可能做到藏桥于景中。此法主要应用于山区或风景区的小跨径桥梁。

中国石拱桥的美，不仅表现在桥本身，很多建在名胜风景区的古老石拱桥，与楼、亭结合在一起，形成了极具民族文化特色的桥楼、桥亭建筑。图 6-1 的虹桥位于湖南省凤凰县沱江镇，建于清康熙九年（公元 1670 年），原名卧虹桥，1914 年重修并改名为"虹桥"。全桥用红砂石岩砌成，宽 8.5m，高 9.8m，长 112m，共三孔半圆拱，跨径 11.8m。原桥面两侧各建 12 间吊脚楼木板房，开设餐馆店铺，中间为长廊可避风雨。

放生池桥建于南陈永定二年（公元 558 年）坐落于福建省莆田市南凤凰山名刹广化寺，该桥位于大殿前放生池中，为 5 孔石拱桥，是进入古寺通道（图 6-2）。我国古代所建石拱桥多以中孔为对称布孔，中孔在孔径、装饰雕琢都较突显，所以多孔桥常以三、五、七、九等奇数设孔。

图 6-3 为建在山区的一座拱桥，山川秀丽的景色丝毫没有受到影响，反而焕发出盎然生气，增强了感情色彩。

意大利著名的水上城市威尼斯拉尔特桥，建于公元 1590 年，是一座跨径为 28.70m 的单孔石拱桥。桥上设有商店，其建筑风格与周围建筑相一致（图 6-4）。游人从商店或两侧走过时，几乎感觉不到身在桥上。远看去，桥隐藏于周围建筑群中，并与环境融为一体。图 6-5 为英国剑桥圣约翰学院的叹息桥，是一座典型的"房桥"。

图6-6是一座树顶人行桥，位于西澳大利亚珀斯市瓦尔埠镇旅游景点巨人树谷，是濒临灭绝的红丁戈树仅存的地方，这些树高达50m，根基处树干达5.0m粗。桥是由八个钢管高墩支承起直径为3m的平台和钢桁架人行桥，通过桥面铺设的钢网能看到下面的森林，两侧桥头建有亭榭，办公室、商店和卫生间均为木质结构，是一座获奖环保桥梁作品。

图6-1　湖南省凤凰县虹桥

图6-2　福建省莆田市放生池桥

图6-3　山区拱桥

图6-4　意大利威尼斯拉尔特桥

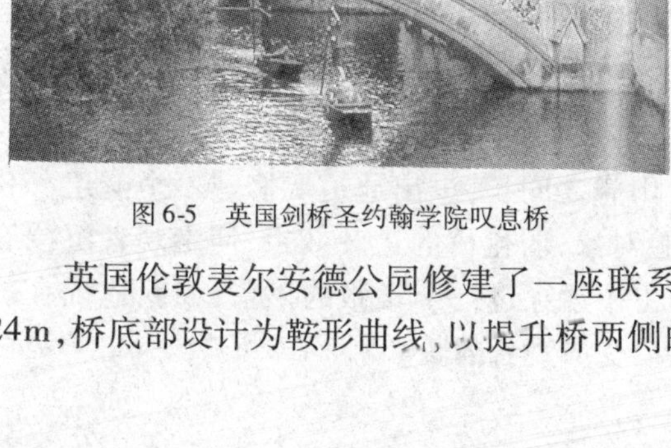

图6-5　英国剑桥圣约翰学院叹息桥

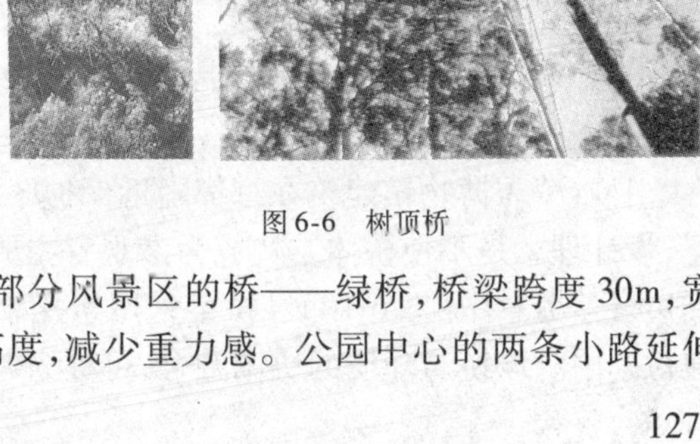

图6-6　树顶桥

英国伦敦麦尔安德公园修建了一座联系两部分风景区的桥——绿桥，桥梁跨度30m，宽24m，桥底部设计为鞍形曲线，以提升桥两侧的高度，减少重力感。公园中心的两条小路延伸穿过桥梁,两侧树草绿化,浑然一体,让人感受不到桥的存在(图6-7)。

图6-7　英国伦敦麦尔安德公园绿桥

二、融合法

融合法是指有效地利用自然和社会环境条件,使桥梁构成新环境的一个要素,组合于周围总体景观和环境的画面中。也就是说,桥梁在具备自身功能美的同时,还要以其特有的艺术美,融合于桥位处的环境与景观中,相互“依存”,相互“呼应”,彼此增景添色。这样的桥例比较多,融合法也是常用的方法。

著名的陕西延安市的延河桥(图6-8),于1957年建成,为三孔跨径30m的石拱桥。桥型适宜,桥跨、桥高及各部分比例和谐,桥梁上部结构有强烈的韵律感,并衬以宝塔山和石塔,构成一幅革命圣地延安庄严雄伟的画面,深深地感染着人们。山、塔、桥三者成为画面不可缺少的环境要素。

广西青厄渡桥为三孔空腹式拱桥(图6-9),主孔跨径31.5m,两边孔跨径15m。该桥建在“山水甲天下”的青山秀水风景区,与高山流水相辉映,为自然美景增添诗情画意,与秀丽环境极为协调,收到了很好的美学效果。

图6-8　延安市延河桥

图6-9　广西青厄渡桥

上述两桥如果修建为钢或混凝土梁式桥,则不会形成现在这样与周围环境相融一体的景观效果。

日本美秀博物馆建筑在京都附近保护区两个山脊之间,其进出通道要修建一个隧道和桥梁,设计理念是不使桥体结构成为参观者主要体验对象,弱化桥的景观效果,使参观者沉浸在周边自然美景中(图6-10)。桥梁采用索托结构,主拉索穿过一个紧张的拱塔,稳固地锚在隧道衬砌中。该桥与环境的协调融合,可称为典范,广受参观者的赞誉。

重庆南温泉华圆人行桥为一白色板拱桥(图6-11),其造型和色彩给人一种融于青山翠柏的华贵感。如果修建其他任何桥型,都会偏颇失色。

图6-10　日本美秀美术馆桥

图6-11　重庆南温泉华圆人行桥

在景观中用桥来增强其效果,同时借着环境景观来突出桥梁的造型美感,这在一些大桥中也不乏其例。武汉长江大桥在汉阳岸有龟山晴川阁,在武昌有蛇山黄鹤楼(黄鹤楼为我国著名的三大名楼之一,后迁于蛇山之顶)。从晴川阁、龟山、大桥到莲花湖、蛇山、黄鹤楼,绵亘连接,相得益彰,组成一片宏大连绵、美丽动人的景点群。在桥上远望,山楼巍巍壮观;而登楼凭栏远眺,浩浩长江东流碧连天际,一桥飞架南北如彩虹横空。桥梁环境美学设计,达到前所未有的尽善尽美,令人感叹不已(见图2-34)。

三、强调法

这是一种突出桥梁建筑,使其成为景观主体的手法。远望桥梁,原来平淡无奇的景色,突增雄伟壮观之势,桥梁成为人们瞩目的景观中心,产生象征性的作用和效果,给人以永难忘怀的印象。一些城市跨河越江的大桥往往属于此类。

从桥梁结构形式和规模与环境及景观背景的容量来看,美国金门大桥(图2-19)打破了两者的平衡,使桥梁成为画面的重点。试想金门大桥不是面向太平洋这一浩瀚广阔的背景和深邃的海湾,而是以平坦地区的江河为背景,则不会形成如此雄踞屹立、傲视一切的气势。金门大桥成为旧金山、金门湾的标志,是桥梁环境设计强调法的典型桥例。

图6-12是建桥前与建桥后的环境对比。从中可看出桥梁的修建打破了自然的平衡和安静,成为人们视觉瞩目的中心,使环境平添一种生气,桥梁成为支配景观效果的主体。

一般平原地区,视野开阔,环境单一,修建桥梁时,都要用桥梁来调节一下环境的韵味,多采用强调法,突出桥梁重组环境的作用。此时对一些大型桥梁可采用中、下承式拱桥及斜拉桥、悬索桥等。

图 6-12　建桥前与建桥后的环境对比

当然,桥型选择最终要综合考虑。如果水面宽阔,桥面高程较高,主桥设计具有相当的孔径和明显的凸形纵向曲线时,采用梁式或刚构桥,也会突出桥梁的景观作用(图 6-13)。

山区桥梁,根据地形、植被等环境条件,一般中小桥可利用隐蔽法选择桥梁形式、色彩、材料等。对于跨越大川河谷的较大桥梁,也可采用与自然景色相融合的方法设计桥梁(图6-14)。

图 6-13　平原地区的大跨刚构桥

图 6-14　跨越河谷的钢桁架梁桥

山区桥梁,从桥型来说首推拱桥。因为与自然环境的协调上,拱桥的风格、功能与外形的统一较之其他桥型优越,拱桥曲线的外部形态和韵律变化更符合人们的美感要求(图6-15)。

斜拉桥和悬索桥以高耸的桥塔、强劲的拉索、轻盈的桥体往往能制造出新的环境意境,形成以桥梁为中心来汇集景观的向心统一性,所以斜拉桥和悬索桥是强调法常采用的桥型。

而对于城市桥梁来说就比较复杂了。大型的城市桥梁建设,在构成城市的形象上具有重要的作用。城市桥梁建筑,必然使其周围环境发生变化,尤其是立体交叉和高架桥,对周围环境空间影响较大。所以城市桥梁环境美学设计,要遵循对周围环境进行保护、利用、改善和创造的原则。

苏州吴县太湖大桥是一座考虑了桥梁环境设计的成功桥例。该桥由三座桥梁组成,串联胥口渔洋山、长沙岛、叶山岛、大庭山直通西山。该桥设计在满足功能要求条件下,按着风景区环境美学的要求,创造出一个与环境相融合的完善的桥梁形体。太湖以浩瀚的水面和群岛风光著称,建桥后人们必然关注桥梁与水景空间形态的协调呼应。因此,确定了桥体设计宜低不宜高,宜简不宜繁,轻巧简洁,具有个性的造型要求。同时遵循了形式精炼,比例协调,风格一致,具有良好序列的美学准则。桥型结构采用连续梁,在满足通航要求条件下不追求大跨径,三座桥竖向、斜向和水平向起伏变化,构成流畅、简洁的外形轮廓。采用圆弧收缩的桥墩,丰富了桥下空间,观之就如拱桥一样,具有强烈的韵律感(图6-16)。桥梁建成后,既满足了设计要求,又为太湖增添了新的景观意境。

图6-15　山谷中的大跨拱桥

图6-16　湖光水色的太湖大桥

第三节　桥梁景观设计与开发

"景观"一词的概念含义,不完全等同于"景色",有"景"可"观",又似有"观赏"之意,"观"之有"感",使"景观"寓意为"是一种视觉印象与心理活动的综合过程"。

按着这种认识,人们在获取自然景色美的欣赏的同时,产生了在自然景色基础上培养、创造"美景"来"观之"的景观艺术。所以"景观"中的"景"有一部分是属于人文造"景"。景观有各种范畴,如园林景观、建筑景观、田园景观等。

"桥梁景观"是指以大型桥梁建筑为依托,视桥位各种环境条件,在分析景观资源开发和利用价值的可行性基础上,确定景观环境的主体特征及其配套的环境建筑,构造出围绕桥梁建筑为中心的景观环境空间。

一般以桥梁为载体的景观设计可参考上节内容,主要以桥梁环境设计要求考虑,如有不属于桥梁结构部分(如桥头局部设计),可作为附属设计考虑。对于大型桥梁周围环境参与景观工程设计,其景观设计应作为一个完整的规划设计程序来实施,与结构设计平行进行。

“桥梁景观设计”是指根据政府制定的地区总体规划及环境保护和环境建设规划文件,政府授权建设单位制定桥梁景观设计标准和要求,结合桥型特点、交通及桥位周边环境的自然地理风貌、地形地质地物、人文历史遗迹等特点,在桥梁结构设计方案的基础上,按照美学原则对桥梁及周边环境进行的美学创造和景观资源设计开发工作。

有景观开发设计且为一体设计的桥梁设计工序如图 6-17 所示;专项进行景观设计工序流程如图 6-18 所示。

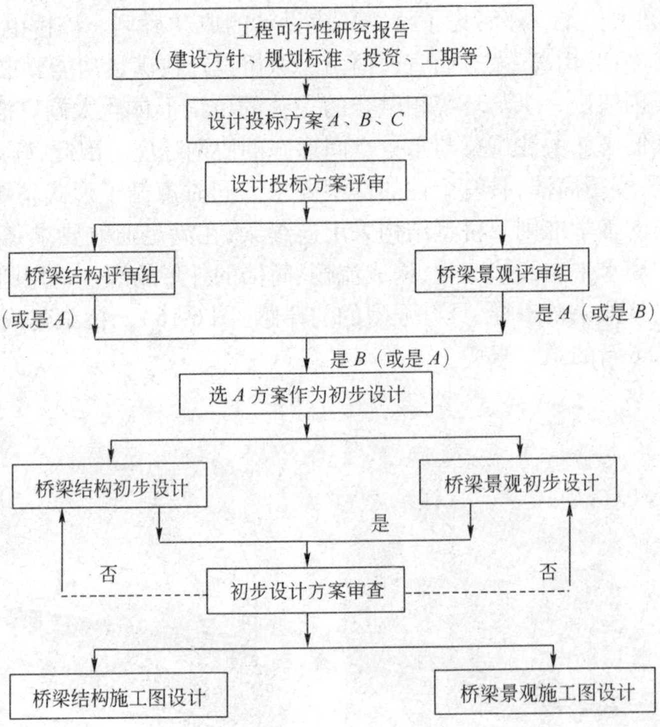

图 6-17 有景观开发的桥梁设计工序图

厦门海沧大桥,是中国第一座开创了进行系统桥梁景观研究、设计、建设先河的现代化特大型城市公路兼用桥梁。海沧大桥位于厦门港中部,桥位处自然景观资源丰富。东渡立交有多种丰富的天然树林植被,层次演变清晰;牛头山岩体形成于古生代,含有大量海洋生物化石,是研究古生代的低等生物很好考证地;火烧屿岛上可见千奇百怪的碎屑岩,并夹火山喷发的流纹岩与流纹质凝灰熔岩。此外海沧大桥周边是市鸟“白鹭”栖息地;附近海域是白海豚自然保护区等。这些都为景观设计提供了丰富的自然资源。海沧大桥周边景观设计范围及各景点位置如图 6-19 所示。

桥型结构采用悬索桥,充分显示出悬索桥的美学效果。其中索塔尺寸比例的和谐和局部的艺术处理,使桥塔产生很好的艺术效果(图 6-20),在严格保证锚碇结构的功能作用下,决定对锚碇内部空间进行利用,这是景观设计的一个创新。西锚碇位于环境优美、天然地质地貌资源丰富的火烧屿岛,因此设计者决定利用西锚碇内部空间建设科技展示厅,并作为少年科普基地。东锚碇内部空间则建为桥梁展示(厅)馆(海沧大桥建设展示馆和中国桥梁回顾展示厅)(图 6-21)和桥梁监控中心(图 6-22)。

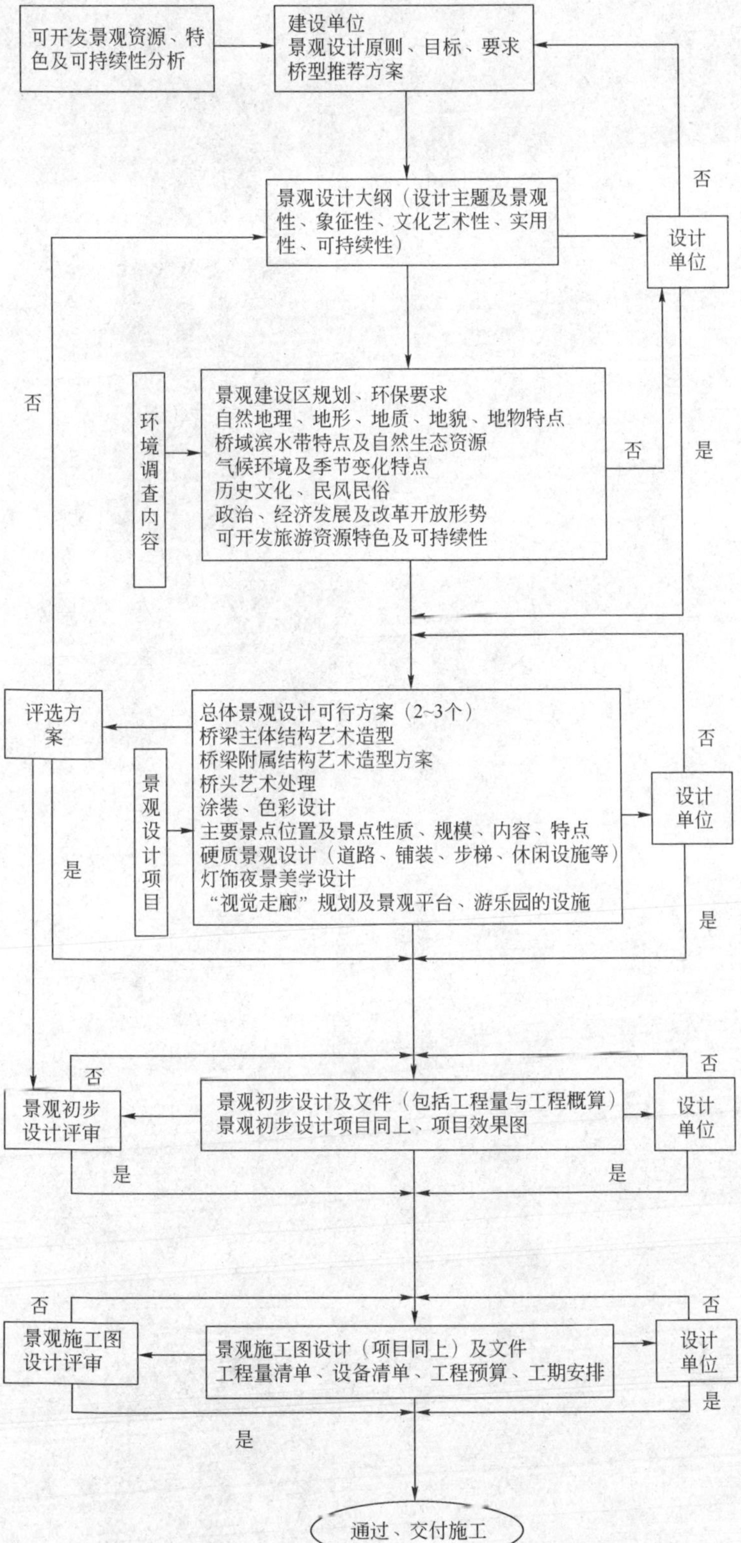

图6-18　桥梁景观设计流程图

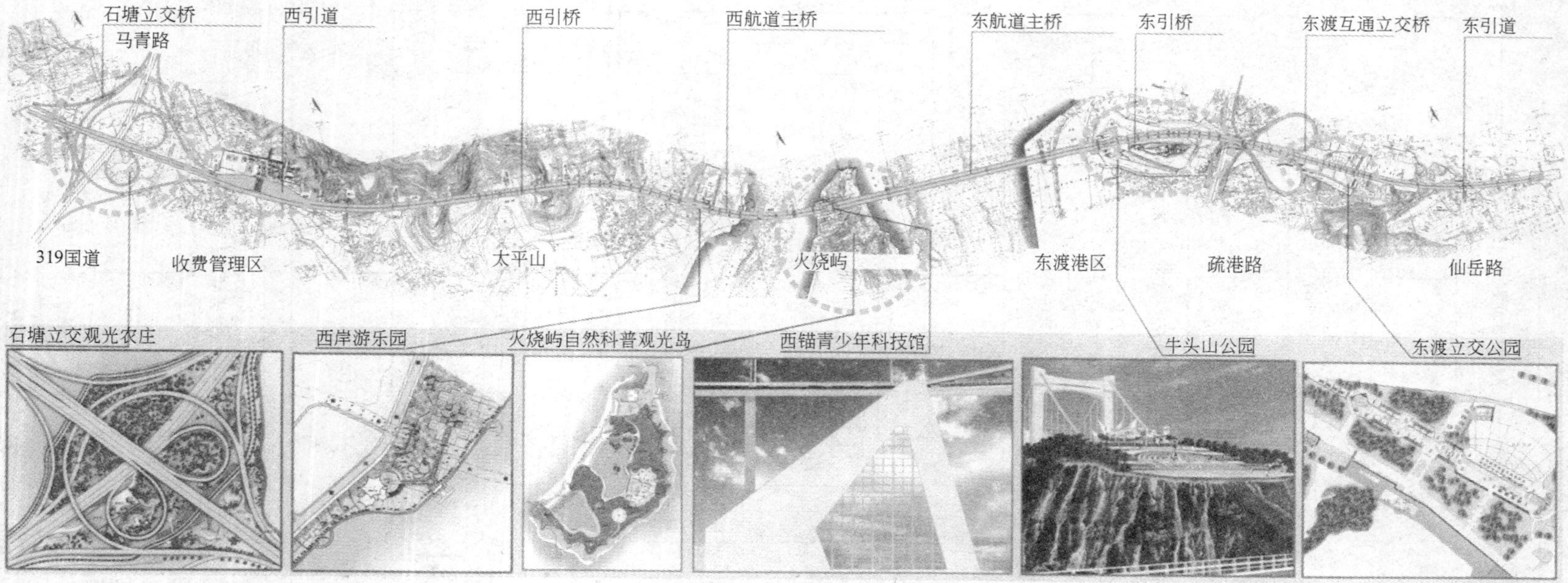

图6-19　海沧大桥景观设计规划图

图 6-20　索塔造型图

图 6-21　东锚碇建筑开发科技展示厅

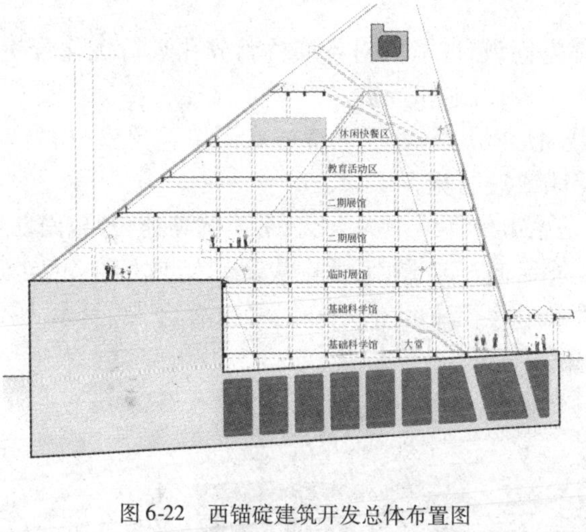

图 6-22　西锚碇建筑开发总体布置图

第四节　立体交叉景观设计与生态环境

大型的立体交叉代表城市和地区社会经济发展状况，是城市交通运输现代化的标志。立体交叉总体的美学要求由立交的总体布局决定，其基本要求也是在满足功能要求前提下的安全、经济和美观。

立体交叉中的桥梁结构与一般跨越山川河谷等天然障碍的桥梁结构不同，其结构形式，主要服从于立体交叉为解决道路交通问题的总体设计方案。其要求是不宜追求大跨径而多从经济方面考虑。结构平面形状复杂，结构设计应尽量简单易于施工。

立体交叉中的桥梁结构物，是实现车流分离的主体结构。位于立交中央核心的主跨控制立体交叉的高程，所以立体交叉桥梁结构应尽量降低高程，这样，立交中桥型结构的选择及侧面主梁线性的变化形态则成为美学构思的重点。图6-23为立体交叉交通示意图,反映了立交中桥梁结构的作用和特点。

一、立体交叉桥型选择

为立体交叉桥梁结构提供使用的是一个开敞的三维空间,而分离交通流和立交跨越的桥梁结构,在立交中往往在平面上和立面上是多座桥梁交错并存,不可避免要有各类斜桥、曲线桥与异形结构桥等,同时在立面又可能设置一定的坡度。所以结构简便、形式统一、功能合理、线形流畅、不使人们产生视觉紊乱感觉是立交桥梁结构设计的基本原则。

图6-23　立体交叉交通示意图

立交桥型选择一般有如下要求:

(1)桥梁结构形式要简洁单一,连接过渡自然和谐,并便于装配施工。一般多用简支或连续梁、板式结构和刚架桥。

(2)主梁跨径要综合考虑使用要求下的合理跨径,不宜追求大跨径,并在结构设计中尽量降低梁高。

(3)在立体交叉总体空间设计中,要对各层桥梁分孔进行优化分析,将各层之间控制交点错开,以降低立交总高度,节约占地和投资。

(4)根据桥宽确定截面形式。一般匝道桥可采用单箱单室,桥宽时可采用单箱双室或多室,亦可采用分离式小箱梁或矮肋宽腹T梁。

上海市莘庄立交桥是该市外环线最大立交,是沪杭高速公路、南北快速干道、320国道等4条干道的交汇处,由20条定向车道用苜蓿叶状交织组成四层定向全互通式立体交叉(图6-24)。跨越铁路的主桥采用跨径40m的钢—混凝土叠合梁,其余为不等跨度的预制空心板和钢筋混凝土箱形连续梁。

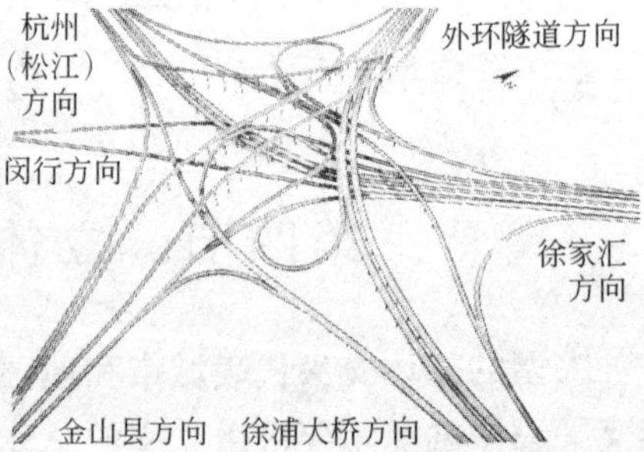

图6-24　上海市莘庄立体交叉

广州市广州大道与东风东路和天河路立交是双层环道的四层环形立体交叉。其中东风东路立交三、四层和天河路三、四层引桥,上部结构均采用预制钢筋混凝土倒T梁,吊装后现浇桥面板的简支组合空心板结构,盖梁为隐式,从下面望去,桥体平整光亮,显得轻盈洁净(图6-25)。

位于山东省烟台市境内同江至三亚沿海大通道宫家岛立交桥，桥型采用双脊骨连续梁结构，为国内首次采用(图6-26)。该结构利用纵向主肋和横向变高系板条形成承载桥面系，柱墩直接支承脊骨(主肋)，无需设置盖梁，节省工程材料。打破梁底平淡形式，线条规律有致，别有一种韵味。

图6-25　广州市广州大道立体交叉

图6-26　双脊骨连续梁立交桥

对于一般简单跨线桥，由于桥梁结构处在突出的位置上，其桥梁结构形式除按上面的要求处理外，还可有较多的选择余地，所以要进行一定的桥型方案比较，按上述要求来选取和确定设计方案。

图6-27为一立交桥的三种桥型方案，从中可以看出，斜腿刚架与拱桥[图6-27 a)、b)]造型轻巧，线形流畅，周围环境连续，干扰小，结构造型力量感强，应是首选方案。

二、立交墩台

为了扩大桥下视野，减小体量少占空间，同时也从美学角度考虑，立交桥中的墩台，尤其是桥墩，应多采用钢筋混凝土或预应力混凝土杆、板式结构，向轻型化、装配化发展(见第三章第三节有关内容)。立交桥桥墩布置形式，按需要有单层和多层、对称和非对称布置(见图5-11)。

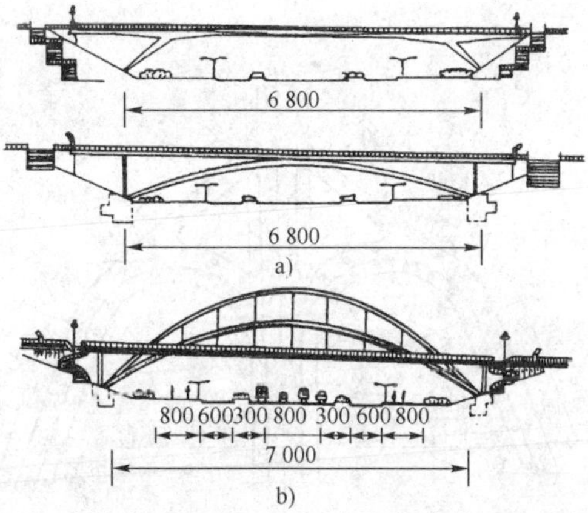

图6-27　跨越城市道路立交桥方案比较(尺寸单位:cm)

由于城市立交桥弯、坡、斜桥较多，布墩还要求尽量减少桥下的支承点数量，也就是减少桥墩数量。

图6-28为立交中的单箱独柱支承的匝道桥，其流畅的曲线，简洁空透的桥下空间，都充溢着现代化立交的磅礴气势。

桥墩的布置要有规律，避免扰乱人们的视线，图6-29为一立交匝道桥桥墩布置图，采用的是径向布墩方式。

大型多层立体交叉是一座城市或地域社会、经济和科学文化发展的载体。立体交叉作为一个线形结构组成并占据分割巨大三维空间的结构群体，高高架起的桥梁，纵横交织的线形变化，曲直线的韵律和高低差的错落，形成现代化都市交通所特有的立交桥的空间景观。图6-30表现的是上海延安中路立交桥桥下立体空间景观特色。

图 6-28　生动流畅的单箱独柱匝道桥

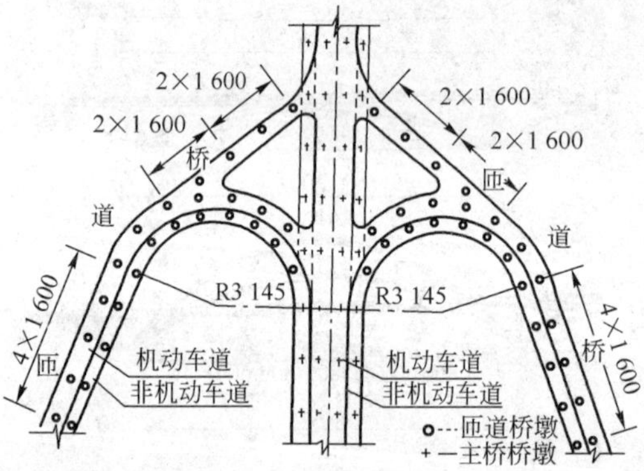

图 6-29　立交桥桥墩布置示例图(尺寸单位:cm)

图 6-30　上海延安中路多层立交桥下空间景观

桥下所居空间的利用,是桥梁可持续发展需要考虑的问题。我国较多的是将立交桥下空间建设为休闲广场(图 6-31)。法国戴桥下建筑高速公路控制中心,坐落在高架桥下的 35m 宽红色拱架上,建筑体像一块磁铁吸附在桥梁底板上(图 6-32)。工程的 2/3 位于地下(停车场和工作间),1/3 悬浮在上面(办公室),很有创新理念。

图 6-33 是两座跨越高速公路的人行桥,同时也是兼有服务或办公设施为一体的收费站建筑,该设计既减少了占地,也有效地利用了空间,是一座有“空间创意的桥建筑”。

三、立体交叉与桥梁生态环境保护

毋庸置疑,城市立交对交通的分流调整、转换、加速起着至关重要的作用,但同时,它也存在一些负面影响,主要是环境问题,如尾气排放、噪声、振动、热岛效应等。上述污染的产生与立体交叉线形组合（坡、曲、直线）造成的车速变化、桥梁伸缩缝或桥面平整度影响车的平顺行驶而跳车；立交路（桥）面吸热后的散热等有关。交通污染要从源头治起，也就是说在方案规划阶段就要预测可能出现的污染程度，并进行规划方案的环保评价比选，以使所确定的方案环境污染影响达到最低程度。上述问题要按国家环保法执行。下面从生态环境保护方面提出一些建设性意见。

图 6-31 立交桥下的休闲广场

图 6-32 法国南戴尔高架桥下高速公路控制中心

图 6-33 具有“空间创意的桥建筑”

（1）立体交叉，尤其复杂多层立体交叉，是一种线形组合体，要以环保为指标，在满足功能要求条件下进行线形多方案组合的优化评价，确定立体交叉实施总体方案。

（2）立交桥结构要选择连续结构，在可能条件下连续段以长联为主，尽量减少伸缩缝数量。

（3）桥头与路的衔接处理要做好刚柔过渡，避免“桥头跳车”。

（4）周围有建筑的立体交叉桥，其主要交通方向应尽量与主导风向一致，用“风道”来化解“热岛”效应和空气污染。

（5）做好立体交叉的周边地面环境绿化，做到“黄土不见天” 生态绿化。

（6）要有预见性的设计防治污染的设施工作，以降低或避免环境污染。

总之，我们应按“绿色交通”理念来进行立体交叉（也包括所有桥梁）的方案构思和设计。

高架桥的应用，可尽量减少道路对环境分割和挖占的影响，对原牛植被生长、珍惜野生动物种群交流迁徙有着很好的保护作用。我国在青藏铁路建设中，首要提出“环保全面达标”的目标。在“环保冻土生态”的设计理念指导下，除保护冻土稳定的存在状态外，对沿线野生动物活动频繁区段，经对已建 50 多年以来青藏公路沿线白昼交通运输等人类活动对藏羚羊迁徙的研究，制定出满足藏羚羊通过的桥梁设计对策，专门修建了33处野生动物桥梁通道。经几年来的监测资料表明，藏羚羊已适应了新的生存环境，也熟悉了利用野生动物通道进行种群交流迁徙。沿线植被恢复水平也很高，草场青青如茵，野生动物自由迁徙，呈现一幅人、桥、自然和谐相处的生态景象。

2006年建成的云南西双版纳州思茅至小勐养高速公路，为让珍惜野生动物通过，原动物通过处全部采用桥梁跨越。近7 000m路段，设置了22座桥梁和2座隧道，桥隧占总公路里程70%。采用安静施工，不爆破，预制拼装，加快速度。各施工段专设"路警"，指挥车辆安静慢行，为野象通过让路。

江河是地球上的生态廊道，也是水生物的生存繁殖栖息的水系。人们修建桥梁后，必然对原自然的生态环境产生某种程度的影响和干扰，如桥头引道压缩过水断面造成的桥下流速的提高；桥墩的阻止造成墩前水流的紊乱；冲刷的影响造成河道变迁等，以及与此相关联的温度、上下游水势等的变化。这种原水系自然生态的变化，使之在桥位处造成水生动物感知的不适应而影响往返通行的习惯，形成生态链"感知性断链"现象，长此下去就会影响水生动物的繁殖生长。

中国科学院水生生物研究所科考队在2007年对长江鄱阳湖湖口及该段长江水域进行考察。20世纪考察时，能够经常发现白鳍豚和江豚来往湖口水域。早上从鄱阳湖群游到长江觅食，晚上又相伴回到湖里休息。近年由于湖面到处成群结队的挖砂船疯狂的采砂作业，使湖水浑浊。来往船只密集，机械振动与螺旋桨的噪声，严重破坏它们的栖息环境和干扰它们的声呐系统。加之与鄱阳湖湖口衔接的八里江江段，是白鳍豚和江豚从江湖之间迁徙生息至关重要的生态郎廊道，但现今在湖口江段附近修建了一座公路大桥和一座铁路大桥，这条生态廊道已经被人为"切断"，近年再也没有看见过白鳍豚的踪影。现在虽然还有极少的江豚群的出现，但是如果照此下去，现存的江豚家族也会销声匿迹。

桥梁规划设计及选型，要高度重视人类与生态环境和谐相处的关系，将生态环境保护与改善和功能、经济进行关联性的一体构思，提高到可持续发展的战略高度来审视桥梁的设计和建设。

韩国原汉城（现为首尔市）清溪川河，由于20世纪中叶经济建设造成大量工业和生活污水、垃圾浸染成一条臭水河。从1958年起政府用了20年时间填平河道，修建一条高架路来解决交通问题。现从城市环境质量考虑，将高架桥拆除，向清溪川河引入汉江水，恢复了古河道优美的环境，重新构成一个人居生活优美舒适的生态环境（图6-34），展现出一幅风景如画，人水相谐的美好景色。

图6-34　韩国首尔市清溪川河道恢复环境图

我国于2008年2月23日拆除了素有“亚洲第一湾”之称的上海延安路高架外滩下匝道桥，也是为消除其对环境的不利影响，实现还地、还绿、还景于民。

美国工程院院士，加利福尼亚大学工程院院长弗瑞德·赛泊在中国访问时说“我们不断地建设大量的桥梁，而它们在建成后的数十年甚至数百年时间内都将融入我们的生活中。所以，我们非常有必要去好好地研究桥梁的美观以及桥梁对人们生活的影响等问题，以便使得我们建设的每一座桥梁都能为我们的生活创造价值，而不是增加负担。”

建桥时保护生态环境，尽量不破坏或减少破坏周围环境应该是我们建桥人遵循的宗旨。图6-35所示的两座桥梁施工对周围环境的保护，反映了施工人员的这种责任感。

a)

b)

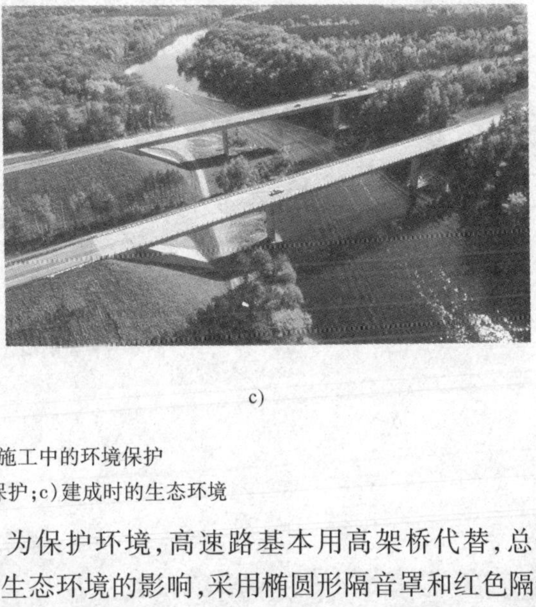

c)

图6-35 桥梁施工中的环境保护

a)、b)施工中的环境保护；c)建成时的生态环境

图6-36为澳大利亚墨尔本西线高架桥，为保护环境，高速路基本用高架桥代替，总长13.5km，高架桥跨度30～50m不等，考虑其对生态环境的影响，采用椭圆形隔音罩和红色隔音墙，其不同的形态加之彩色斜柱的警示标记，与周围景观形成一体，很是耐看。

图6-37在立交桥、人行桥匝道围合地，利用黄金叶、红龙草、美人蕉等组合成优美的图案。

图6-38、图6-39是立交桥下的绿化和人行桥上的绿化桥例。

垂直绿化的分隔遮挡，给人行空间带来一片宁静。图6-40桥上的立体绿化，使桥成为“绿色桥”。

图6-41是考虑人的视点要求提供的立交桥绿化布置示意图。

a)　　　　　　　　　　　　　　　b)

图 6-36　高架桥的环保措施

a)沿线的环境保护;b)椭圆形隔声罩

图 6-37　桥头围合匝道内的绿化

图 6-38　立交桥下的绿化

图 6-39　桥上的绿化

图 6-40　桥梁立体绿化

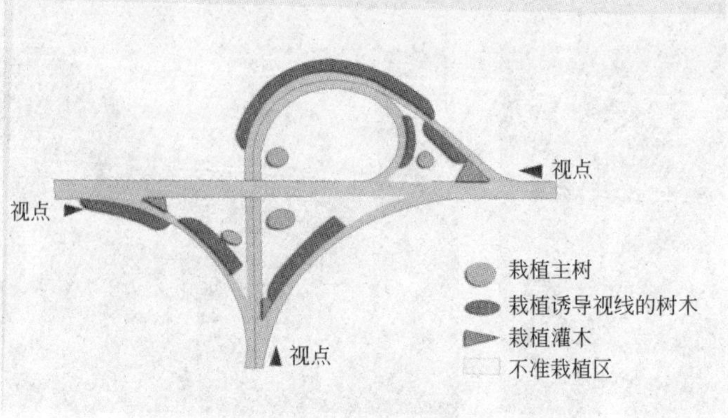

图 6-41　立交桥绿化布置示意图

第五节　桥梁建筑景观评价

桥梁建筑景观评价是人们对桥梁自身功能、结构、技术美和周围环境所具有的综合整体“景观价值”的认识程度的表态。一般分为规划可行性研究阶段的方案模拟和对已建成桥梁的景观评价。下面介绍是在设计初期已经确定推荐桥型结构的基础上，进行不同景观方案的评价比选。

一、评价指标的选取

所谓“评价指标”是根据设计对象环境资源特点、准备开发的项目内容和将来达到的目的，能够正确反映出影响景观效果的主要因素。评价指标主要采用专家调查和专家会议方法选取确定。

1. 专家函询调查法

专家要精通本学科领域并有一定代表性，还要考虑专家所属单位、部门的广泛性。一般人数以 20 ~ 30 人为宜。

函寄调查表应对评测目的、有关资料和背景材料、填表要求等作充分说明。可请专家根据自己对所提供资料的理解和分析提出指标并给出顺序，或对已提供评价指标体系进行选择和排序。

专家意见返回后，要进行统计分析。确定指标的规定要求可根据图 6-18 中景观设计项目结合具体工程特点灵活掌握。

2. 专家会议法

专家在参加专家会议时可以通过讨论或辩论畅述已见相互启发，取长补短求同存异。同时由于参加会议人多，占有信息多，考虑的因素也会比较全面，有利于得出正确的结论。专家会议的缺点是在专家面对面讨论时，容易受到一些心理因素的影响，如屈服于权威和大多数人的意见，受劝说性意见的影响等，这些都不利于得出合理预测结果。

建议结合上面的两种方法，可通过专家函询调查法初步确定评价指标和权重，再通过专家会议进行讨论完善，最后投票通过。

二、评价指标权重系数的确定

相对于不同评价目标来讲，其景观设计项目不同评价指标之间的相对重要性也是不同的。评价指标之间的相对重要性的大小，可以用权重系数表达。权重系数，简称权重，是指标对总目标的贡献程度。当被评价对象及评价指标都确定时，综合评价的结果很大程度上依赖于权重系数。因此，权重系数的确定要经过仔细的研究，并经过大量实践数据的积累。

目前，桥梁建筑景观各类评价指标权重的确定还缺乏系统的研究，应用时可由专家会议讨论，或参考有关文献确定。如遇到这种情况：选取的评价指标是7个，但对一个具体的桥梁景观进行评价时，评价指标不是7个，而是5个（或更少）。这种情况下权重如何确定呢？在此规定，虽然评价指标的个数不同，但所有指标的总权重为1.0。

例如，一座桥梁进行景观评价时有7个评价指标，分别为A、B、C、D、E、F、G7个评价指标，7个评价指标的权重分别为：0.30、0.15、0.10、0.10、0.10、0.15、0.10，总权重为1.0，见表6-1。

7个评价指标及其对应权重 表6-1

评价指标	A	B	C	D	E	F	G
权重	0.30	0.15	0.10	0.10	0.10	0.15	0.10
总权重	1.0						

现在评价指标减少为5个，分别是A、B、C、D、G，指标E、F不需要做评价，权重系数的确定方法为：首先从1.0中减去E、F所占权重，即$1.0-0.10-0.15=0.75$；然后将各个指标原来的权重进行扩算：

评价指标A的权重：$0.3\times\frac{1}{0.75}=0.4$

评价指标B的权重：$0.15\times\frac{1}{0.75}=0.2$

评价指标C的权重：$0.1\times\frac{1}{0.75}=0.13$

评价指标D的权重：$0.1\times\frac{1}{0.75}=0.13$

评价指标G的权重：$0.1\times\frac{1}{0.75}=0.13$

1. 评价等级确定和评价指标打分

在进行桥梁建筑景观评价时，评价等级可以分为优、良、中三个等级，也可以分为优、良、中、一般四个等级。等级划分及其对应的分值见表6-2。

评价等级划分及其对应分值 表6-2

等级	优	良	中	一般
对应分值	$90\leqslant P\leqslant 100$	$80\leqslant P<90$	$70\leqslant P<80$	$60\leqslant P<70$

评价等级确定之后，对A、B、C、D、E、F、G7个评价指标采用专家打分法进行打分。专家打分法是在定量和定性分析的基础上，以打分的方式做出定量评价，其结果具有一定的数理统计特性。专家打分法的最大优点是，在缺乏足够统计数据和原始材料的情况下，可以依据专家的经验做出定量评价。专家打分法的步骤是：

(1)对于A、B、C、D、E、F、G7个评价指标，每个评价指标均定出评价等级，每个等级的标准用分值表示，见表6-2。例如，在进行评价时，分为优、良、中、一般四个等级，"优"级的标准分值为90分及以上，"良"级的标准分值为80～90分，"中"级的标准分值为70～80分，"一般"级的标准分值为60～70分。

(2)每个评价指标满分为100分，根据(1)中确定的标准分值，由专家对评价指标进行分析和评价，确定各个指标的分值。例如，对于指标A，专家认为其略高于"优"级的标准分值，打92分；对于指标G，专家认为其得分介于"中"级中间，打75分，依此类推。

2. 综合评价得分

每个评价指标的得分和权重系数确定以后，需要进行加权相加，得到综合评价得分。设第i个评价指标所得平均分P_i，如果是竞标评价，为避免专家中人际关系影响，可去掉一个最高和最低分后计算；权重系数为W_i，则所有评价指标的综合评价得分为：

$$p=\sum_{i=1}^{n}p_iw_i$$

式中：p——桥梁景观的综合评价得分；

n——评价指标的个数；

p_i——第i个评价指标的平均得分；

w_i——第i个评价指标的权重。

根据综合评价得分的情况，对照表6-2中的等级，对桥梁建筑景观各方案做出评价比选。由于评价方法简单清晰，实例分析略。

第六节　以人为本的功能环境设计理念

桥梁是面向所有人开放的公益性建筑。桥梁的功能作用应具有广泛的全民性，应体现对所有人服务的公平性，其中包括残疾人、老年人和儿童等。同时，桥梁的功能不仅是满足人们便捷跨越障碍的需要，还应尽可能的预测满足人们对桥其他方面的心理需要。

以现代的平等和谐观点来考虑，随着人类社会的发展和进步，以人为本的理念渗透到人类社会公益事业的方方面面，对桥梁也不例外。现对桥梁的设计概念，多以结构最佳、满足功能、安全可靠、造型美观、环境协调、经济合理来进行评价还是不够的，应引入一个以人为本的功能环境设计理念。

桥梁功能环境是指桥梁作为一个服务于人类的公益建筑，所营造的满足人们使用需要条件所能达到的水平，也可以说是让人们满意的程度。犹如奥运精神，不仅是健全人需要培养颂扬的精神，残疾人也需要奥运精神，也需要奥运会来展示这种精神，所以后来有了残疾人奥运会。桥梁设计不仅是应用结构理论学、工程材料学、景观建筑学等专业方面的知识，还要结合社会学和心理学等知识来指导完善桥梁使用职能的设计工作，这就是桥梁功能环境设计，以达到对不齐备或不足功能做到良好的弥补和完善。按着以人为本，体现人性化理念，进行综合系统和精细的附属功能结构设计，前面的章节及后面附属结构设计中都含有这方面的相关内容，只不过没有提升至一定高度来强调。

现在世界各国都非常注重公共建筑中无障碍设计的要求。有的国家已经规定在城市桥梁，尤其人行立交桥附设各种升降设施，以便利残疾人上下桥。我国已于2001年颁布了《城市道路和建筑物无障碍设计规范》(JGJ 50—2001)。北京近些年在一些繁华地区修建的人行桥，栏杆上装有盲人扶手、梯道，桥面上铺有提示盲道(图6-42)。图6-43是美国纽约一座设有升降梯和无障通道，并与建筑相连通，形成完整一体、能为所有人服务的一座人行桥。

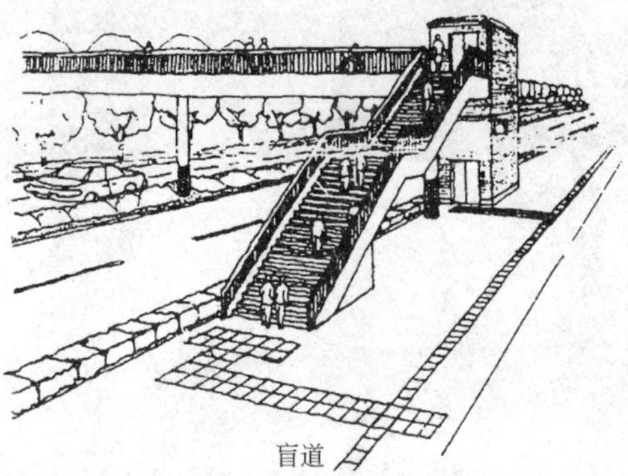

图6-42　人行桥设有升降梯和铺有提示盲道示意图

图6-43　一座无障碍设计的人行桥

功能环境设计，不仅要创造条件解决实际功能缺失的部分，还要考虑人们心理需求和希望的要求。应根据桥位区域性质和特点，过往行人的构成比率及意向，建筑环境条件等因素，进行功能环境设计，以引发人们过桥的兴趣，创造一种文明亲切的气氛，提升人桥感情。图6-44为重庆市第一座带电动扶梯的人行桥——观音桥，该桥坐落于江北阳光城商业圈中，连同北城天街和渝北商业大厦，桥下还有下穿隧道。电动扶梯实现了行人快速便捷、减轻劳累的意愿，满足了行人的心理需求。图6-45是一座设有电梯的人行桥。图6-46是一座设置无障碍坡道、为盲人和轮椅人服务的人行桥。

图6-44　设置有电动扶梯的人行桥

图6-45　设置电梯的人行桥

对于观光旅游景点地区、商业区域或文化娱乐较集中区域的人行桥，在条件允许的情况下，应尽量进行一些精细处理，设置一些提升功能环境的设施，如绿化器具、遮阳挡雨篷盖和休憩设施等。尤其对老年人、残疾人和儿童是很必要的。图6-47是在日本的距东京30km的商业区的一座人行桥，精心设计了扶手盲带、有声引导系统、轮椅升降机等，是一座设计精美合理、以人为本具有功能环境设计理念的人行桥。

图6-48是两座建筑在商业区的“广场桥”。桥平面形状优美宽畅，四周各支桥步梯便捷适用，上下层环境空间功能匹配合理，桥上各种设施充分齐备，其桥梁规划设计理念充分体现对人们群体功能要求的全面考虑。

为满足行人的心理需要，在桥上设有遮阳挡雨篷盖设施的人行桥（图6-49）。

图 6-46　设置无障碍坡道的人行桥

图 6-47　商业区内具有功能环境设计理念的人行桥

图 6-48　建筑在商业区的“广场桥”

图 6-49　有篷盖设施的人行桥

图 6-50 的深圳人行桥上建有篷架栽植攀缘植物，以改善桥上环境。

有的桥由于景观的特点，人们在桥上，对周边远、中、近景（包括夜景）有观赏的需求，可在桥上设置视觉走廊和主要眺望位置。图 6-51 为两座设有凸形悬挑观览台的桥梁。

图6-50　篷架栽植攀缘植物的人行桥

图6-51　设有悬挑观览台的桥梁

对复杂的大型立体交叉，人们既想便捷通过，又想多体验一下桥下空间形态景观。图6-52是一座大型立体交叉桥下设置的便捷人行桥。

图6-52　大型立交下的便捷人行桥

第七章　桥梁附属结构美学设计与局部处理技巧

第一节　桥梁附属结构美学处理

桥梁的各组成部分连接过渡应按美学造型的规律要求，进行多方案的构思比选，以巧取胜，让人感受到设计者尽责尽力的责任心。

桥台是桥梁与路的衔接结构，桥台的结构形式及景观处理应是设计者多加关注的问题。一般对桥台的景观处理可考虑两种方法：一是减小桥台的体积，减弱桥台的存在感，这主要是利用锥坡及栽种植物来实现（图 7-1）；一是强调桥台的存在感，图 7-2 就是一个典型的例子。除了从体量上突出桥台作用外，还在台身两侧雕刻有含义的浮雕画来强调桥台的存在并起到造型作用。图 7-3 则是利用台身空腹部分来增加其桥下通行功能，增大体量，突出桥台存在作用。

图 7-1　减弱桥台的存在——埋置式桥台

图 7-2　强调桥台作用

图 7-3　利用台身空腹部分突出桥台

图 7-4 表示一般常规的桥台锥坡的不同处理方式，产生不同的景观效果。

图 7-5 是一座埋入式桥台和路堤浑然一体的处理方式。

爱尔兰都柏林修建一座千禧桥，河面 51m 却用只有 41m 的桥跨，桥台以向外突出并以悬体结构作为台身支撑桥跨结构(图 7-6)。在桥头，花岗岩外壳的桥台承受巨大的混凝土拱脚，外观形成一个优雅的连续休闲平台，完全体现不出桥台形体，并恰如其分地融入堤岸环境中。桥面采用铝板，中间有一排向上的小型照明器，特殊造型的青铜扶手安置的视觉纤维装置发出的光，呈现桥体结构形象，桥台设有照明灯柱，突出了该桥夜景的优雅和亮丽。

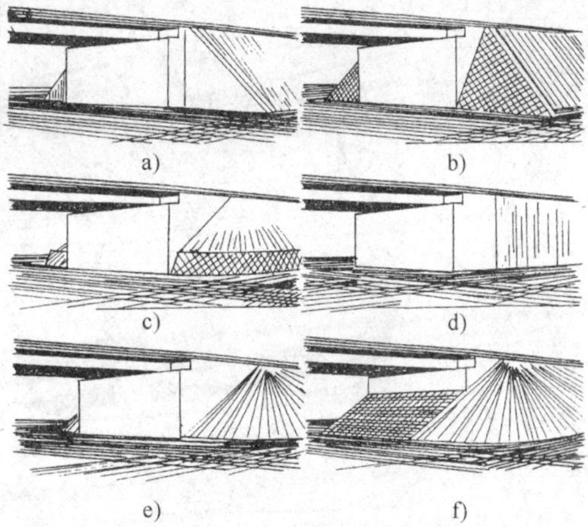

图 7-4　桥台锥坡处理方式

图 7-5　桥台和路堤浑然一体

图7 6　隐藏起的桥台

另外，桥跨结构与桥台的连接过渡也应是设计者关注的问题。对梁式桥来说，主要是主梁与台帽支撑部分的处理。图 7-7e)、f)是将伸缩缝及梁端支承部分遮挡的方案。图 7-7b)栏杆采用不同的造型令人感到变化突然而欠和谐。综合考虑,以图 7-7d)为最佳,过渡协调,造型统一,桥台工程量少。图 7-7e)、f)也是较好的方案。

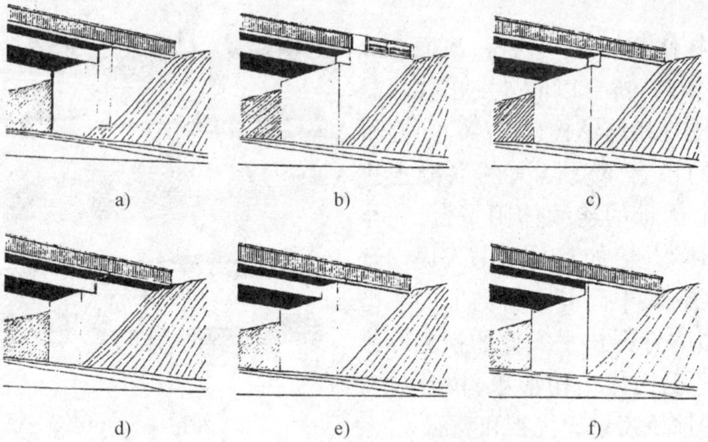

图 7-7 梁式桥梁与台帽连接支撑方式

该桥若如图 7-8 所示改为刚架结构,不仅可以降低桥面高程,获得整体的经济效益,而且还可得到造型的曲线美。

图 7-9 在主梁设计中做了局部特殊处理,利用从箱梁底缘突出一个 V 形锥体作为主梁的支承体,坐落在桥墩上,减小桥墩的高度和体积,形成强劲的力集中传递的紧张感。使人感到支承锥体既是主梁的一部分,又是独立的形体,设计者确实做了奇妙的构想。

图 7-8 桥台过渡处理

图 7-9 梁式桥支撑处的造型处理

当桥梁设计有主桥和引桥时,二者上部结构如何过渡,也是应注意的问题。从图 7-10 来看,b)方案似乎更和谐一些。图 7-11 为不同材料和截面的墩上过渡,显示出设计缺少协调处理。

图 7-12 所示主桥为三跨钢斜拉桥,引桥为悬臂式混凝土桥,在连接处横断面设计尺寸完全一样。虽然两种结构材质不同而呈不同颜色,而且连接处不设桥墩,却显得非常协调和平顺,色彩的不同反而突出了结构个性。梁高相同,而宽度不同时,可以在水平方向上用流畅的曲线连接过渡(图 7-13)。

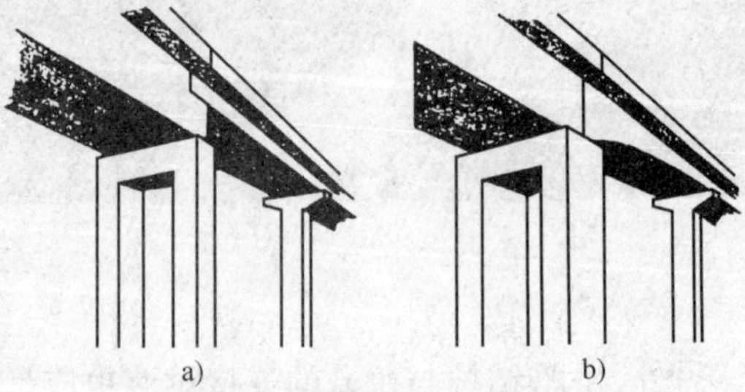

图 7-10 主桥与引桥的过渡

a)

b)

图 7-11 缺少协调处理的过渡

a）不同截面不协调的过渡；b）主桥与引桥的不协调过渡

图 7-12 不同结构材料的协调连接过渡

图 7-13 梁的宽度过渡

图 7-14 则是将造型简单的刚架腿的外侧，用连续直线向上引至桥面挑臂顶，侧面的凹凸错落吸引人们注意，使人感到支承的力量和连续的节奏。利用凹凸错落明暗相间获得视觉美感，虽不做过多雕琢，却处理巧妙。

图 7-15 虽然与上述处理大致相同，但由于尺寸和形状关系处理不当，却没有使人产生上述的感受。存在的问题一是上延突出的厚度过大，加之主梁挑臂过窄，感到突出部分与上部结构没有形成整体；二是桥墩造型上宽下窄，有画蛇添足之感。

图 7-14 刚架腿局部处理

图 7-15 墩帽外侧不当的处理

图 7-16 表示桥与路的过渡，图 7-16a）、b）是用天然路堤与主桥衔接，实际上这种处理在城

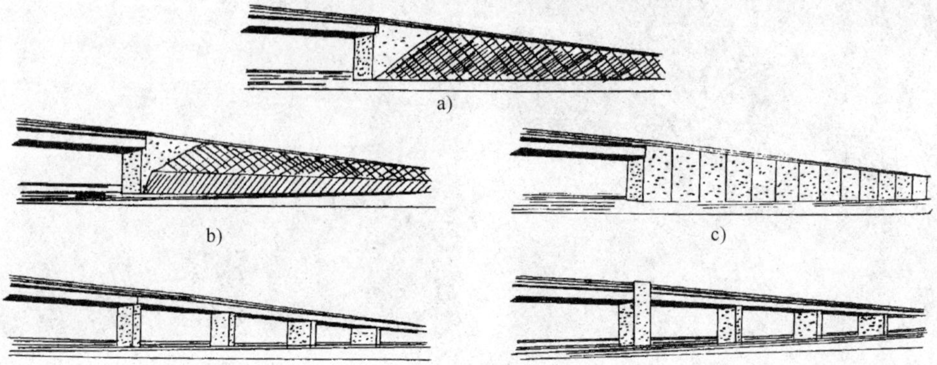

图 7-16　以桥代路方案

市桥梁中不仅占地大，而且容易弄脏道路；图 7-16c）方案是用挡土墙挡土，形成墙式引道，如对挡墙外表面加以质感处理，还是可取的；图 7-16d）、e）则是用引桥代替路的方案，结构连续性强，透视效果好。其中以图 7-16e）为最佳，过渡墩体量与支承处外观处理，主次分明，使人明显地感觉到连续的韵律和停顿的节奏。

图 7-17 桥台与折板式挡土墙连成一体，减少路堤占地及对环境的干扰，与梁体色调一致，形成一种桥与路过渡直中有折的韵律变化。

图 7-17　桥台折板式挡土墙和谐一体

第二节　桥梁饰面与局部处理技巧

桥梁表面的装饰是通过人为修饰装潢，改善原结构的形象表现，以迎合人们的视觉美学要求，达到对某些外观造型原本不足或欠缺部分的补充和完善。当然，桥梁装饰是有限度的，过分装饰会画蛇添足，经济上也造成浪费。实际上，我们在前面介绍的有关桥梁细部结构的美学设计，也是属于桥梁装饰的范畴。下面介绍的装饰是仅就桥梁结构表面改造以增加造型美的一些做法。

一、外表饰面

图 7-18a）是一座混凝土拱桥，采用像楼房建筑那样的外墙饰面，改变了桥梁以往的保持原形本色的做法。外表施以淡雅的饰面，显示出一种高贵的外表形象，令人倍感亲切，产生了一种珍视爱惜的情感。图 7-18b）为一座立交桥桥下饰面。

建在日本千叶县松户市公园前的广场桥，是一座混凝土拱桥，桥宽 22m，长 154m。根据建桥地点的自然环境，将拱桥主体色彩确定以灰色为主调，上部毛石的质感和拱圈分明的组合，贴切合理，恰到好处，是桥梁装饰的典范（图 7-19）。图 7-20 则是对桥墩做外表饰面的桥例。

a)

b)

图 7-18　桥梁饰面

a) 拱桥饰面；b) 梁底饰面

法国巴黎塞纳河上的一座钢拱桥，其雕琢精美艺术不亚于亚历山大三世桥。桥台是一座巨大的圬工体，但做了非常精致的艺术处理。主体是一座空腹式桥台，像一座圬工边孔，增强桥台与整座桥的协调性。桥台檐口的层次变化，台身灰色花岗岩的饰面砌筑造型，加之艺术头像雕塑，构成了一座巨大的艺术品，折射出法国当时的文化艺术水平（图 7-21）。

图 7-19　混凝土拱桥表面的艺术饰面处理

图 7-22 是一座钢箱拱肋的下承式提篮拱桥，主跨138.10m，钢加劲梁，上铺外挑混凝土桥面板，为使侧面混凝土板厚与拱肋尺寸相协调，有意设置装饰条带来加高，最后获得既尺寸得当，又有材质区别的一座匀称得体俊秀的桥体造型。

图 7-20　桥墩外表饰面

二、立面造型

图 7-23 是一座梁式桥，在上部主梁侧面有意识地改变呆板的立面形象，做成表面有凹进的部分圆弧曲面，这样侧面形成曲线与直线组合，蕴涵动势和错落，看似简单，却颇具匠心。

图 7-24 所示的桥则是在外侧加装饰栏板，形成立面和平面的错落，从而增强了其立体造型的美感。

图 7-25 为一钢结构梁桥，桥上设有观景平台，托盘造型由桥墩托起，用与桥墩浑然一体的饰带，形成水平与竖向均有变化的立体造型，很有特色。

图 7-21　桥台整体艺术处理

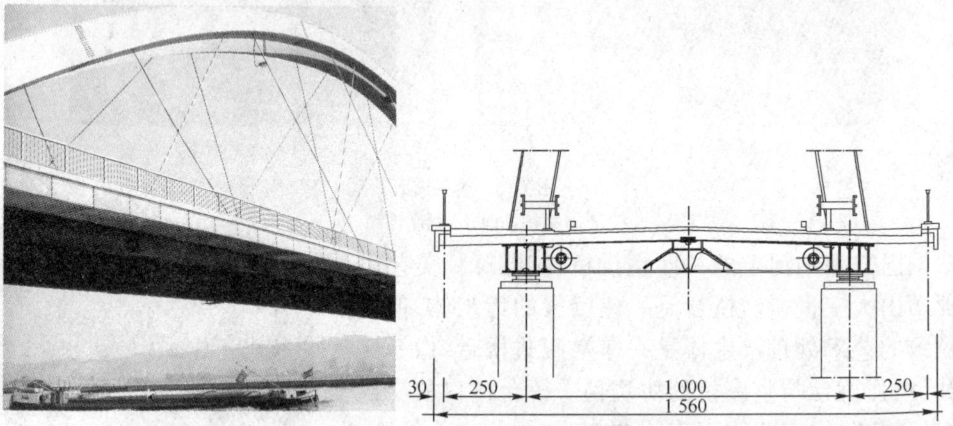

图 7-22　装饰条带的应用(尺寸单位:cm)

图 7-23　主梁立面造型处理

图 7-24　桥外侧加装饰栏板造型

三、线形变化

利用装饰产生的视觉效果可造成线形变化，以增强其美学造型效果。图 7-26 是对主梁横断面顶板悬出的部分进行装饰，给予视觉感受上主梁高度的曲线连续变化，给人以轻盈波动之

图 7-25　用景观平台丰富立体造型

图 7-26　利用装饰产生视觉线形起伏变化

感。这是城市桥梁装饰修景的一个成功示例。图 7-27 是利用桥面系在外侧设置装饰带，立面采用折线形成上下两条不同阴影亮度的带条，达到调节饰带高度变化的视觉效果。

图 7-28 是桥上设置遮音壁表面装饰，以改善其视觉效果的示例。

图 7-29 人行桥以四条水平线形成桥与桥头建筑为一连续体，立面还有错落有致的折线，和谐中有变化。

图 7-27　桥面系外侧饰带折线效果

图 7-28　遮音壁装饰效果

图 7-30 是一座人行和自行车合用桥，钢梁结构。为使主梁显示出层次变化，不致显得梁太高，中间采用深色条带，带色变化从视觉感受上获得减小梁高的效果。

图 7-29　水平装饰线错落有致的效果

图 7-30　色带效果

四、艺术装饰

桥梁也同楼堂馆所建筑一样，可以适当采用一些艺术品来加以点缀和修饰。这样的桥梁比比皆是，前面已经做了很多介绍。图 7-31、图 7-32 是在桥梁栏杆上装饰的雕刻艺术品。图 7-33 是在桥梁休憩平台上的栏杆和桥面上的装饰。

图 7-31　桥梁栏杆装饰的艺术雕刻

图 7-32　栏杆装饰

图 7-33　休憩平台栏杆装饰与桥面铺装

桥梁艺术装饰以浪漫之都法国巴黎亚历山大三世桥最为精美，各种美轮美奂的艺术雕塑形态各异，令人赞叹，就如珍珠项链上的绚丽的宝石，散发着耀眼的艺术光芒（见图 2-37）。

图 7-34 是法国塞纳河上一座桥梁在迎水面分水台上的精美雕塑，其含意深厚，具有鲜明的民俗民风的历史文化底蕴。

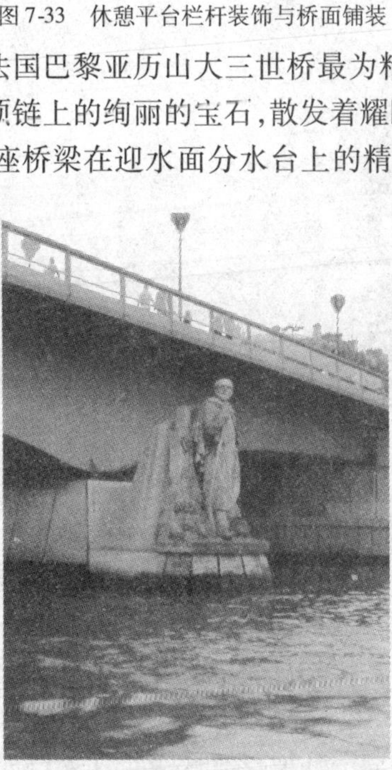

图 7-34　桥墩分水台上的精美雕塑

第三节　桥头建筑规划与设计

长大桥梁和城市桥梁，都要考虑桥头建筑规划问题。结构造型再好的桥梁，若桥头赤裸贫乏，也不会给人带来美感。桥头艺术处理，应是结合桥位处实际情况，合乎比例、协调地把主桥、引桥、引道步梯、自然景观及周围建筑等有机联系起来，形成一个新的景观点，以较少的代价装点桥头，获得最佳的艺术效果，这是桥头艺术处理的原则。

桥头的建筑处理，一直受到人们的重视。国外一些古老的桥梁，其桥头建筑多采用对称布置的堡塔式或教堂式的建筑。这种建筑高耸庞大，组合复杂，类似于中世纪军事需要的桥头堡及纪念凯旋门的雄伟气势，形成了当时争相攀比的桥头建筑风格（图 7-35、图 7-36）。

图 7-35　德国美因兹老桥桥头建筑

图 7-36　德国臬勃龙根老桥桥头建筑

1896 年至 1900 年建造的法国亚历山大三世桥，除拱肋外表雕花镂纹精美雕塑外，在入口的端柱、灯柱也布满了各种雕刻，并在桥头耸立四座桥头塔座，上有高大的雕塑群像，形成艺术性极强的桥头建筑（图 2-37 ）。

图 7-37　重庆长江大桥桥头雕塑

我国 20 世纪五六十年代建筑的一些大桥也十分注重桥头建筑的装饰作用。武汉长江大桥和南京长江大桥采用的也是大体量的桥头“堡”式的建筑物，作为桥的“界分”和“联系”（见图2-35 、图 2-36）。

武汉长江大桥的桥头建筑与风景区晴川阁和龟山联系在一起，后来又恢复修建了黄鹤楼这一闻名古建筑，与雄伟壮观的大桥相辉映，成为武汉一个著名的景点，吸引着国内外游客，影响极大。

南京长江大桥的桥头，由于周围环境没有武汉长江大桥那样的风景特色，仅在桥头处有一个宏伟的纪念建筑而没有给人以深刻意念和美好联想。所以，自南京长江大桥之后，不主张建造豪华高大桥头建筑的呼声渐高。我国著名桥梁美学专家唐寰澄在所著《桥》一书中说"桥美不美，主要应突出正桥。正桥的造型，确定了桥梁总的形式基调，其他都是从属于正桥。"，"当纪念性建筑物和桥相结合时，形式上不易处理，体量又会不合理，经济上更不上算，分了之后，这些问题都迎刃而解"。

建筑装饰的发展也是先功能，后装饰，先朴素无华，后豪华绚烂，当意识到得不偿失，靡费无益后，就会向实用朴素方面转变。当然这种波浪式的发展不是原样的回归，而是在不断遵循美的原则下的进步和发展。

桥头建筑也是一样，用较高代价的桥头纪念建筑来突出桥梁整体的气势似有失偏颇之感，但这不是说桥头的美学建筑可掉以轻心，不予重视。

图7-37为重庆长江大桥桥头规划景观，四个大型雕塑置于桥头四角，以人物的造型反映出"春、夏、秋、冬"的意念。

抚顺市将军桥桥头雕塑，取材中国古代神话"夸父追日"、"女娲补天"、"后羿射日"、"精卫填海"，他们的共同主题是人类与自然的抗争，寓意建设桥梁的意义（图7-38）。

沈大高速公路后盐站的桥头雕塑"希望之门"，主题是一高耸的金钥匙，意喻高速公路开启了改革开放、经济腾飞的大门，寓意深刻，景观壮美（图7-39）。

图7-38　抚顺市将军桥桥头雕塑

图7-39　沈大高速公路后盐站桥头"希望之门"雕塑

南昌新八一大桥是江西省第一座斜拉桥。大桥线路总长6km，主桥长1 040m，主塔高103m，采用双塔双索面钢筋混凝土斜拉桥。该桥环境艺术设计，以桥头雕塑和南岸微缩景观为主。桥南雕塑为黑、白双猫，以中国民间俗语来阐述经济时代的实事求是精神；桥北双狮，喻示着英雄城儿女开拓进取，一往无前的精神（图7-40）。桥头广场辅以绿地和仿古微缩楼台亭

a)

b)

图7-40　江西南昌新八一大桥桥头雕塑

a）桥南黑白双猫雕塑；b）桥北双狮雕塑

阁,再现江西古代文化艺术风貌,体现江西物华天宝、人杰地灵的地理环境和人文景观(图7-41)。

图7-41　桥头广场仿古微缩楼台亭阁

桥头的美学规划和建筑造型在桥梁总体美学造型中起着举足轻重的作用。虽然主桥的结构造型及跨度形成了桥梁总体雄伟壮观之气势,给人以深刻印象和美感,但同时却不能忽视桥头美学规划及纪念建筑物的作用。桥头规划设计主要有以下几个方面的内容。

一、平、纵线形

桥头是路线与桥梁之间的过渡段,首先要满足过渡段的实用要求。一般桥梁根据设计水位、通航水位或立交桥下通车净空要求等确定桥面高程,因为从平面线形及纵向坡度上,按着保证使用要求前提达到最佳的经济性,进行引道或引桥的平面与立面规划设计是极为重要的。对于以疏导和分离交通量为主要目的的立交桥,在地域宽广时,可采用各种匝道形式,一般不宜在桥头做过多的装点。过渡形式选择应以因地制宜、经济适用、满足要求、注意环境、简洁明确为前提,取用不同的立交几何图形。在此要提出的是环境需要而又有条件时,设计者对线型进行局部处理会收到事半功倍的效果。

哈尔滨松花江大桥引桥过渡采用双圆形平面布局方案(图7-42),不但缩短了向市区延伸长度,布局紧凑而富有变化,节约了投资,同时与新区建筑和沿江公园协调一致,建成后总体景观效果好,成为沿江一景。

上海南浦大桥引桥线形方案设计前后长达10年之久。其中浦西引桥为求得交通合理分流疏解,设计单位推出放射型、圆盘型、回转型、直线型和螺旋型五种线型设计方案,经过以工程量与用地、平纵线型、交通功能、施工便易性、景观与环境影响等诸因素详细的论证比较，最后推荐以复曲线螺旋型引桥为现建方案(图7-43)。

图7-42　哈尔滨松花江大桥双环形引桥

图7-43　上海南浦大桥复曲线螺旋型引桥

二、桥梁出入口的“界分”标志

桥梁的“过渡”与“界分”，不仅从结构上反映(如主桥与引桥跨径、结构的变化，与引道构造性质的变化等)，而且空间上亦有从开敞到收缩或从收缩到开敞的变化。所以一般桥梁在出入口处都要有“界分”标志，从视觉上告知人们桥梁进出位置范围，提醒人们关注，增强欣赏心境。

桥头“界分”具体做法一般可归为两类：大型特殊作用的桥梁，一般在有限的空间尺度内，用“堡”、“塔”、“碑”、“雕塑”等组成桥头建筑群，形成一个“界分”点或“界分”段；一般的公路与城市桥梁，目前多以特殊处理端柱、灯柱配以桥名牌等构成一个“界分”点。

由于哈尔滨松花江大桥地处美丽的江边公园，对桥头的美学规划设计要求较高。大桥采用圆厅、长廊、桥名牌等构成“界分”建筑群(见图3-24)。

图7-44为松花江大桥桥头界分建筑——圆厅。

齐齐哈尔为我国著名的“鹤乡”，图7-45为齐齐哈尔嫩江大桥桥头建筑造型。主塔以丹顶鹤造型为主调，配以休息亭、装饰柱等形成一个桥头群体建筑。这种构思和空间组合，遵循美的多样统一法则，寓杂多于整体之中，但在形式处理上又保持各自的标准和尺度，组成一个高低错落有致，风格协调相容的人造活动空间。与单一对称的“桥头堡”式建筑相比，既经济适用，又别具一种风韵，形成轻松活泼、愉悦赏心的桥头建筑风格。

图7-44　松花江大桥界分建筑—圆厅

图7-45　齐齐哈尔嫩江大桥桥头建筑群体

图7-46为佳木斯松花江大桥的桥头建筑，为对称布置螺旋上升的“堡”式建筑。但由于“桥头堡”与桥没有分离，显得双堡距离小，体量有些过大。

牡丹江市牡丹江大桥桥头建筑(图7-47)，左侧以塔、桥名牌、灯柱等组成，右侧以造型别致的收费办公房、雕塑组成，形成市区江岸桥头建筑群。建成后人们竞相观赏留影，成为牡丹江市又一新景点，为开发沿江景区，发展旅游事业，起到至关重要的作用。

图7-46　佳木斯松花江大桥“堡”式建筑

图7-47　牡丹江市牡丹江大桥桥头建筑

三、规划内容和方法

同其他建筑造型设计一样，大跨度桥梁美学规划设计也要立意在先，结合桥位自然地理环境、历史传说、风俗民情、周围建筑风格等，在突出主桥全貌的基础上统一风格、协调韵律、自成一景。

桥头规划设计内容较多，包括主体风格的桥头建筑物、收费管理等房屋的造型设计；人行道加宽、上下步道布置形式；栏杆、灯柱、桥名牌等附属设施；人们观赏活动的各种空间及必要的景点小品等，既具有较强的集纳性，又要构思多元的观赏点；既有紧凑的空间组合，又有不断延伸的景物变化。

一般桥头建筑平面布局方法，不外乎下面两种：一是对称布置，这是以往惯用的方法。即桥头两侧对称加宽，主体建筑在桥头一端或两端以楼、亭、塔等对称布置，形成庄重宏伟的建筑风格。另一种是非对称布置，就是在有限的空间范围内，以桥头主体建筑为中心，采用局部强化的体量组合，以大尺寸不对称布置具有雕塑感的各种建筑，巧妙地运用我国古典庭院空间组合方式，形成一个有交错转折、层次变化的活动空间，与单一的"桥头堡"式建筑相比又别具一种风韵。

牡丹江市区岸为规划重点，南侧以两块不等高相互垂直的大塔板为主体，以圆环梁相联系，下面配以桥名牌形成景点中心。人们的活动空间设有曲廊，曲廊的端板代替桥梁端柱，作为"界分"的标志，小塔板像大塔板的延伸与重复，曲廊前又点缀有浴女戏鱼的雕塑小品，构成一个高低错落有致，风格协调相容的观赏活动空间，收到较好的效果。图7-48为前面介绍的牡丹江桥头建筑设计立面图。

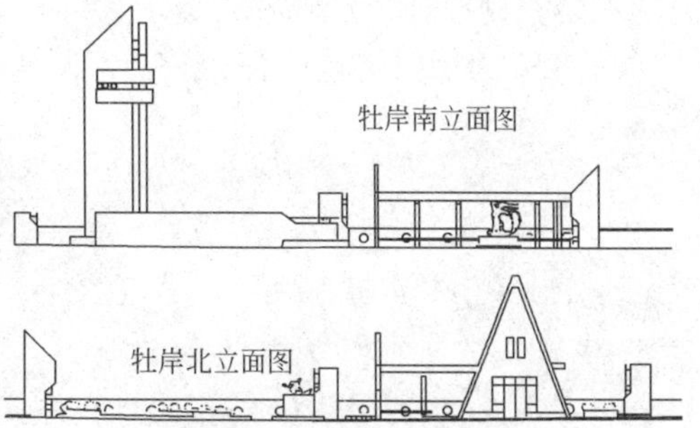

图7-48　牡丹江大桥桥头建筑设计立面图

第四节　栏杆、端柱与步梯

一、栏杆

栏杆除了服务于全桥的功能作用而要求的稳定、安全外，栏杆的造型美还是桥梁美学的重要组成部分。我国古代桥梁就非常注重栏杆的造型，如卢沟桥的栏杆是著名的石狮栏杆，485个小石狮雕塑造型各异、形态活泼、妙趣横生、令人赞叹(见图2-47)。

我国一些古老的拱桥，尤其一些皇家园林桥梁(如颐和园中的一些桥梁)，对栏杆的造型非常重视，常用汉白玉、青白石等细石精雕细琢，修建一些艺术性极高的栏杆，以增强皇家园林豪华精美的效果(图7-49)。我国这些古老桥梁雕琢精巧的栏杆，已成为世界桥梁史上栏杆美学造型的精品。

图7-49　中国古代石桥汉白玉精雕栏杆

现代化的桥梁、立体交叉结构等，其栏杆设计应摒弃千篇一律、互相模仿的做法，而应结合桥型独立设计。

一般栏杆的造型应注重以下几点。

1. 远观效果与桥梁结构总体造型相协调

人们远观桥梁侧面时，其视觉轮廓是由主梁与栏杆构成，所以栏杆要有通透的空间，将主梁与栏杆分开，以显示出主梁结构的轻盈。同时，要结合桥型（如拱桥、梁桥等）设计出和谐的栏杆造型。

图7-50为预制装配式钢制栏杆，造型错落有致，节奏变化明显，效果通透优美。带指示方向的不锈钢制栏杆，造型简洁，美观大方。

图7-51为桥梁铸铁栏杆，图7-52为混合式栏杆，供参考。

图7-50　钢制装配式栏杆

图7-51　装配式铸铁栏杆

图 7-52　混合式栏杆

2. 线条简洁，适当变化

桥梁护栏除防撞、防噪声等特殊要求外，其主要功能是防护和安全作用。栏杆主线条是横向的扶手和下端固结的横向底梁，其余均以竖向栅栏为好。当桥面较窄时，可使用曲面栏杆，使人感到桥面空间的开阔（图 7-53）。

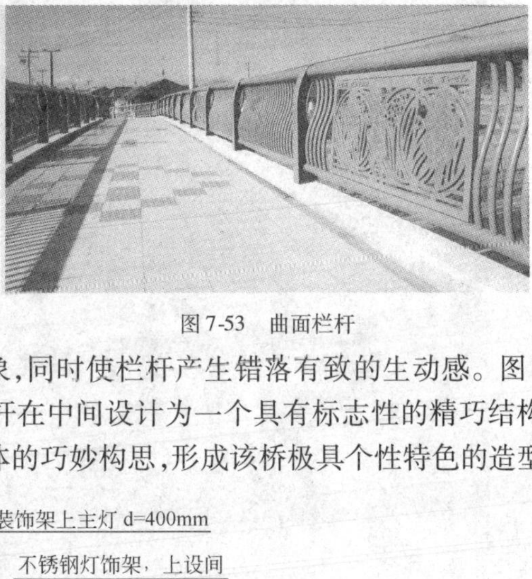

图 7-53　曲面栏杆

另外，对风景区或城市中的桥梁设计，可局部加宽人行道，或在桥上建造供人们观赏的平台和休憩的设置，甚至还可以做一些局部美化，以适应人们的欣赏心境，增强其美学造型形象，同时使栏杆产生错落有致的生动感。图 7-54 为大庆市铁人广场人行桥设计图。该桥将栏杆在中间设计为一个具有标志性的精巧结构，并与灯柱结合，构成线形呼应协调、功能标志一体的巧妙构思，形成该桥极具个性特色的造型。

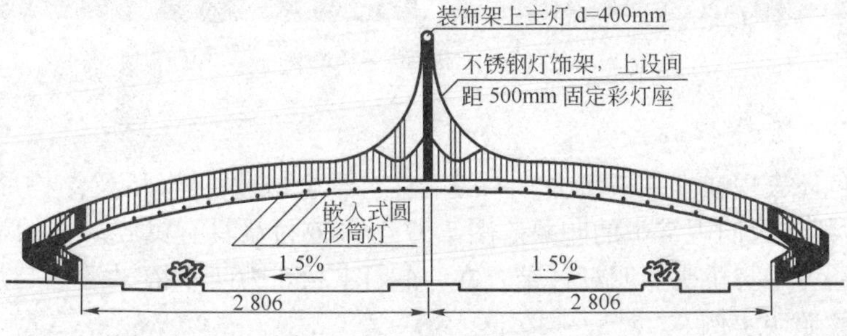

图 7-54　大庆市铁人广场人行桥立面设计图（尺寸单位：cm）

从视觉感受上，栏杆是人们最易接近并可观察触摸的建筑部分，所以栏杆的细部线条、扶手、立柱、花饰、所用材料质感色彩等都要和谐统一，给人以精美明朗的感受。

3. 因地制宜具有特色

栏杆设计应新颖大方，具有特色，并便于安装制作，而不宜太繁杂。前面介绍的各种钢制栏杆，可工厂化施工，安装方便。

图7-55为我国南方某立交桥采用的花坛栏杆，构造简单却别具一格，对美化立交环境起到较好的效果。

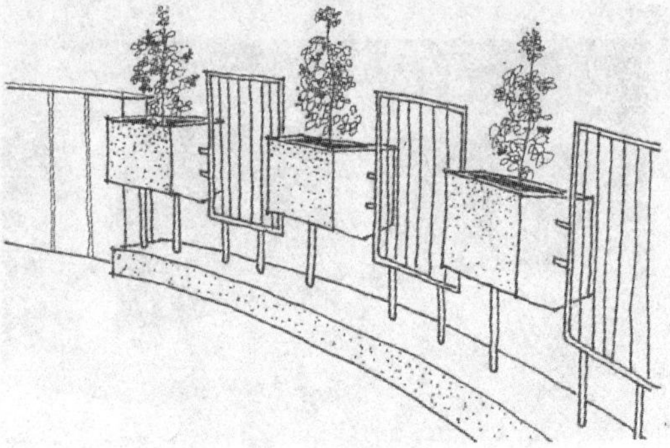

图7-55　花坛栏杆

为了保证人行安全，在桥上往往要设置隔离栅或隔离板。隔离栅（板）也应与栏杆一样做到精心的设计，使其除功能作用外，也成为桥上景观的一部分。图7-56为桥上隔离栅（板）的实例介绍。

图7-56　桥上隔离栅造型

二、端柱

栏杆的特色还表现在端柱造型上。一般端柱可结合地域特点、桥梁结构形式，设计成不同风格，以突出桥梁在人们观赏中的印象。图7-57为几座桥梁具有民族风情的端柱造型。

一般端柱还可以与桥头照明灯柱结合在一起，图7-58为两座桥梁端柱与灯柱设计图。图7-59为栏杆端柱照明实例。

三、步梯

行人上下桥的步梯建设标准，应根据立交性质、人流强度等综合考虑确定。布置形式除根据人流交通组织方向及现场建设条件，保证行人上、下桥的安全和便捷外，还要考虑美学造型及桥梁整体结构造型的协调一致。

图 7-57　桥梁栏杆端柱造型示例

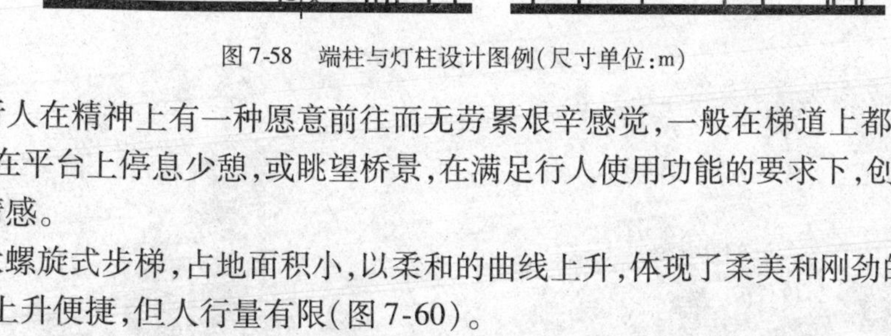

图 7-58　端柱与灯柱设计图例(尺寸单位:m)

为了使行人在精神上有一种愿意前往而无劳累艰辛感觉,一般在梯道上都要设置缓行平台,行人可以在平台上停息少憩,或眺望桥景,在满足行人使用功能的要求下,创造出一种令人愉悦亲切的情感。

呈环抱状螺旋式步梯,占地面积小,以柔和的曲线上升,体现了柔美和刚劲的结合,使人感到空间紧凑,上升便捷,但人行量有限(图 7-60)。

上桥人行步梯还可设计悬臂结构式步梯,紧凑而少占空间(图 7-61)。

台阶式步梯往往在大桥桥头建筑环境较充裕,人流强度较大时采用。台阶式步梯宽敞明朗,简单大方。图 7-62 武汉大桥台阶式步梯,中间还设置绿化池。

图 7-63 为几座梯道桥例。

图 7-59　端柱照明示例

图 7-60　螺旋式步梯

图 7-61　悬臂式人行步梯

图 7-62　武汉长江大桥步梯

图7-63　几座梯道桥例

第八章　桥梁的色彩与照明

第一节　色彩的属性与意蕴

色的物理本质是波长不同的光。公元1666年英国物理学家牛顿第一次利用三棱镜的折射，将太阳光分解为包括红、橙、黄、绿、青、蓝、紫的色彩光带，从而揭开了色彩的秘密。马克思在《政治经济学批判》中指出“色彩的感觉是一般美感中最大众的形式”（马克思，恩格斯全集第十三卷145页）。视觉环境中的颜色是人获得物体感知最基本的信息。所以，颜色是人类生活中最活泼的一个元素，是一个最具感情的元素。了解色的本质，探索色的魅力，科学地认识色彩，充分理解色彩的真谛，并把其应用到桥梁设计中，也是我们桥梁设计者的职责。

1. 色的三属性

物体显示的色有两类：一是自身发光的光源色，如太阳、灯、火等；一是受到外来光的照射而显示出的光——物体色，诸如花、草、桌子等借表面反射而产生的颜色。物体色又称之为表面色，有色玻璃由光线透过而产生的物体色称为透过色。毋庸置疑，桥梁的色是表面色。表面色又分为单色和彩色二种，单色是指白、灰、黑等无色彩的颜色；红、黄、绿、蓝等有色彩的为彩色。

表面色具有如下三种属性：

明度（Lightness）——色明暗的属性。

色别（Hue）——彩色所具有的色的特征属性。

彩度（Saturation）——彩色的鲜艳程度的一个属性。

彩色具有上述三个属性，单色只有一个属性。

2. 色的心理效果

色的感受和分辨是人们视觉的基本功能之一，它必然在人们情绪上引起一定的感受作用和影响。桥梁的色彩设计，其目的在于让色彩与结构造型一起，发挥环境景观的作用，成为桥式风格的象征和信号。

任何一个正常的人，都会对色彩产生某种联想，这其实就是色彩反映到人们思维中的感情理解。根据色彩在人们心理产生的感情效果有如下划分：

（1）冷暖感

红、橙、黄等是能使人感到暖和的色，称为“暖色”，暖色使人感到兴奋。而蓝、绿、紫等使人感到阴冷，称之为“冷色”，冷色使人有宁静的感觉。

（2）远近感

如果将暖色和冷色放置于同一距离观之，暖色会感到近一些，冷色就会感到远一些。亮色与暗色相比也会感到近一些。所以，暖色和亮色看起来是前进的，而冷色和暗色则是后退的。

（3）胀缩感

在灰色背景上放置形状和大小相同的蓝纸和红纸，红纸就会显得大一些。所以，一般暖色让人感到形体扩大膨胀，冷色感到收缩减小。如法国国旗红、白、蓝三色，色带宽度比为

30∶33∶37，但人们观之却感到同样宽。

（4）重量感

形状、大小都一样的物体，由于色彩的不同，人们心理感受到的重量是不同的，亮色感到轻一些，暗色感到重一些。按色别感受，暖色较重而冷色较轻。

人们对色彩的长期观察和理解还会形成一种共同的感情联想，例如对红色，人们从火和热的联想中会形成热情、兴奋和危情等情绪感受。而对绿色，由于是自然界中最普遍的色彩，会形成生长发育、健壮的感情，或是安全的象征。表 8-1、表 8-2、表 8-3 是由色彩引发的感情和联想表。

对 色 的 情 绪 表 8-1

色别	暖色 中间色 冷色 单色	亲切、喜悦、活泼、活跃 平静、平凡、协调 阴沉、悲哀、凄凉、停顿、沉思、宁静 衬托其他颜色而取得协调
明度	高明度 中等明度 低明度	爽朗、轻快、明朗、轻薄 稳重 忧郁、笨重、稳重
饱和度	高饱和度 中饱和度 低饱和度	华丽、新鲜、进步 稳重、舒畅 朴素、古雅、保守
明度和饱和度	高明度低饱和度 低明度高饱和度	柔和 坚强

具体事物的联想 表 8-2

红	热情、活泼、强壮、积极、自我中心、自信、危险	紫	优雅、高贵、庄重、神秘、不安、呆滞
橙	温和、喜悦、舒畅、友情、疑惑、妒忌	白	洁白、清洁、清净、神圣、永恒、命运
黄	希望、愉快、明朗、幸福、自信、外向	灰	平凡、失意、谦逊、不安
绿	和平、安全、新鲜、成长、理想、公平、宽容	黑	严肃、神秘、命运、永恒、恐怖、不祥、憎恶
蓝	冷静、理智、悠久、清澈、深远、神秘、保守		

抽 象 的 联 想 表 8-3

红	火、血、太阳	绿	草、叶、森林	白	雪、白云、砂糖
橙	灯火、火焰、柑橘	蓝	海、水、天空	灰	阴云、灰、老鼠
黄	光、菜花、柠檬、银杏	紫	紫花地丁、葡萄	黑	黑夜、墨、碳

3. 色彩的象征性

一旦某种色彩联想被反复的应用于某一特定的情况，就将被固着为某一种社会文化的公认的观念中，称为社会约定俗成的一种"语言"，这就是色彩的象征性。色彩象征性会因地域的不同、社会的不同、时代的不同而不同。

如西方国家以白色象征纯洁用来制作新娘的婚服；而中国的传统是以红色象征喜庆，新娘传统的婚服必然是大红的。

色彩象征意义还因社会不同、时代不同表现出它的"歧义性"。在现代语言中，黄色是淫秽的象征。但在中国，直至 20 世纪初的君皇制社会，黄色是至高无上的皇权的象征。在我们日常生活中，一般黑色象征悲哀、白色象征不吉利、红色象征革命、绿色象征和平、黄色象征淫秽。

由上可知，一旦色彩象征意义已经形成，它作为一种文化象征所产生的支配力量就远非一般联想与纯感性力量所能比拟。所以，对色彩象征性这种"语言"告示，一般情况的色彩设计还是慎重思考为好。

第二节　桥梁色彩设计与桥例

桥梁的色彩同结构造型一样是显示桥梁美的重要因素。人们目视一个物体，是以“形”和“色”来加以区分的。“色”会使人们产生各种各样的联想和感受而起着心理上的作用，有形的物体必然具有色彩，但只是形状优美而色彩不当，是不会使人感到满意或激发起美感，并会对感性评价产生干扰作用。

在桥梁与周围环境的协调统一中，除结构造型外，与材料和色彩均有关系，各种材料有着自己的固有颜色，反映在人们的视觉感官上就是“外观质地”的印象。如混凝土桥呈现其材料特征的是灰色或白色，而钢桥从防锈观点出发，所涂防锈漆是橘红色的，但根据需要又可涂刷成其他各种颜色。

桥梁修建在一定的自然和社会环境中，设计者要有目的的利用桥梁“形”与“色”的组合作用，谋求对周围环境的改善。桥梁必然是与周围的环境物象一起映入人们的眼帘，成为景观的一个重要组成部分而存在的。也就是说，桥梁的色彩是作为环境色的一个重要因素而展示它的形象，所以桥梁的色彩设计不是无足轻重。尤其对钢结构桥梁，除锈涂色是防腐的一个重要工序，其色彩设计又变成极其必然的事情。

一、桥梁色彩设计的要求

(1)要更好地突出和表现桥梁的形式美和功能美。

(2)与桥位处的环境和景观相协调。

(3)对栏杆端柱、灯柱等利用醒目的色彩调配来达到其色彩的平衡。

(4)要避免由于色彩强烈的对比造成人们(尤其驾驶员)观之产生炫目或眼睛疲劳的现象。

二、色彩设计

图 8-1 表示桥体色与周围环境背景色相互关系图。设计者可根据桥梁与环境协调要求进行色彩的调配。

图 8-2 表示色彩对人心理和情绪影响的色环。

图 8-1　桥体色与背景色的调配

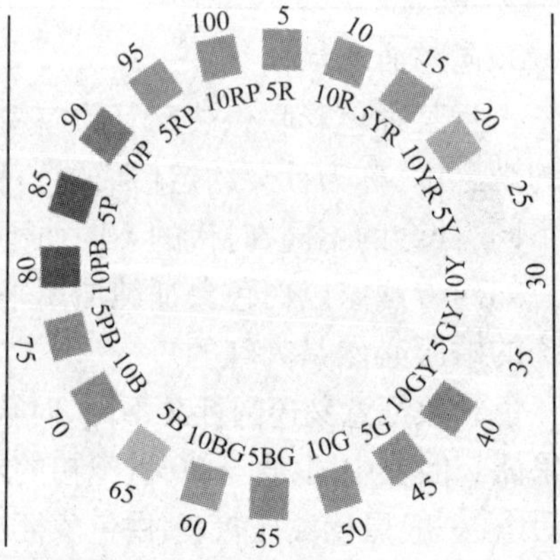

图 8-2　色环

三、桥例

海沧大桥在进行环境景观设计中，专门进行结构色彩设计，经专家讨论建议：采用中彩度方案、“全桥一色方案”与环境统一和谐，经多次比选最终拟出图 8-3 所示 a)、b)、c)、d)4 个方案，经对近、中、远多个视觉效果图反复比较，选出轻柔中性色彩的银蓝色(a)方案。其主要理由是：银蓝色可使粗壮的钢筋混凝土结构索塔产生收缩感而形成高耸轻柔的视觉渲染力；色彩与造型浑然一体，与环境融合完美；色彩营造的稳定、明朗、轻松、愉悦的平和气氛与景观开发主导理念相一致。同时还确定钢护栏采用红色，增加全桥线性调和效果。

A

a)

B

b)

C

c)

D

d)

图 8-3　海沧大桥桥体一色方案

绵阳涪江三桥为中承式钢筋混凝土系杆拱桥，拱肋色彩由红、黄、蓝组成(图 8-4)，从色彩反应的心理感应是冷暖、远近、胀缩、轻盈平行并列组合一起，形成色彩对立，过艳而无素雅，轻薄而不稳定，很不适合作为桥梁结构的色彩组合。而图 8-5 和图 8-6 所示那种单色体还是可以认可的色彩。

图 8-4　绵阳涪江三桥桥体多色效果不佳

图 8-5　单色体桥例

日本浜名湖大桥是一座 6 跨连续钢箱梁桥。深邃的海水泛着蔚蓝的波浪，岸边山坡涂着浓浓的绿荫，红色的梁体上面配以白色的栏杆和分隔线，就如同其环境设计一样，总体感觉是色彩设计既强调突出又相融于一体，而在某种意义上又好像无意中给桥梁涂了一笔，以引起人们注意——勃勃生机是因为有了桥(图 8-7)。

图 8-6　强调单色体的调配

图 8-7　日本浜名湖大桥色彩效果

位于日本大阪府和泉市东南的光明池大桥，为一座钢筋混凝土中承式拱桥。桥型选择除了考虑结构和经济性外，着重从美学角度使桥型与周围环境相协调，其中色彩设计更是突出了这一要求。桥体采用单色，通过色彩突出桥梁形象，使原有环境色彩增加了生气，形成极为协调的新色彩组合，令人观之美不胜收(图 8-8)。

图 8-8　日本光明池大桥色彩效果

图 8-9 是修建在我国台湾省台北市淡水河口的关渡河桥。该桥为 5 孔中承式连续系杆拱桥，桥体采用暖色，与衬景色彩相配强烈，给

人一种热情奔放、强壮有力的印象。

图8-10为广东省惠州市水门大桥，桥体采用单色设计，与周围环境协调统一。

图8-9 台北关渡河桥

图8-10 广东省惠州市水门桥

流溪桥位于广东省广州市从化县流溪河国家森林公园中，跨越水库垭口，是一座主跨90m的钢筋混凝土中承式拱桥（图8-11），其色彩设计独具一格。全桥以白色为基础色，拱肋中间深色条带显示凹进变化，桥面系以灰蓝色加强，与周围山水自然环境相映，明快美丽。

人行桥与周围建筑共存一处，其桥梁色彩应与环境相互衬托浑然一体。一般主色调以淡雅为主，且深浅相衬，显出立体感。两座处于不同环境的人行桥采用了不同的色调设计，处于风景区的桥采用安静淡雅的浅色为主调（图8-12），而跨河人行桥则采用了蓝灰色（图8-13），其与环境的协调是两座桥色彩设计产生的效果。人行桥的色彩设计，读者还可以在前面介绍的人行立交桥造型中得到体会和理解。

图8-11 广东省从化流溪桥明快美丽的色彩

图8-12 风景区人行桥色彩

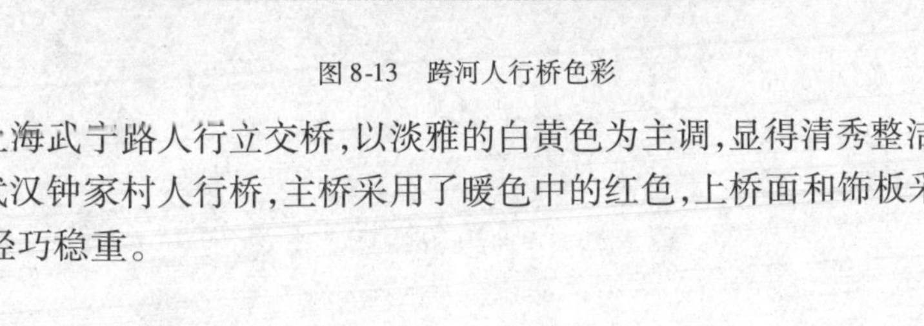

图8-13 跨河人行桥色彩

图8-14是上海武宁路人行立交桥，以淡雅的白黄色为主调，显得清秀整洁。

图8-15为武汉钟家村人行桥，主桥采用了暖色中的红色，上桥面和饰板采用灰白色，桥型轮廓鲜明，整体轻巧稳重。

图 8-14　上海武宁路人行立交桥色彩

图 8-15　武汉钟家村人行立交桥色彩

四、桥面彩色铺装

桥面的彩色铺装，尤其人行道部分的彩色铺装，也是桥梁色彩设计中的一个内容。它可以消除人行道空间简单乏味、单调平淡的心理影响，丰富眼前展现的景观效果，使人产生一种安全感、舒适感和愉悦感。

彩色道面设计，主要依靠步道板色彩、材料、质感变化，利用图案与纹理、光滑与粗糙的组合，达到步行空间景观的目的。图 8-16 是一些桥面的彩色铺装实例，供参考。

铺装色彩不宜太强烈或太暗淡，太强烈显得刺激俗气，太暗淡显得沉闷老气。采用不同的流线形曲面色彩组合的桥面铺装，极具现代感，使人感到空间的流动和跳跃，心情的兴奋和愉悦（图 8-17）。

彩色桥面铺装还可以发挥不同颜色所产生的交通诱导功能，吸引人们上桥，引导人们的去向（图 8-18）。

图　8-16

图 8-16　桥面彩色铺装实例

图 8-17　桥面铺装曲面色彩组合

图 8-18　桥面铺装引导交通

第三节　桥梁与立体交叉照明灯饰夜景设计

桥梁与立体交叉的照明是创造良好的视感环境，保证交通安全的一个重要设施，同时又具有美化城市环境，形成夜间景观效果的作用。所以合理的照明设计，不仅能确保夜间行车的便利和行人安全，起着诱导交通的作用，同时又可增加桥梁立体交叉的感染力，烘托、辉映出建筑造型的艺术效果。

一、照明设计基本原则

桥梁与立体交叉灯饰夜景的整体效果，主要由功能要求、主体结构、环境特点、照明系统四大要素共同组成。它们各有自身要求，又可兼顾配合，互相补充烘托。对大型桥梁和立体交叉,要用科学的表现方法和设计程序进行照明系统和灯饰夜景设计,以取得预期的照明和视觉效果。

(1)照明和灯饰设计不能影响桥面行车、航空飞行、水域行船的安全,光源配置不能产生相互干扰,造成衍射、泛光、乱影等负面效应,要形成视觉舒适的“光环境”。

(2)大型或超大型桥梁和立体交叉照明要以体现结构形态体系和各种线性组合美学形象特征为主,采用不同的照明方法,达到灯饰景观的主导作用。

(3)灯饰照明要与环境照明形成一个主次分明、层次有序、富于立体感的具有地域及景观(尤其进行景观开发)特色风格的夜景景观。尤其处于滨水区域的桥梁,其照明对于提升城市夜视景观与丰富空间层次具有重要作用。

(4)照明系统要根据夜景灯饰和照明要求,科学合理配置灯具和光源,做好平日、节假日及应急需要时的照明管控措施。

(5)在贯彻经济、适用、安全、美观原则基础上,拟定出各种设计方案,并相应提出仿真灯饰夜景效果图及相关说明文件,供建设单位组织评审选定。

二、照明方式与布置

桥梁灯饰照明方法有点光法、线光法、面光法及内透法。

立体交叉由于占地面积较大,车道比较多,有不同形式的主、次匝道和弯坡斜格,线形起伏弯直连接复杂,需进行大范围照明。对于互通立交,通过道路照明为驾驶员提供良好的诱导性是十分重要的。设计这种立交照明时,应保证有足够环境照明,以使驾驶员能够根据环境状况来判断桥的形式和车道走向,使自已随时判断自己所在的位置和去向。同时,环境照明对立交上的指示牌和标志也需要有良好的显示作用。大型互通立交多采用高杆照明(图 8-19、图 8-20)。

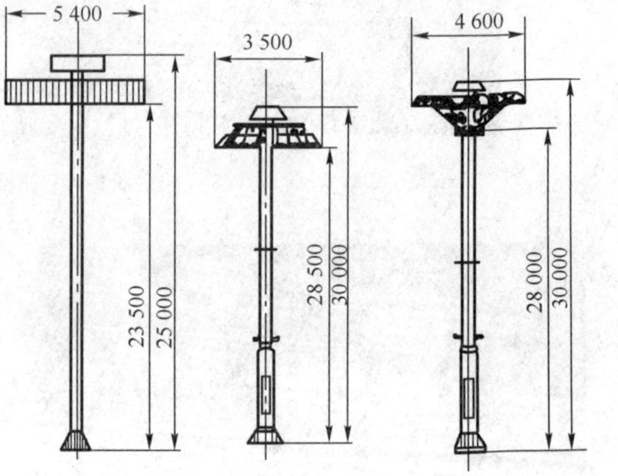

图 8-19　高杆照明(尺寸单位:mm)

高杆照明为一组灯具安装在高度大于或等于 20m 以上的灯杆上,杆内可设梯道供维修人员使用。

高杆照明要注意以下几点:

①合理设置灯杆位置,有效满足立交各区段的相应照明要求,获得充分的环境照明。

②正确处理功能和美观两者之间的关系,合理选择高杆照明灯的结构造型,在满足照明功能要求的前提下,尽量做到美观。

③高杆照明建造和养护费用都比常规照明高,设计时要进行经济分析和比较。

桥梁的灯饰照明,要突出结构的形体特征,一般桥面系、悬索桥主缆、拱桥主拱肋等采用线照明,主塔采用点照明,斜拉桥与悬索桥的斜索面、吊杆采用面照明法。对于桥下通船游览可采用内透光法将其侧面及桥下景观表现清晰。表 8-4 列出各种桥梁结构照明要求与表现手法,可供参考。

图 8-20　高杆照明示例

桥梁结构体系与照明要素及表现方法　　表 8-4

桥梁结构体系	照明要素选择	照明表现方法
梁式桥与刚构桥 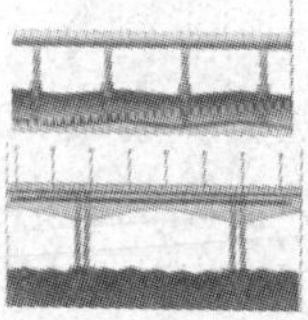	主梁、桥墩、桥台 主梁结构混凝土、钢桁梁 等截面与变截面 通航照明要求	以桥面路灯照明造型为主，桥体造型在形成水平方向的韵律感的同时，结合桥墩、桥台投光造明与江面倒影相映生辉，形成立体照明，通航孔照明不影响通航要求
拱桥 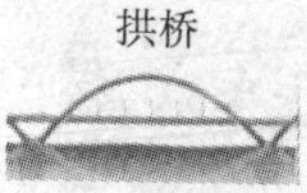	拱桥上部结构、主拱拱圈结构、加劲梁混凝土或桁架结构 桥面系、吊杆 桥墩、桥台	照明强调拱桥拱圈强劲力度和优美曲线造型；多跨拱桥的连续照明可实现动势变化；加劲梁以路灯照明造型为主；大跨拱桥在桥墩上采用投光照明以显示加劲梁结构形式
悬索桥 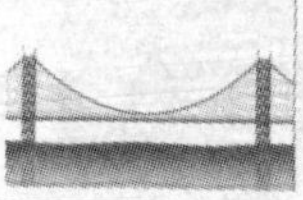	主缆、吊索、桥塔、加劲梁、塔墩、桥墩、锚碇	桥塔、主缆、加劲梁是照明主体，主塔投光照明；主缆采用照明灯，显现主缆壮美的曲线；加劲梁下设投光照明，吊索由下向上投射，形成“光幕帘”效果；锚碇采用投光照明
斜拉桥 	主塔、主梁、斜拉索、塔墩	主塔、塔墩照明与悬索桥相同，是斜拉桥照明主体，要塑造出高耸挺拔的夜景形象；加劲梁照明同悬索桥；斜拉索根据索型选择照明方式

桥梁与立体交叉常规照明为一支或两支灯具安装在适当高度的灯杆上,按一定间距有规律的连续布置在桥梁一侧或两侧的照明方式。现一般多采用简单流畅的悬挑式和托挂式(图 8-21),现代化照明灯具,要求简洁优美,并具有一定形象(图 8-22)。

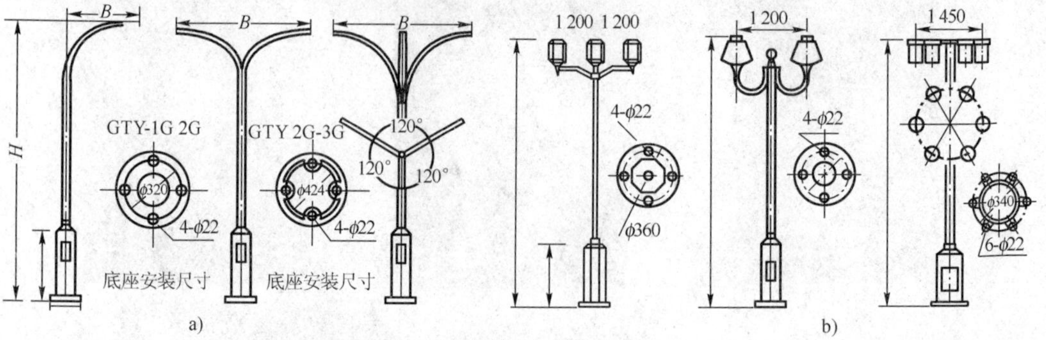

图 8-21 悬挑式与托挂式照明

a)悬挑式照明;b)托挂式照明

图 8-22 简洁优美的车行道照明

立交照明的布置必须考虑立交结构形式,既达到照明的使用要求,又能反映出立交优美线形,达到美学上衬托夜景的目的。一般标准对称结构的立体交叉(如标准苜蓿叶立交),照明设计应保持对称性而对称布置。在 4 个苜蓿叶形匝道引桥环内设 4 座高杆组合灯,突出立交主体造型。车行道两侧栏杆下部设置彩色带状灯,桥墩立柱上则装有球形装饰灯,使整个立交照明具有立体感和现代化气氛,当节日照明全部使用时,形成一个美好夜景。

北京二环玉蜓立交桥,是机动车与非机动车分行的 3 层全互通式蜻蜓形立交。整座立交形式新颖美观,功能良好,交通运输舒畅有序。以 6 根高杆照明突出桥梁在半空间的整体形象,以梁底、墩柱及栏杆照明来显示立交流畅的线形,形成夜间立交的风采和气势(图 8-23)。

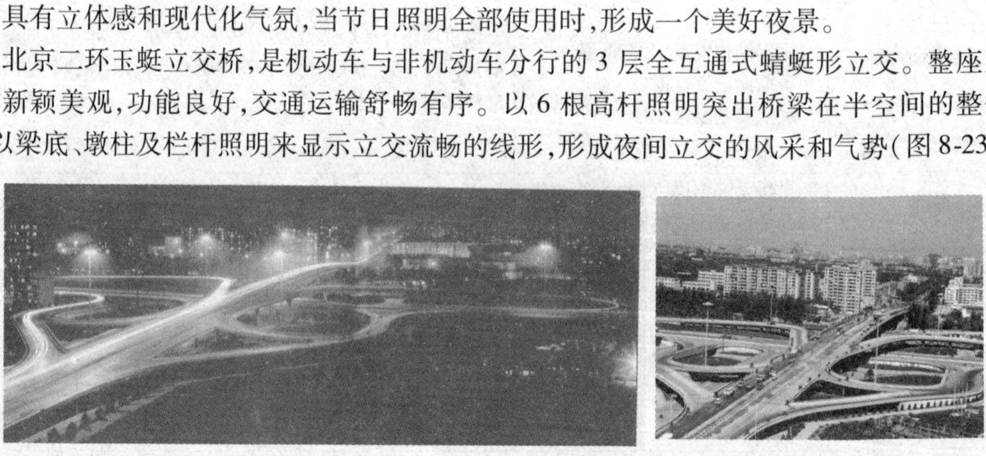

图 8-23 曲线优美的立体交叉夜景

常规照明布置有如下 4 种:

①单侧布置。在桥面不宽,属于单向行车时(如匝道桥),在一侧布置照明灯。优点是诱

导性好,造价低。

②双侧交错布置。亮度总均匀度要比单侧布置好,但纵向要差一些。

③双侧对称布置。纵向均匀性和诱导性比双侧交错布置要好。

双侧交错布置和双侧对称布置适合于桥面较宽的主桥上。

④中心布置。照明灯布置在中间分隔带上,比两侧布置经济,且可获得良好的视觉诱导性。

照明设计还可在细节上加以关注,以烘托主桥结构造型并取得多重的艺术效果。

桥头端柱设置标志灯(一种特殊造型的组合花灯),以提示人们和驾驶员注意已进入立交结构区。还可在栏杆上设置柱灯,使照明和结构造型融为一体,显示出照明的景观效果。

图 8-24 为某立交桥栏杆照明的示意图。在上层高架及二层匝道和环道外圈栏杆布置单向投射型照明器[图 8-24a)],并在灯具背部栏杆上留有照明孔,晚间可在栏杆外侧透出适当的光亮,以显现立交整体线型。中层高架桥布置双向投射型反射器,可兼顾底层道路照明[图 8-24b)]。

当桥上无人行道时,照明灯可设置在防撞墙的凹槽内(图 8-25)。

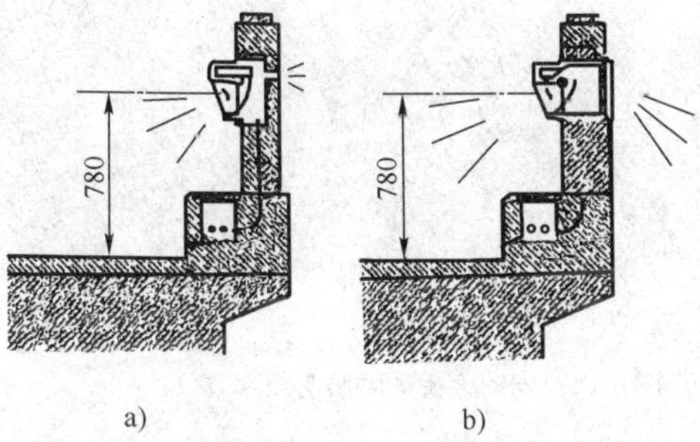

图 8-24　立体交叉栏杆照明

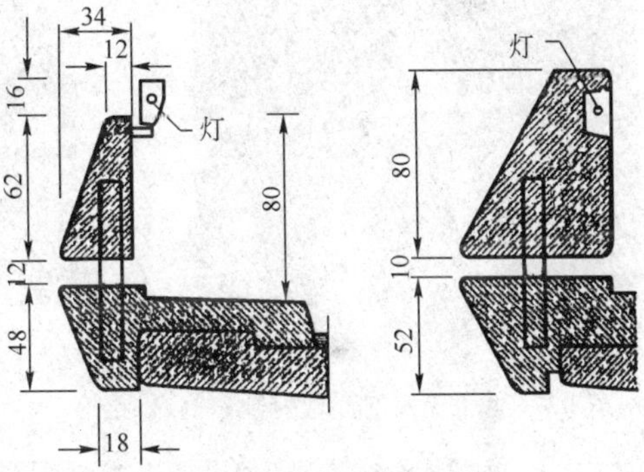

图 8-25　防撞墙(栏)设置照明灯

当桥面宽度小于与其连接的引道路面宽度时,则在桥的入口处要有明显的端柱照明,栏杆、缘石要有足够的垂直照明度。对于曲线桥、主桥等照明要求是亮度标准高、眩光限制严,诱导性要好,分叉处及环形匝道照明要比路上间距小,环形桥单侧布置的灯具应设在环形桥外侧,一般均应选择截光型灯具来控制眩光。

三、桥梁照明示例

上海杨浦大桥为双塔双索面斜拉桥,主塔高 208m,黄色钢索。其照明不仅要表现出整座桥梁的雄伟造型,还要突出塔、索的气势,所以既有正面照明,又要有侧面照明。

图 8-26 为杨浦大桥照明灯位布置图,索面灯位借用路灯杆灯,主塔灯位置于桥体外侧,照明指标为 $100I_{x}$ 左右。

图 8-27 为主塔正面照明效果,图 8-28 为该桥远眺时的照明效果。以较强的白光显示主塔,以相对弱一些的白光显示索面,使之形成浓淡相宜、辉煌灿烂的整体照明。

上海南浦大桥,主桥双塔双索面采用泛光照明,主塔立面平均照度可达 $100I_{x}$。桥面上方主塔选用冷色调金属卤化灯,呈青色,使主塔宛如一把雪亮利剑刺向夜空,挺拔壮观。主桥采用常规柱式路灯,安置在防撞墙顶部。灯杆高 8.8m,灯杆距 34m,平均照度 $28I_{x}$。引桥螺状盘旋,灯光点点,勾画出一幅银珠螺盘景观(图 8-29)。

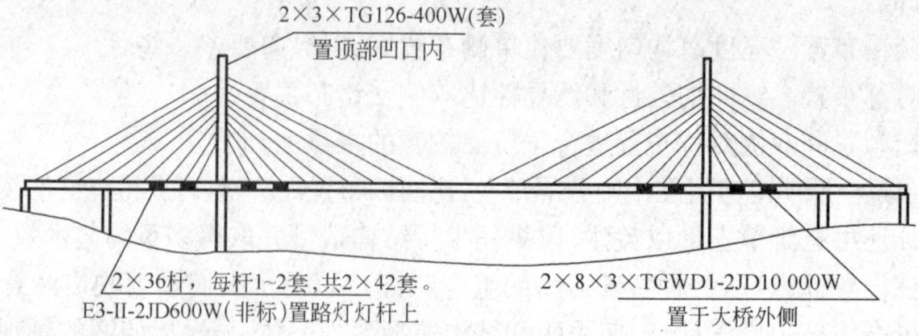

图8-26　杨浦大桥照明灯位布置图

图8-27　杨浦大桥正面主塔照明

图8-28　杨浦大桥远眺照明效果

图8-29　上海南浦大桥灯饰夜景

现澳大利亚悉尼港湾大桥景观照明是在20世纪70年代中期改造确定的,光色对比是大桥景点强调的效果。桥墩照明采用暖黄色的高压钠灯,大桥钢结构采用冷白色的高压汞灯。桥墩照明的投光灯,把表面花岗石的肌理清晰展示出来。钢拱的照明,由于安装位置受限,经过反复试验,最后采用宽光束和窄光束结合式投光照明,形成大桥整体轮廓清晰,照明简洁无华,具有形象深刻的艺术效果。该设计在1987年获国际照明设计师学会 Edwin F GTuth Memorial Award of Excellence 大奖(图8-30)。

横跨东京港的彩虹大桥是国际都市东京的海上大门。经桥梁景观研究委员会研究决定,景观照明效果的基本原则主要是要具备作为东京门户的标志性、亲水性及反映未来的崭新性,要创造出精彩的夜间景观。该桥为悬索桥,照明要素为主塔、悬索、主梁和大锚碇,这几部分的照明优美协调，形成一个完整的统一体，同时又不失各自特点。主塔光色随季节变化，夏季为白色，冬季为暖白色。悬索照明每个单元使用三种不同光色：白色（中性的公共色）、绿色（东京的视觉色象征亲水性）、珊瑚色（象征21世纪的来临）。该桥还特别考虑了节能与环保，使用太阳能发电，解决照明40%的用电量；开发高精度光分布的泛光照明，将溢射天空的光减到最小。该桥照明设计是由日本著名设计师石井幹子花费近3年时间完成。图8-31为该桥照明器具的布置图，图8-32为照明景观，由于照明及灯光的变化，显示出桥梁建筑的雄伟壮丽，成为名副其实的“彩虹”桥。

图8-30 澳大利亚悉尼港大桥夜景照明

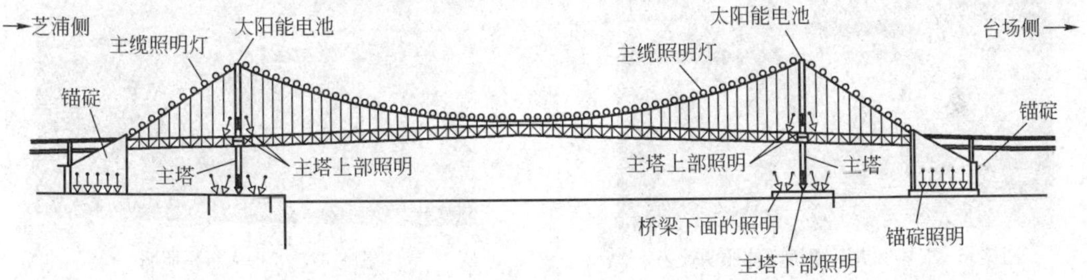

图8-31 日本东京彩虹桥照明灯具布设图

图8-33为明石海峡大桥清晰的结构照明，突出了夜景中桥梁结构形态的壮观。

图8-32 日本东京彩虹桥景观照明效果图

图8-33 日本明石海峡大桥清晰的结构照明夜景

图8-34为虎门大桥夜景。因桥梁不是在市区，其照明是以常规桥面系照明为主。虎门大桥全长4.588km，夜间观之就如银河落入人间。

齐齐哈尔嫩江大桥是一座市区跨江大桥，其照明显示出夜间梁式结构体系整体流畅的线形和桥头建筑环境景观（图8-35）。

图8-36为日本福井县樱桥，桥长127m，主体照明设计，将桥梁夜间桥体造型淋漓尽致的通过灯光渲染出来，成为城市夜晚的一个景点。

横跨东京东部隅田河的“X”形人行桥，位丁旅游观赏区，是一座具有特色的建筑精品桥。

该桥特别注意夜景的效果，透明的玻璃板安装在栏杆上，照明装置设在外侧，灯光映照下，优美的“X”形在夜间仍是那样清晰动人（图8-37）。

图 8-34　虎门大桥照明夜景

图 8-35　齐齐哈尔嫩江大桥照明

图 8-36　日本福井县樱桥整体照明效果

图 8-37　X 形人行桥照明

图 8-38、图 8-39、图 8-40 是前面介绍的 Bacade Rodea 桥、La Barouema 桥、La Plata 桥各有特色的照明效果。

图 8-38　Bacade Rodea 桥照明

图 8-39　La Barouema 桥照明

图 8-40　La Plata 桥照明

结　语

掩卷而思，总有一种情绪在“折磨”着自己，这是在撰写过程中对一些内容要扩展改写，有时感到“无从下手”，只能从众多资料和书籍中寻找启迪，此时深感自己对建筑美学相关理论学习和研究的浮浅粗疏。

在对初稿的反复审阅修改过程，又给自己找到了解脱这种“折磨”的理由。本书不是全面论述美学自身体系的专著，而是阐述美学在桥梁建筑中如何应用的教材。在重点论述桥梁建筑技术美、结构美、环境美时，突出桥梁自身的特征性，解决将美学各要素在创造桥梁“美”的构思中如何应用。这样对“缺乏理论、过于简单、桥例过多、美学色彩不突出等”的自责，也有了一种新的诠释理解。

教材的构架覆盖面要有一定的广度，内容脉络要清晰，基于面向的读者特点，理应多从具体应用桥例中加以引领。可以这样说，书中八章，若每一章扩展开来，深入探讨，加强理论分析，都会成为一本很有力度的学术专著。这个工作只能寄托给对此感兴趣的读者了。

审美兴趣的培养要有一个过程，从对美学不了解或了解甚少，到能应用到方案构思比选上，这要有个飞跃。这种飞跃就是从兴趣飞跃到有了自觉性；有了自觉性就有了主动性；有了主动性就会产生对知识“占有”的欲望；最后有了“创新”的实践行为，就会成为一个桥梁建筑美学的应用者或研究者。

现桥梁美学研究与建筑美学相比，是较滞后的一门新兴学科，在我国仅有二十几年的历史。进一步的研究不能是几个人，而是需要更多的人，甚至是与桥梁有关的所有人。

桥梁建筑是最具大众“功能”、最具科技高端、最具文化品质、最具艺术形态的一种建筑结构。桥梁建筑美学的内核是科学技术。这个理念是笔者在对本书成稿审阅时逐渐形成的一种观念，没有写在书中，而只是作为结语一个有感而发的研究信标，交给读者来进行评价和探讨。

桥梁建筑美学的研究，是会营造出一个不惮其烦、不避粗疏、博览众论、放怀畅议桥梁建筑美学真谛的一个生动活泼、意气风发的学术氛围。这是所有建桥人的责任。

参考文献

[1] 李国豪,等.中国桥梁.上海:同济大学出版社,1993.
[2] 项海帆,等.中国大桥.北京:人民交通出版社,2003.
[3] 中华人民共和国交通部.中国桥谱.北京:外文出版社,2003.
[4] 弗里茨·莱昂哈特.桥梁建筑艺术与造型.北京:人民交通出版社,1998.
[5] 马丁·皮尔斯,理查德·桥布森.桥梁建筑.大连:大连理工大学出版社,2003.
[6] 马修·韦尔斯.世界著名桥梁设计.北京:中国建筑工业出版社,2003.
[7] 茅以升.中国古桥技术史.北京:北京出版社,1986.
[8] 茅以升.茅以升桥话.成都:西南交通大学出版社,1997.
[9] 唐寰澄.桥.北京:中国铁道出版社,1982.
[10] 唐寰澄.桥梁美的哲学.台湾:明文书局股份有限公司,1994.
[11] 樊凡.桥梁美学.北京:人民交通出版社:1987.
[12] 潘世建,杨盛福.桥梁景观.北京:人民交通出版社,2001.
[13] 罗杰·斯克鲁斯.建筑美学.北京:中国建筑工业出版社,2003.
[14] 陈望衡.科技美学原理.上海:上海科学技术出版社,1992.
[15] 王振复.建筑美学笔记.天津:百花文艺出版社,2005.
[16] 杨辛,甘霖.美学原理新编.北京:北京大学出版社,1996.
[17] 张宪荣,张萱.设计美学.北京:化学工业出版社,2007.
[18] 邓文中.造桥三十六年.北京:清华大学出版社,2003.
[19] 和丕壮.桥梁美学.北京:人民交通出版社,1999.
[20] 于正伦.城市环境创造.天津:天津大学出版社,2003.
[21] 薛健.创意空间.济南:山东科学技术出版社,2006.
[22] 潘海啸.城市交通空间创新设计.北京:中国建筑工业出版社,2003.
[23] 郝洛西.城市照明设计.辽宁科学技术出版社,2005.
[24] 黄磊昌.环境系统与设施(下).北京:中国建筑出版社,2007.
[25] 陈艾荣,盛勇,钱锋.桥梁造型.北京:人民交通出版社,2005.
[26] 山本宏.桥梁美学.北京:人民交通出版社,1989.
[27] 万明坤,等.桥梁漫笔.北京:中国铁道出版社,1997.
[28] 陈伟昭.现代都市街道景观设计.台湾:新形象出版事业有限公司,1993.
[29] 焦毅强.中国建筑的双重体系.北京:中国建筑工业出版社,2005.
[30] 彭一刚.建筑空间组合论.北京:中国建筑工业出版社,1983.
[31] 陆德庆.中国石桥.北京:人民交通出版社,1992.
[32] 於贤德.中国桥梁.广州:广东旅游出版社,1992.
[33] 朱立元.美学(面向21世纪课程教材).北京:高等教育出版社,2001.
[34] 张博颖,徐恒醇.中国技术美学之诞生.合肥:安徽教育出版社,2000.
[35] 李健夫.现代美学原理.北京:中国社会科学出版社,2002.

[36] 吴家骅.景观形态学.北京:中国建筑工业出版社,2000.
[37] Transportation Research Road Notional Research council. BRIDGE AESTHETICS AROUND THE WORLD. Washington,D. C. ,1991.
[38] DAVID J. BROWN. BRIDGES. MACMILLAN PUBLISHING COMPANY NEW YORK,1993.
[39] David Bennett. The CREATION of BRIDGES. CHARTWELL BOOKS,INC,1998.
[40] Eric Delony. LANDMARK AMERICAN BRIDGES. A Bulfinch Press Book Little,Brown and Company,MEXICO,1990.
[41] フソツツ・レオニルト.BRUCKENブリコヅ厂ン.日本:株式会社日本写真印刷,1998.
[42] 田島二郎,等,美しい桥のデザインマニコナル[第2集].日本:土木学会出版社委員会,平成5年.
[43] Judith Dupré. Bridges. Black Dog & Levenfhal Publishers,Inc. ,1997.
[44] 田原保二,等.美しい桥のデザインマニコナル(第1集).构造工学委員会,日本:土木学会,平成五年.